방대한 내용을 읽기 쉽게 풀었다. 이 책에서 존 마크 코머는 예수님의 도제가 되는 것이 어째서 기독교의 핵심인지를 조명한다. 예수님의 도제가 되는 것은 곧 그분과 함께하고, 그분처럼 되며, 그분처럼 하는 것이다. 방법은 간단하다. 예수님 말씀을 있는 그대로 받아들이고, 그분께 나를 온전히 열며, 그분 중심으로 내 일정, 루틴, 공부, 매일의 습관을 정리하는 것이다. 그러면 이 시대 문화의 한복판에서도 얼마든지 예수님처럼 행할 수 있는 사람이 된다. 목사이자 선생, 사상가, 예수님의 도제로서 살아온 저자의 경험이 책에 고스란히 배어 있어 이 시대를 사는 우리에게 큰 도움을 준다. 자리에 앉아 이 책을 천천히 읽으라. 그리고 예수님의 도제로 살아가기 위한 안내서로 활용하라.

/ **티시 해리슨 워런**

성공회 사제, 《오늘이라는 예배》(*Liturgy of the Ordinary*) 저자

예수님과 함께하고, 그분처럼 되며, 그분이 하실 법한 일을 하려는 삶. 존 마크 코머가 제시하는 이 비전이 너무도 멋지다. 예수님과 동행하려는 모든 이에게 도움이 되는 책이다.

/ **니키 검블**

홀리트리니티브롬튼교회(Holy Trinity Brompton) 목사

예수님을 따르는 것이 무슨 의미인지 정확하게 보여 주는 책이다. 무엇보다, 읽다 보니 예수님을 바짝 좇고 싶어졌다. 우리는 제자 없는 세대다. 예수님께 바짝 붙어서 이 시대를 사는 것이야말로 진정한 인생의 목적으로 돌아가는 길이다. 내가 지난 10년간 읽은 수많은 책 중에서 손에 꼽을 만큼 중요한 책이다. 우리 모두가 이 길을 따른다면 개인의 삶은 물론이요, 온 세상이 달라지리라.

/ **제니 앨런**

《당신의 머릿속에서 나오라》(*Get Out of Your Head*) 저자,

이프:개더링(IF:Gathering) 설립자

존 마크 코머가 예수님을 따르는 삶을 깊이 있고도 흥미진진하게 그리고 단순하게 그려 주었다. 자기 삶의 습관을 솔직하게 돌아보면서 기도 가운데 '하루하루 나는 어떤 종류의 사람이 되어 가는가?', '날이 갈수록 나는 예수님을 더 닮아 가는가 그렇지 않은가?' 물을 준비를 하라. 이 책에서 당신은 예수님이 머릿속에 그리신 제자에 관한 아름다운 그림과 이를 직접 경험하기 위한 실천의 길을 발견할 것이다.

/ **팀 맥키**
바이블프로젝트(BibleProject) 공동 설립자

부디 우리 교회 모든 성도가 이 책을 읽기를! 예수님의 평생 제자로 초대하는 이 책은 특히 새 신자를 위한 맞춤 지침서다. 존 마크 코머는 가장 그다운 방식으로 우리를 복음이라는 깊은 바다로 초대한다. 충분히 공감이 가며, 구도자도 쉽게 읽을 만하다.

/ **타일러 스태튼**
브리지타운교회(Bridgetown Church) 담임목사

이 책은 예수님을 단순히 우리가 해석할 분이 아니라 우리를 해석하시는 '시대를 초월한 선생'으로서 제시한다. 온갖 방해 요소와 우리를 유혹하는 문화적 함정이 가득한 이 세상은 우리에게서 기본적인 영적 만족을 앗아 간다. 틀림없이 이 책이 고전이 되리라 확신한다. 존 마크 코머는 과거에서 시작해 미래로 우리를 안내한다. 사막 교부들에게서 배웠지만 특정 시대에 매어 있지 않으며, 미덕과 원칙을 잃어버린 세대에 풍성한 삶을 가르친다. 이 책은 오직 예수님만 주실 수 있는 의미 있는 삶을 보여 주는 창문이다. 저자는 우리에게 '실패한 종교'와 '세대에서 세대로 이어지는 위선'을 치료할 해독제를 주었다. 부디 천천히 읽고, 깊이 변화되라.

/ **찰리 데이츠**
시카고 살렘침례교회(Salem Baptist Church) 및
프로그레시브침례교회(Progressive Baptist Church) 담임목사

Practicing the Way

John Mark Comer

24시간 나의 예수와

지은이 | 존 마크 코머
옮긴이 | 정성묵
초판 발행 | 2024. 9. 25
등록번호 | 제1988-000080호
등록된 곳 | 서울시 용산구 서빙고로65길 38
발행처 | 사단법인 두란노서원
영업부 | 02)2078-3333 FAX | 080-749-3705
출판부 | 02)2078-3330

책값은 뒤표지에 있습니다.
ISBN 978-89-531-4901-4 03230

독자의 의견을 기다립니다.
tpress@duranno.com www.duranno.com

두란노서원은 바울 사도가 3차 전도 여행 때 에베소에서 성령 받은 제자들을 따로 세워 하나
님의 말씀으로 양육하던 장소입니다. 사도행전 19장 8-20절의 정신에 따라 첫째 목회자를
돕는 사역과 평신도를 훈련시키는 사역, 둘째 세계선교™와 문서선교 단행본·잡지 사역, 셋째 예
수문화 및 경배와 찬양 사역, 그리고 가정·상담 사역 등을 감당하고 있습니다. 1980년 12월
22일에 창립된 두란노서원은 주님 오실 때까지 이 사역들을 계속할 것입니다.

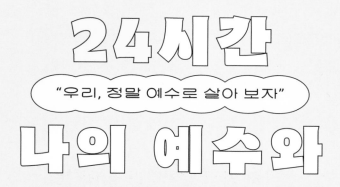

24시간

"우리, 정말 예수로 살아 보자"

나의 예수와

존 마크 코머 지음

정성묵 옮김

두란노

차 례

21세기, 예수님과 살아 볼 인생을 찾습니다!
✦ 현대인을 위한 1세기 도제 수업과 영성 형성 ✦

목표 #1 예수님과 함께하고

✦ 그리하여 모든 일상의 순간이 거룩해지고 ✦

목표 #2 예수님처럼 되며

✦ 날로 사랑이 흘러넘치는 사람으로 변화되며 ✦

목표 #3 예수님처럼 하는 것
✦ 성령을 힘입어 이 땅에 하나님 나라를 가져오는 것 ✦

어떻게? 뭐부터 시작해야 할까?
✦ 생활 수칙으로 일상 재편하기 ✦

나의 십자가를 지고
평생 예수로 걸어가리
✦ 다른 모든 길에 비할 수 없는 최고의 길 ✦

나를 따라오라.

예수님, 마가복음 1장 17절

당신이 당신 랍비의 먼지를 뒤집어쓰기를 빕니다.[1]

1세기 유대인의 축복의 말

프롤로그.
지금도 예수의 방법이
통할까

당신은 누구를 따르고 있는가?

모든 사람은 '누군가' 혹은 '무언가'를 따르고 있다. 한마디로, 우리 모두는 제자들이다. 중요한 건 "내가 제자인가?"가 아닌 "내가 **누구** 혹은 **무엇**의 제자인가?"다.

사실 방금 내가 한 말은 현대 세상에서는 이단과도 같다. 우리는 오롯이 내가 내 인생길을 정하고, 선장으로서 내 인생이라는 배를 조종하며, 내 운명을 통제하고 싶어 한다. 누군가를 따르기보다 이끌고 싶어 한다. 그런데 문제가 있다. "과연 그 방법이 통할까?"

불쑥불쑥 이런 생각이 밀려와 영 찜찜하지 않던가? '이게 진짜 내가 원하는 삶인가? 이게 내가 찾고 있던 삶인가?'

나는 미국 서부 해안 지역에서 태어나서 자랐다. 미국, 그중에서도 특히 내 고향인 캘리포니아주가 사회학자들이 말하는 "거친 개인주의(rugged individualism)의 신화" 위에 세워졌음은 공공연한 비밀이다. 로버트 벨라 박사는 이를 "철저한 개인주의"(radical individualism)라 불렀고, 이것이 미국의 가장 두드러진 특징이라고 진단했다.[2]

하지만 시인 존 던의 말마따나 "인간은 아무도 섬이 아니다."[3] 〈뉴욕 타임스〉(New York Times) 칼럼니스트인 티시 해리슨 워런도 이렇게 말했다. "아무도 현재의 시각을 스스로 얻지 않았다. 세상에 자유사상가는 없다"[4](보다시피, 나만 문화적 이단아는 아니었다).

지금도 강력한 세력들이 각자의 이해관계를 따라, 우리로 하여금 아무도 따르지 않고 있다는 '착각'을 믿게 하려고 부지런히 일하고 있다. "너 자신으로 살아." "너 하고 싶은 대로 해." "네 생각을 솔직히 말해." 매일 우리를 세뇌시키는 이런 문화적 목소리들의 원천을 거꾸로 추적해 보면 사악한 속셈을 지닌 세력이 버티고 있는 경우가 많다.[5]

다국적 기업, 정치인, 반민주주의 단체, 마케팅 부서, 더 많은 수의 팔로워를 원하는 인플루언서 등으로 대표되는 이 세력은 우리가 오직 '진정한 자아'라는 내면의 나침반을 따라 행복을 향해 나아가고 있다고 믿기를 바란다. 그러면 우리가 각자 자기 바람대로 내내 누군가 혹은 무언가의 제자로 '양육되어'(형성되고 조종되어) 왔음을 계속해서 알아채지 못할 테니⋯⋯.

모든 탁월한 사기꾼에게는 상대방을 속이는 비결이 있으니, 바로 상대방이 사기꾼의 획책을 '자기 아이디어'라고 믿게끔 하는 것이다. 다시 말해, 사기꾼을 따르도록 누군가를 속이려면 그가 지금 아무도 따르고 있지 않다고 믿게 하면 된다는 것이다.

소셜 미디어 제국들과 그들의 무시무시한 디지털 알고리즘은 놀라운 성장을 거듭했다. 그래서 우리가 스마트폰 화면 위로 손가락을 문지를 때마다 이 강력한 세력들이 우리 의식의 흐름에 접속할 수 있게 되었다. 오늘날 우리가 '광고나 뉴스 링크, 리트윗, 무작위적인 디지털 잡동사니'일 뿐이라고 생각하는 것들은 사실상 우리가 생각하고 느끼고 믿고 쇼핑하고 투표하고 사는 방식에 영향을 미치기 위해 정교하게 설계된 대중 행동수정(behavior modification) 기법들이다.

첨단기술 분야의 전문가이자 철학자인 재런 러니어는 "한때는 광고라고 부를 수 있었던 것들을 이제는 거대한 규모의 지속적인 행동수정 프로그램으로 이해해야만 한다"라고 경고했다.[6] 신약성경에서 말하는 "세상"이 실제로 우리를 지속적으로 '형성하고'(forming; 빚고) 있다.

그렇다면 세상은 지금 우리를 어떤 존재로 빚고 있는가? 우리 모두는 무언가가 되어 가는 중이기 때문이다. '어떤 사람'이 되어 가는 과정. 바로 이것이 인생의 본질이다. 인간이면 누구나 변한다. 모든 인간이 성장하고 발전한다. 하나님이 우리를 그렇게 설계하셨다. 변해 간다는 사실이 인간의 기본값이라면, 실제로 중요한 문제는 내가 '누구' 혹은 '무엇'으로 변해 가느냐다. 향후 50년에 걸친 당신 인생의 궤적을 계획하고 70, 80, 100세가 된 당신을 상상해 보라. 어떤 모습이 보이는가? 그 상상을 할 때 마음속에 소망이 차오르는가, 순식간에 두려움이 덮치는가?

　　'예수님'을 따르고 싶어 이 책을 펴 들었다면 이 현실부터 직시해야 한다. 우리가 예수님으로 형성되기(빚어지기) 위해 '의식적으로' 노력하지 않으면, 다른 누군가 혹은 다른 무언가에 의해 '무의식적으로' 형성될(빚어질) 가능성이 매우 높다.[7]

　　자, 다시 묻겠다. 당신은 누구를 따르고 있는가?

　　좀 더 깊은 질문으로 들어가 보자. 당신은 누구를 '믿고' 있는가? 누가 혹은 무엇이 당신이 원하는 삶으로 가는 길을 보여 줄 거라 믿는가? 믿음으로 사는 것 자체는 사실 딱히 기독교적이라 말할 주제가 아니다. 심지어 종교적인 것도 아니다. 이미 모든 사람이 믿음으로 살고 있지 않은가. 중요한 건 내가 **누구** 혹은 **무엇**을 믿느냐다. 다시 말해, 내 삶을 누구에게 '맡길' 것인가? 나는 나나 다른 인간을 믿고 싶어 하는가? 지금 우리 인간들이 치우려고 애쓰는 똥은 다름 아닌 우리가 싼 똥이 아니던가. 그런 인간을 믿으려는가?

유명인이나 전문가, 역사 속 위인 같은 이들에게 끌리고 그 사람처럼 되고 싶은 마음은 지극히 인간적인 바람이다. 하나님이 우리가 이런 방식으로 성장하도록 설계하셨기 때문이다. 우리 모두에게는 갈망하는 이상적인 삶이 있으며, 우리가 원하는 걸 구현해 낸 듯 보이는 사람을 찾으면 그를 '따르고'(follow) 신뢰하기 마련이다. 기독교적 표현을 쓰자면, 그를 '믿는다'(believe).

당신은 지금 누구를 믿는가?[8] 누가 당신의 영웅인가? 누구와 며칠만 곁에서 어울릴 수 있다면 소원이 없겠는가? 다른 표현으로, 누가 당신의 랍비인가?

난 예수의 길을 택했다

나는 나사렛의 예수님이 인간 세상을 가장 밝게 비춰 주는 빛이라는 진리를 발견한 수많은 이들 가운데 한 사람이다. 독서광인 나는 지금껏 문학이라는 선물을 통해 역사상 가장 위대한 사상가들의 머릿속을 숱하게 들여다보았다. 그들 중에는 훌륭한 인물도 많았고, 더러는 그렇지 않은 인물도 있었다. 하지만 세월이 흐르고

17

배움이 점점 쌓일수록 동서고금을 통틀어 예수님에 비할 인물은 없다는 확신이 점점 더 커졌다. 그 어떤 사상가나 철학자, 지도자, 철학, 이념도 예수님과 그분의 길만한 일관성과 정교함과 깊은 내적 울림을 지니지 못했다. 예수님이 지닌 엄청난 아름다움은 더더욱 찾아볼 수 없었다.

이 세속 시대에 우리는 회의주의, 권태, 모든 권위에 대한 불신, 욕망과 감정에 따른 진실 왜곡으로 가득한 문화적 공기를 날마다 들이마시며 산다. 이런 문화 속에서 우리 '모두'는 무엇이든, 증거가 없으면 믿지 않게 되었다.

그러나 예수님이 자신이 누구인지 직접 밝히신 사실(스포일러: 그분은 단순한 랍비 이상이시다)을 믿기 힘겨운 이 시대에도, 나는 믿고 싶다. 나는 하나님 나라의 영생에 관한 예수님의 비전이 정말이기를 원한다.

제자 베드로가 내린 이 결론에 마음 깊이 공감한다.

영생의 말씀이 주께 있사오니 우리가 누구에게로 가오리이까?[9]

나는 "예수님보다 더 나은 길이나 진리나 생명은 없다"는 사실을 믿게 된 역사 속 수많은 인류와 나란히 걷는 중이다. 빼곡한 선택지 가운데 나는 예수님을 따르기로 선택했다. 인간인 나는 반드시 '누군가'를 따르게 되어 있으니, 그렇다면 그분을 따르겠다고 결정한 것이다.

철학자 달라스 윌라드는 "인간의 삶에서 예수님께 도제 수업 (apprenticeship)을 받음으로써 해결할 수 없는 문제는 없다"라고 말했다. 예수님을 따르는 것, 예수님께 도제 수업을 받는 것이야말로 인간이 처한 상태에 대한 해법이다. 요즘 당신의 마음을 무겁게 하는 걱정거리는 무엇인가? 정치적인 대립? 기후변화? 서서히 다가오는 세계 전쟁? 만연한 정신 질환? 중독? 기독교 민족주의? 친절하게 굴지 못하는 인간의 본성?

예수님의 제자가 되어 볼까 진지하게 생각 중인데 그게 과연 어떤 삶인지 정확히 알고 시작하고 싶어 이 책을 골랐는가? 현명한 판단이다. 예수님도 제자가 되기를 고민하는 이들에게 제자가 되기 전에 "비용을 계산"해 보라고 경고하시지 않았던가.[10]

그리스도를 구주로 영접했고 이미 신앙생활이란 걸 하고 있지만, 이제는 종교인의 수준을 넘어서고 싶은가? 더는 되는 대로 살지 않고 진정한 목적에 따라 살고 싶은가?

나름대로 평생 예수님의 제자로 살아왔다고 생각했는데 언제부터인가 그 자리에 멈춰 서 있는 것만 같은가? 하루속히 이 정체기에서 벗어나고 싶은가? 혹은 지금보다 더 깊은 수준의 치유와 회복을 경험하고 싶은가? 당신의 일상과 예수님의 "참된 생명"[11] 사이의 괴리를 줄이고 싶은가?

이 중 당신이 어떤 부류에 속하든, 또 무슨 계기로 이 책을 읽기 시작했든 다 환영한다. 나는 성인기의 많은 시간을 서구의 탈기독교 사회 속에서 예수님을 따라온 예수님의 제자다. 나는 예수님이 몸소 펼치신 삶의 길이 있고, 그 길, 궁극적으로는 그분께 헌신하면 우리 모든 인간이 가장 깊이 갈망하는 바로 그 삶에 이를 수 있다고 믿는다. 이 책은 그런 차원에서 내가 그동안 겪은 수십 년간의 경험, 시행착오, 성공보다 더 많은 실패, 고난의 학교에서 배운 깨달음을 집약한 결과물이다.

앞으로 이어질 내용들은 장구한 인류 역사에서 가장 중요한 선포라고 확신하는 다음 문장을 탐구하고 설명한 것이다.

나를 따라오라.[12]

많은 사람의 생각과 달리, 예수님은 사람들을 기독교로 개종하라고 부르시지 않았다. 심지어 "그리스도인"(Christian)이 되라고 부르시지도 않았다(조금 의아하더라도 부디 계속해서 읽어 주길 바란다). 예수님은 그분 아래서의 도제 수업을 통해 완전히 새로운 삶의 길로 들어오라고 사람들을 초대하셨다. 예수님은 사람들을 '변화'로 초대하신 것이다.

내 명제는 간단하다. 예수님이 행하신 습관과 리듬, 진리를 중심으로 우리 삶을 정리하면 변화가 가능하다. 그렇게 할 때 우리 삶이 하나님의 '변화시키는 능력'을 향해 열린다. 예수님께 기꺼이 도제 수업을 받을 때 우리는 변화될 수 있다. 그리고 오직 그럴 때만이 우리는 우리가 그토록 바라던 모습이 되고, 우리가 살아 마땅한 삶을 살 수 있다.

우리가 신앙생활을 하는 동안 예수님을 "따르라"(following; 팔로잉)는 외침이 사방에서 수없이 들려온다. 그 말뜻은 바로…… 예수님의 길을 행하라는 것(practicing the Way)이다.

Apprentice to Jesus

21세기,
예수님과 살아 볼
인생을
찾습니다!

현대인을 위한 1세기 도제 수업과 영성 형성

한번 상상해 보라. 당신의 이름은 시몬이다. 당신은 1세기의 히브리인이다. 나이는 10대 후반이나 20대 초반 무렵이며, 이스라엘 북쪽의 여러 마을이 모인 갈릴리 지방에서 어업에 종사하고 있다. 당신의 인생 방향은 거의 정해져 있다. 당신은 아버지의 가업을 이어받았고, 당신의 아버지 역시 할아버지의 가업을 이어받았다. 로마에 점령당한 사회에서 다른 선택지는 별로 없다. 그저 고개를 푹 숙이고 묵묵히 일하면서 세금이나 꼬박꼬박 낼밖에.

하루는 형제 안드레와 함께 물속에 허리까지 담근 채 그물을 던지고 있다. 그때 한 남자가 해변을 따라 당신에게 걸어오는 게 보인다. 그의 얼굴을 단박에 알아본다. 바로 그 사람이다. 불과 몇 킬로미터 떨어진 나사렛에서 온 예수라는 남자! 동네 어디를 가나 이 남자 이야기로 시끄럽다. 역사상 그 어떤 랍비도 하지 않은 말과 행동을 한다던데…….

그런데 그런 그가 곧장 당신에게로 다가온다. 이윽고 서로 눈이 마주친다. 그의 눈은 별처럼 반짝였다. 마치 그의 뒤에 우주가 펼쳐진 것만 같았다. 존재 자체가 기쁨을 내뿜고 있었다. 그가 건

넨 말은 결코 가볍지 않았다.

> 나를 따라오라 내가 너희로 사람을 낚는 어부가 되게 하리라.[1]

당신은 놀라서 입이 떡 벌어진다. 믿을 수 없는 일이다. '내가?'
당신과 안드레는 즉시 그물을 던진다. 두 사람은 그렇게 '모든 것'
을 버리고서 예수를 따라나선다. 전기 작가 마가의 말을 빌리겠
다. "곧 그물을 버려두고 따르니라."[2]

와, 예수와 동행하게 되다니!

○

이 이야기를 하도 들어 너무 익숙한 나머지 우리는 이 광경이
얼마나 이상한지 미처 알아차리지 못하기 쉽다. 대체 무엇이 시몬
으로 하여금 돈 잘 버는 직업을 버리고, 가족과 친구들을 놔두고
아무 계획도 없이 한 남자를 따르게 만들었을까? 어떻게 소득원
도 조직도 공식적인 지위도 없는 사람을 따라 미지의 미래로 뛰어
들 수 있었을까? 그가 순간적으로 뭐에 홀린 걸까? 아니면……

지금 우리가 무언가를 놓치고 있는 걸까?

랍비 예수

당신이 시몬이고 예수님이 어느 화창한 안식일 아침에 설교를 하러 당신의 회당에 들르셨다면 필시 당신은 그분을 랍비나 선생으로 여겼을 것이다. "랍비"라는 호칭은 문자적으로 "대가"(master)를 의미한다.[3] 랍비는 이스라엘의 영적 대가였다. 그들은 토라(당시의 성경)를 가르치는 전문 교사였을 뿐 아니라 하나님과 함께하는 삶의 훌륭한 본보기였다. 그들은 내적인 광채로 반짝이는 특별한 소수였다.

모든 랍비는 자신만의 "멍에"를 지녔다. 여기서 말하는 "멍에"란 '일련의 가르침, 성경을 읽는 방식, 하나님의 선한 세상에서 인간으로서 번영하는 법에 관한 시각'을 의미하는 히브리어 관용구였다. 랍비의 가르침을 따르면 그가 맛본 것을 조금이나마 맛볼 수 있었다.

랍비는 사회의 각계각층에서 나왔다. 그들 중에는 농부나 대장장이, 목수[4]도 있었다. 대부분의 랍비는 다른 랍비 아래서 다년간 훈련을 받았다. 그리고 나서 서른 살쯤 되면 자신의 제자를 모아 가르침을 펼치기 시작했다. 현대 교육 시스템에서처럼 공식적인 자격증 따위는 없었다. 랍비의 권위는 오늘날과는 다른 방식으로 주어졌다. 그들의 '삶'과 '가르침'이 곧 랍비 자격증이었다.

랍비들은 이곳저곳을 돌아다녔고 대개 보수를 받지 않았다(일부 랍비들은 농장에서 일하거나 사업체를 운영하다가 비수기에는 여행을 했다). 그들은 이 마을 저 마을 다니다가 회당이 보이면 자신을 환영해 주는 친절한 사람들에게 가르침을 펼쳤다. 그들은 주로 비유와 수수께끼로 말했다. 보통은 작은 무리의 제자들과 함께 다니면서 교실이 아닌 공터에서 모이거나 길을 걸으면서 가르쳤다. 어떠한 교과서나 커리큘럼도 없이 토라와 인생의 학교에서 얻은 교훈을 전했다.[5]

사복음서에서 예수님은 반복적으로 "랍비"로 불리신다.[6] 하지만 그분은 평범한 랍비가 아니셨다.[7] 예수님이 가시는 곳마다 무리는 놀랐다. 심지어 매우 놀랐다.[8] 전기 작가 누가는 이렇게 말했다. "그들이 다 그를 증언하고 그 입으로 나오는 바 은혜로운 말을 놀랍게 여겨 이르되."[9] 다음은 마가의 말이다. "뭇 사람이 그의 교훈에 놀라니 이는 그가 가르치시는 것이 권위 있는 자와 같고 서기관들과 같지 아니함일러라."[10] 사람들은 "이 사람의 이 지혜와 이런 능력이 어디서 났느냐"라고 감탄했고, 심지어는 "그 사람이 말하는 것처럼 말한 사람은 이때까지 없었나이다" 하고 인정했다.[11]

예수님이 랍비셨다는 사실은 그분이 유대인이셨다는 것(역시나 정말 많은 사람이 망각하는 사실)만큼이나 중요한 의미를 함축한다. 하지만 안타깝게도 그리스도인들을 포함해서 예수님을 '영적 스승'으로 진지하게 받아들이는 사람은 매우 적다.

어떤 이들에게 예수님은 그저 후대에 착한 삶에 대한 본을 보여 준 옛날 사람에 불과하다. 또 어떤 이들에게는 로마제국 그리고 오늘날의 모든 제국을 향해 주먹을 드는 사회 혁명가시다. 그런가 하면 서구의 많은 그리스도인에게 그분은 특정한 대속 이론을 전해 주러 오신 분이다. 그들은 마치 그분이 오신 유일한 이유가 살기 위함이 아니라 죽기 위함인 것처럼 행동한다.

그리하여 많은 그리스도인이 예수님을 '온 세상에서 가장 똑똑한 분'으로 여기지 않는다. 물론 그분은 거룩한 분이다. 친절한 분도 맞다. 신(God)이신 것도 맞다. 하지만 지적인 분? 어쩐지 그런 분은 아닐 것 같다. 점점 더 많은 그리스도인이 인류의 번영에 관한 중요한 문제들에서 그분의 가르침에 동의하지 않는다. 그들은 그런 문제에서 선생이신 예수님과 그분 아래서 직접 배운 제자들을 믿느니 오히려 잘못된 길로 들어선 정치인이나 유명인, 목사를 믿는다. 그들은 정치나 인종, 정의, 성(性), 정신 건강 등 이 시대의 절박한 문제들을 놓고 예수님께 상의할 생각조차 하지 않는다.

달라스 윌라드는 이런 현상을 이렇게 진단했다. "신앙을 고백하는 수많은 그리스도인이 실제 삶에서는 충격적이리만치 예수님을 무시하는 현상의 핵심 원인은 그분을 존경하는 마음이 없어서다."[12]

매우 중요한 이야기다. 예수님을 '따르는' 건 그분이 우리가 바라는 바로 그 삶으로 인도해 주실 거라고 믿는 일이기 때문이다.

그런데 생각해 보라. 존경하지 않는 사람에게 우리 삶을 맡기는 것은 불가능까지는 아니더라도 지극히 어려운 일이다.

하지만 예수님이 역사상 그 어떤 선생보다도 더 지적이셨다면? 스티븐 호킹이나 카를 마르크스, 부처와 비교할 수 없을 만큼 훨씬 지적이셨다면? 예수님이 2,000년도 더 지난 지금의 인간 삶까지 꿰뚫어 보신 유례없는 현자셨다면? 고금을 막론하고 온 세상에 그분에 버금가는 인물이 없을 정도라면? 이 정도면 우리 삶을 믿고 맡길 만하지 않은가.

물론 예수님을 훌륭한 랍비라고 부르는 것은 그분이 그저 탁월한 랍비에 불과하다는 뜻이 아니다. 그분이 십자가에 달리실 때 그분의 머리 위에 걸렸던 푯말에는 '위대한 스승'이 아닌 '유대인의 왕'이라고 쓰여 있었다. 적들이 그분을 정치적 위협으로 여겼다는 사실은 그분에 관해 많은 것을 말해 준다.

이는 당시 문화에서는 완벽히 이해할 만한 상황이었다. 유대 민족의 위대한 역사적 지도자였던 모세는 "모세, 우리의 랍비"(모쉐 라베누) 즉 이스라엘의 위대한 선생으로 불렸다. 1세기 이스라엘 백성은 '새로운' 모세가 나타나 로마제국에서 해방되는 '새로운' 출애굽을 이끌어 주길 기다리고 있었다. 그들은 그 인물을 메시아로 부르기 시작했다.

오래도록 기다리던 메시아가 전사나 군사 지도자로서 나타나리라 기대한 이들도 있긴 하지만, 대체로 많은 이들이 메시아가 위대한 선생으로 나타나리라 기대했다. 두 학자는 이렇게 말했다. "유대인들은 위대한 성경학자가 되는 것을 인생의 가장 큰 성취로 여겼다. 그런 문화에서 메시아가 가장 위대한 선생이어야 함은 너무도 당연했다. 예수님이 유대인 랍비셨던 것은 전혀 이상한 일이 아니었다."[13]

하지만 우리 그리스도인들은 그분이 메시아 이상의 존재라고 믿는다. 예수님은 유대의 그 어떤 왕도 감히 하지 못한 주장을 하셨다. 그로 인해 예수님은 당시 사회에서 사형에 마땅한 죄에 해당하는 신성모독죄로 고발당하셨다. "선한 일로 말미암아 우리가 너를 돌로 치려는 것이 아니라 신성모독으로 인함이니 네가 사람이 되어 자칭 하나님이라 함이로라."[14]

예수님은 분명 메시아 이상의 존재이시며, 동시에 우리 아버지 하나님의 세상 속에서 살고 번영하는 방법을 가장 잘 아시는 탁월하고 도발적이고 지혜로운 영적 대가셨다. 예수님은 가장 위대한 선생인 랍비셨고, 당시의 대다수 랍비와 마찬가지로 그분께는 제자들이 있었다.

도제 수업의 세 가지 목표

혼히 생각하는 것과 달리, 예수님이 제자 훈련을 창시하신 게 아니다. 당시에는 랍비들이 작은 무리의 제자들을 이끌고 갈릴리 지역을 거니는 모습을 쉽게 볼 수 있었다. 예수님보다 불과 몇 년 빨리 활동했던 랍비 힐렐은 80명의 제자를 거느렸다. 예수님 이후 몇 십 년 뒤에 활동한 랍비 아키바는 겨우 다섯 명의 제자를 두었 지만 이스라엘 전역에서 수천 명이 그를 추종한 것으로 알려졌다. 신약을 보면 세례 요한도 제자를 두었다. 바리새인들도 마찬가지 였다. 사도 바울은 가말리엘이라는 전국적으로 유명한 랍비 아래 서 제자로 훈련받았다. 제자 훈련(이 책에서는 '도제 수업'이라고도 부를 것이다)은 1세기 유대 교육 시스템의 최고봉이었다. 오늘날로 치면 박사 코스나 대학원 과정이라고 할 수 있었다.

그러니 제자 훈련을 이해하려면 먼저 유대 교육 시스템을 이 해해야 한다. 유대인 아이들은 다섯 살 즈음 오늘날의 초등학교에 해당하는 '베트 세페르'(책의 집)에서 학업을 시작했다. 보통 베트 세페르는 회당 한편에 마련되었고 전임 서기관이나 선생이 운영 했다. 커리큘럼은 토라였고, 당시 이스라엘은 구전 문화였기 때문 에 12-13세 즈음 되면 대부분의 아이가 토라 '전체'(창세기, 출애굽기, 레위기, 민수기, 신명기)를 암송했다. 그리고 나면 대다수 학생은 집으로 돌아가 가업을 이어받는 훈련을 받거나 농장에서 일손을 거들었다.

하지만 가장 뛰어난 인재들은 '베트 미드라시'(배움의 집)라는 두 번째 수준의 교육 기관에 들어가 학업을 계속했다. 16세가 되면 그들은 무려 구약 전체를 암송했다.[15] 이때가 되면 거의 모든 학생이 한계에 이르러 "가서 아이를 낳아 그 아이가 랍비가 되기를 기도하면서 열심히 일을 해라"라는 말을 들었다.[16]

하지만 최고 중에서도 최고들은 특정한 한 랍비의 도제 수업에 도전했다. 특정한 랍비에게 도제 수업을 받는 제자로 들어가기란 '정말' 어려웠다. 도제 수업은 오늘날의 명문대학교와 비슷하지만 훨씬 더 어려웠다. 자신이 끌리는 멍에를 지닌 랍비를 찾아 제자로 삼아 달라고 부탁해야 했다. 그러면 랍비는 이런 테스트를 했다. "토라를 얼마나 잘 아는가?" "창세기 6장에 나오는 네피림에 관해 어떻게 생각하는가?" "신명기 24장에 관해 힐렐과 샴마이 중에서 누구의 이론을 지지하는가?" "기도를 얼마나 자주 하는가?"

답변을 듣고 상대방이 언젠가 랍비가 될 지능과 근면 성실함, 대담함을 지녔다는 판단이 서면 랍비는 이렇게 말했다. "나를 따라오라."[17] 달리 표현하면 이렇다. "내 밑으로 와서 도제 수업을 받으라."

자, 당신이 한 랍비의 제자가 된 운 좋은 소수 중 한 명이라고 해 보자. 그때부터 당신의 삶 전체는 세 가지 중요한 목표를 중심으로 이루어진다.

랍비와 함께하는 것

예수님도 제자들을 "자기와 함께 있게" 하셨다.[18] 제자는 가족과 고향, 가업을 떠나 '일주일 내내, 24시간 내내' 랍비를 따라다니게 된다. 당신이 받는 수업은 주중 오전에 시작해서 오후에 끝나지 않는다. 이 '수업'은 '삶 자체'다. 매일, 종일, 랍비와 함께해야 한다. 랍비의 옆에서 잠을 자고, 랍비와 같은 식탁에서 식사를 하고, 랍비의 발치에 앉아야 한다. 그리고 종일 랍비의 뒤를 따라 이 마을 저 마을을 다니다 보면 랍비가 일으킨 먼지에 뒤덮이게 된다. 매일, 온종일.

랍비처럼 되는 것

예수님은 이렇게 말씀하셨다. "도제가 그 랍비보다 높지 못하나 무릇 온전하게 된 자는 그 랍비와 같으리라."[19] 이것이 도제 수업의 핵심이었다. 바로, 랍비처럼 되겠다는 목적으로 랍비와 함께 있는 것. 랍비의 어조, 태도, 말투를 본받는 것.

마지막 목표는……

랍비처럼 하는 것

랍비 아래서 훈련을 받는 도제 수업의 핵심은 언젠가 스스로 랍비가 되기 위함이었다. 제자가 훈련의 시련을 무사히 통과해서 (정말 힘든 일이다) 준비가 되었다는 판단이 서면 랍비는 제자를 보며 이렇게 말했다. "자, 이제 너를 축복하고 보낸다. 가서 너도 제자를 키우라." 바로 이것이 제자가 되는 목적이었다. 그리고 지금도 여전히 이것이 제자가 되는 목적이다.

문제는 오늘날에는 대부분의 그리스도인이 '제자 훈련'을 이런 식으로 보지 않는다는 것이다. 하지만 예수님의 모델을 보면 1세기 이스라엘에서나 21세기 미국에서나 혹은 당신이 이 책을 읽고 있는 지구상 어느 곳에서든 '제자 훈련'의 의미는 더없이 분명하다. 예수님을 따르는 것은 그분의 도제가 되는 것이다. 이는 세 가지 중요한 목표를 중심으로 삶 전체를 재편하는 것이다.

① 예수님과 함께한다.
② 예수님처럼 된다.
③ 예수님처럼 한다.

예수님의 도제가 되는 것, 즉 그분을 따르는 것은 그분처럼 되어 세상 속에서 그분의 일을 하겠다는 목적으로 그분과 함께하는 평생의 과정이다. 그것은 삶의 모든 측면에서 그분 아래서 도제 훈련을 받아 그분처럼 말하고 행하는 법을 점점 배워 가는 평생의 여정이다. 달리 표현하면, '제자'는 명사다.

제자는 명사다

"디사이플"(disciple; 제자)이라는 영어 단어는 보통 교회 밖에서는 잘 사용하지 않는 말이다(하지만 어렵게 생각할 필요가 없다). 히브리어로 "탈미드"(단수형)인 이 단어는 단순히 '선생이나 철학자의 학생'을 의미한다. 다만, 그냥 배우는 사람에 그치지 않고, 선생이 실제로 보여 준 삶의 길을 실천하는 사람이다. 또한 스승과 함께하고 스승처럼 되고자 부단히 노력하는 사람이다.[20]

사실 탈미드를 더 정확하게 번역하자면 가장 적합한 단어는 내가 지난 몇 페이지에 걸쳐 사용한 "도제"(徒弟; apprentice; 견습생)라고 생각한다. 의도적이고, 실천적이고, 관계적이며, 연습 위주의 교육 방식을 연상시키는 이 용어는 이는 우리가 어릴 적에 받은 교육과 완전히 다른 유형의 교육이다.

예수님의 도제 모델은 서구의 교육 시스템과 거리가 멀다. 어느 학자들은 이렇게 설명했다. "그 배움은 데이터를 기억하는 것보다는 주변 사람들에게서 중요한 삶의 지혜를 습득하는 것에 더 가까웠다. 이는 …… 랍비가 탈미딤(복수형) 곧 제자들을 훈련시킨 고대의 방식이었다."[21] 예수님을 따르는 것은 그분과 함께 살면서 듣고 배우고 관찰하고 순종하고 본받는 것을 의미했다.[22]

예수님의 첫 도제들의 목표는 시험에 통과하거나 학위를 따거나 사무실 벽에 자랑스럽게 걸 자격증을 취득하려는 게 아니었다. 그들의 목표는 예수님에게서 하나님 나라를 향해 꾸준히 전진하는 법을 배워 하나님의 선한 세상에서 사는 기술을 터득하는 것이었다. 비유하자면, 이는 화학을 배우는 것보다는 유도를 배우는 것에 더 가까웠다.

하지만 "제자", "도제", "견습생", "학생", "따르는 사람" 등 무엇으로 번역하든 간에 한 가지는 분명하다. 탈미드는 동사가 아니라 명사다.[23]

사람들이 종종 내게 이렇게 묻는다. "목사님, 요즘 누구를 **제자 하고 있습니까**(discipling)?" "누가 목사님을 **제자했습니까**(discipled)?" 하지만 내가 아는 한, 신약 전체에서 '제자'가 동사로 쓰인 경우는 단 한 번도 없다. 단 한 번도![24] 사실, '제자'라는 단어를 동사로 사용하는 것은 문법적으로도 적절치 않다. 제자의 유의어들을 한번 동사로 사용해 보자.

"당신은 **그리스도인하고 있습니까**(Christian-ing)?" 그리스도인은 우리가 '하는 행위'가 아니라 우리의 '정체성'이다.

"당신은 **신자하고 있습니까**(believer-ing)?" 이는 예수님을 믿는다는 것인가, 믿지 않는다는 것인가?

"누구를 **따르는 사람하고 있습니까**(follower-ing)?" 이 역시 혼란스럽다. 예수님을 따른다(follow)는 말은 들어 봤어도 '따르는 사람한다'는 말은 들어 본 적이 없다.

많은 사람이 나를 찾아와 전에 다니던 교회에서 목사가 자신을 '**제자하지** 않았다'(did not disciple)며 분통을 터뜨렸다. 그들의 말은 대개 목사가 자신과 일대일로 만나는 시간을 내지 않았다는 뜻이다. 물론 나는 목사가 교인들의 신앙 성장을 위해 시간을 내야 한다는 점에 전적으로 동의한다. 하지만 누군가를 그리스도인하거나 신자할 수 없는 것만큼이나 그를 제자할 수 없다.

분명히 말하지만 이는 단순한 의미론(semantics)이 아니다. 언어는 매우 중요하다. '제자'가 다른 누군가가 당신에게 해 주는 것(동사)이라면[25] 당신의 영성 형성에 대한 책임은 목사나 교회, 멘토 같은 다른 누군가에게 있다. 하지만 '제자'가 명사라면, 즉 정체성에 관한 것이라면, 예수님 외에 다른 누구도 당신을 제자로 만들 수 없다. 도제의 삶으로 부르시는 예수님의 초대를 '당신'이 받아들이기로 선택해야 한다.

당신이 예수님의 제자로 들어가기로 선택한다면(이것이 내가 간절히 바라는 바다), 이는 내일 아침 당신이 눈을 뜰 때 당신의 삶 '전체'가 세 가지 목표에 집중된다는 뜻이다. 바로, 예수님과 함께하는 것, 그분처럼 되는 것, 그분처럼 하는 것. 이 세 가지가 당신에게 가장 중요한 목표가 된다. 아인슈타인의 말처럼 "나머지는 부차적인 것들일 뿐이다."

그런데 이는 단순히 '그리스도인이 되는 것'과 같지 않다.

도제는 아닌
그냥 그리스도인?

"그리스도인"(Christian)이라는 단어는 신약에서 딱 두 번 나온다. 그에 반해 "제자"(혹은 도제)라는 단어는 269번 나온다. 이는 전혀 뜻밖의 일이 아니다. 신약은 예수님의 도제들이 예수님의 도제들을 위해 쓴 책이기 때문이다.[26]

"그리스도인"이라는 단어는 문자적으로 '작은 그리스도'를 의미한다. 그런 의미에서 매우 아름다운 단어다. 이 말은 원래 그리스도의 길을 따르는 사람들을 조롱하기 위해 사용된 종교적 별칭이었다. 하지만 시간이 지나면서 우리의 영적 선조들은 이 모욕적인 표현을 받아들여 자신들, 즉 그리스도의 본을 따르기로 헌신한 이들을 지칭하는 말로 사용했다. 이 단어는 '예수님처럼 된다'는 두 번째 목표를 담고 있으니 사실 아주 좋은 표현이라고 할 수 있다.

하지만 문제가 있다. 오늘날 많은 사람에게 이 단어가 더는 그런 의미로 다가오지 않는다. 이제 서구의 많은 이들에게 그리스도인이란 '기독교'(Christianity; 성경에 전혀 등장하지 않는 단어)의 골자를 머리로 받아들이고 가끔 교회에 출석하거나 출석하지 않는 사람이다.

마이클 버키머는 *Lincoln's Christianity*(링컨의 기독교)라는 책에서 링컨 대통령이 그리스도인이었는지에 관한 오랜 논쟁을 다루었다. 나중에 기독교 저자인 존 오트버그는 이 책을 인용하면서 링컨이 그 자신의 믿음보다 '우리'의 믿음에 관해 더 많은 것을 말해 주는 일종의 로르샤흐 검사(Rorschach test)가 되었다는 점을 지적했다.[27] 전적으로 동감한다. 버키머는 링컨의 기독교를 판단하기 전에 먼저 "'그리스도인이 되는 것이 무엇을 의미하는가'라는 중요한 질문"을 마주해야 한다고 말했다. 그는 "그리스도인"을 "예수 그리스도께서 하나님이요 삼위일체의 한 위격이시며, 그리스도께서 세상의 죄를 위해 돌아가셨고, 이 교리를 믿는 것이 구원을 얻는 데 필수라는" 사실을 믿는 사람이라고 정의했다. 그런 뒤 그는 이것이 "거의 모든 사람이 잘 알고 있는 기초다"라고 말했다.[28]

물론 나는 그가 짚은 모든 사실을 믿는다. 나 외에도 거의 모든 예수님의 제자가 이를 믿는다. 하지만 "거의 모든 사람이 잘 알고 있는" 이 "기초"의 특이한 점은 그 안에 예수님을 따르고 그분께 순종하기로 노력하는 것에 관한 내용은 전혀 없다는 것이다. 이것이 문제다.

예수님은 사실 한 번도 "그리스도인"이라는 단어를 사용하신 적이 없다. 예수님은 "누구든지 그리스도인이 되고 싶은 사람은"이 아니라 "누구든지 내 제자(도제)가 되고 싶은 사람은"이라고 말씀하셨다. 이 문제를 내가 사는 나라인 미국의 틀에서 살펴보자.[29]

미국인의 약 63퍼센트는 스스로를 그리스도인으로 여긴다(물론 그 숫자가 꾸준히 줄고 있기는 하지만).[30] 개인의 영성 수준을 가늠하는 것이 어렵기는 하지만, 어쨌든 꽤 많은 설문 조사에서 예수님을 따르는 미국인의 수를 약 4퍼센트로 추정했다.[31] 정리하자면……

> 그리스도인: 63퍼센트
>
> 예수님의 도제: 4퍼센트

가톨릭교회에 다니는 내 친구들은 '가톨릭교도'와 '실천하는 가톨릭교도'를 구분한다. 전자는 문화적 혹은 인종적 범주에 더 가깝다. 이탈리아나 보스턴 출신이라는 말과 비슷하다. 반면에 후자는 영적 헌신의 척도다.

개신교도들도 '그리스도인'과 '실천하는 그리스도인'을 구분해야 할 때가 아닐까? 우리 시대와 크게 다르지 않았던 17세기에 성 막시무스는 이렇게 말했다. "단순히 신자라고 해서 제자인 것은 아니다."[32]

도제가 예수님처럼 되고 그분처럼 살기 위해 그분과 함께하려는 것을 궁극적인 목적으로 삼은 사람이라면, 이것 외에 다른 것을 궁극적인 목적으로 삼은 사람(무신론자든, 타 종교인이든, 설령 그리스도인일지라도)은 도제가 아니다. 문제는 서구에서 예수님의 도제가 아니어도 그리스도인이 될 수 있는 문화적 환경이 만들어졌다는 것이다.

오늘날 많은 설교자가 사람들을 제자의 삶으로 부르지 않는다. 예수님을 따르는 것을 '추가 선택 사항' 정도로 여긴다. 더 깊이 들어가고 싶은 사람을 위한 회심 후의 '두 번째 단계' 정도쯤으로 여긴다. 안타깝게도 이는 두 개 층으로 나뉜 교회를 탄생시켰다. 그로 인해 하나님을 믿고 심지어 정기적으로 교회에 출석하는 사람 가운데 예수님의 도제 수업이라는 기초를 중심으로 삶을 변화시키지 않은 사람이 너무도 많아졌다.[33]

이는 신약에는 눈을 씻고 찾아봐도 찾을 수 없는 개념이다. 예를 들어, 복음서들의 문학적 구조를 보면 두 그룹이 계속해서 등장한다. '도제'와 '무리'(crowds)다.[34] 도제는 예수님을 '따르는 사람'(followers)을 말하는데, 여기에는 열두 제자뿐 아니라 여성을 비롯한 다른 많은 사람이 포함된다. 무리는 단순히 '그 외의' 모든 사람이다. 예수님의 말씀을 대체로 받아들이지만 그분을 따르지는 않거나 그분의 가르침에 순종하려고 진지하게 노력하지는 않는(그렇게 해도 죽어서 천국에는 갈 수 있기 때문에 상관없다고 생각하는) 세 번째 범주의 '그리스도인' 따위는 없다.

이렇게 도제와 무리를 엄격하게 구분한 것은 예수님의 전기 작가 네 명이 모두 사용한 수사적 장치다. '무리'라는 애매한 단어를 사용한 것은 의도적이다. 복음서 기자들은 이 두 범주를 사용하여 독자에게 "당신은 어느 그룹에 속해 있습니까?"라고 묻고 있다.

당신은 무리 속의 한 얼굴인가, 예수님의 도제인가? 2,000년이 흐른 뒤, 특히 서구에서 이 질문은 전에 없이 중요해졌다.

> 온갖 가슴 아픈 문제로 가득한 오늘날 세상에서 가장 중요한
> 문제는 스스로를 **그리스도인**으로 여기는 이들이 …… 예수
> 그리스도의 제자(학생, 도제)가 될 것이냐. 그들이 삶의 모든
> 영역에서 하늘나라의 삶을 사는 법을 그분에게서 꾸준히 배워 갈
> 것인가?[35]

달라스 윌라드가 한 이 말은 이 시대 모든 문제의 본질을 꿰뚫는다. 오늘날 세상의 가장 중요한 문제는 기후변화, 감시 자본주의, 인권, 핵전쟁의 망령이 아니다. 스스로를 그리스도인으로 여기는 수십 억 명의 살아 있는 인간들이 모두 예수님의 도제가 되면 이 가운데 얼마나 많은 문제가 근본적으로 해결될지 상상해 보라. 그들이 모든 문제를 예수님의 방식으로 접근하는 것을 가장 중요한 목표로 삼는다면?

그렇다. 예수님은 기독교로 개종할 사람을 찾고 계시지 않는다. 그분은 하나님 나라의 도제들을 찾고 계신다.

우리는 무얼 위해
구원을 받는가

　나는 북미 교회사에서 매우 흥미로운 시기에 성인이 되었다. 매년 밀레니얼 세대에서 100만 명 이상이 기독교 신앙을 떠나고 있다. 그리고 나처럼 복음주의 교회를 다니며 자란 사람 가운데 바나 그룹(Barna Group)에서 "회복력 있는 제자"로 분류하는 사람은 겨우 10퍼센트밖에 안 된다. 안타깝게도 여기서 '회복력 있는 제자'란 차세대 마더 테레사나 마틴 루터 킹 주니어가 아니라 그냥 기본적인 예수님의 제자를 의미한다.[36]

　아, 10퍼센트는 정말 심각한 문제다. 하지만 이 제자도의 위기가 단순히 버그가 아니라 복음주의의 '본질적인 특징'이라면? 많은 사람이 복음 자체를 이해하는 방식으로 볼 때 이것이 당연한 결과라면?[37]

　잠시 역사 여행을 떠나 보자. 최소한 제2차 세계대전 때부터 기독교계의 많은 진영에서 예수님의 도제가 되지 않고도 그리스도인이 될 수 있다는 식으로 복음을 전했다. 제자는 나중에 추가할지 고려해도 되는 선택 사항 정도가 돼 버렸다. 그렇다 보니 많은 '회심자'가 복음 전도를 미끼 상술처럼 여기게 되었다. 영생이 '공짜 선물'인 줄 알고서 찾아와 손을 들고 영접 기도를 드렸는데 나중에 엉뚱한 요구가 날아온다. "자신을 부인하고, 자기 십자가를 지고, 예수님을 따르라." 문제는 그들이 이를 알고 기독교 신앙을 선택한 게 아니라는 점이다.

서구의 정말 많은 교회에서 '복음 전도'와 '제자도'가 분리되어 있다. 내가 이 말을 왜 하는가? 복음을 어떻게 이해하는지가 제자도에 어떻게 접근하는지(혹은 접근하지 않는지)를 결정하기 때문이다. 예수님의 복음을 머리로 받아들인다고 해서 도제가 되지는 않는다.

이는 구원 자체의 본질에 관한 질문으로 이어진다. 우리는 정확히 무엇을 위해 구원을 받는가? 많은 주류 교회에서는 심지어 이 질문을 던지는 것조차 이단에 상응하는 취급을 받는다. 하지만 이 질문을 반드시 던져야 한다. 복음을 잘못 이해하면 제자도를 잘못 이해하거나 아예 이해하지 못하게 되기 때문이다.

내 요지를 좀 더 명확하게 전달하기 위해 예를 하나 들어 보겠다.[38] 이 내용은 실제로 많은 곳에서 전해지고 있는 '복음'이다.

> 당신은 지옥으로 치닫고 있는 죄인이다.
> 하나님은 당신을 사랑하신다.
> 예수님은 당신의 죄를 위해 십자가에서 돌아가셨다.
> 그분을 믿으면 죽어서 천국에 갈 수 있다.[39]

이 내용이 다 '성경적'이기는 하다. 물론 약간 수정할 부분이 있기는 하지만 말이다. 어쨌든 나는 이 내용을 믿는다. 문제는 이것이 틀렸다는 게 아니라 정말, 정말 중요한 한 가지 진리가 통째로 빠져 있다는 것이다. 이는 우리가 예수님의 설교나 신약성경에서 볼 수 있는 구원에 관한 전체 그림과 거리가 멀다. 그리고 이는 "최소한의 입장 조건"으로 구원이 가능하다는 그릇된 관념을 낳았다.[40]

이런 구원관에는 심각한 문제점이 존재한다. 예수님의 도제가 되지 않고 그리스도인만 되고도 "죽어서 천국에 갈 수 있다"는 보장은 없다. 예수님은 우리에게 이렇게 경고하셨다. "나더러 주여 주여 하는 자마다 다 천국에 들어갈 것이 아니요 다만 하늘에 계신 내 아버지의 뜻대로 행하는 자라야 들어가리라."[41]

설령 그렇게 천국에 갈 수 있다 해도(오직 하나님의 자비에 기대어 희망을 가져볼 따름이다) 이 땅에서 여전히 죄와 수치의 자멸적인 악순환에 갇혀서 살 뿐이다. 그래서는 하나님과 함께하는 삶을 도무지 경험할 수 없다. 그리고 우리 모두가 가장 깊은 곳에서 갈망하는 사랑의 사람으로 변해 갈 수도 없다.

서구 교회에서는 죄의 용서에 관해 많은 발언을 해 왔다. 물론 이는 좋은 일이다. 뒤에서 살펴보겠지만 죄는 사랑의 사람으로 변해 가는 길의 큰 걸림돌이다. 하지만 죄란 무엇인가? "죄"(헬라어로 "하마르티아")가 "표적을 놓치는 것"을 의미한다는 말을 다들 들어 본 적이 있을 것이다.[42] 맞는 말이다. 하지만 여기서 의문이 생긴다. 그러면 "표적"이란 또 무엇인가? 표적은 도덕적 완벽인가? 하늘의 법정에 제출할 완벽한 기록부인가? 성경에 기록된 명령 중 단 하나라도 어기지 않는 것인가?

하지만 표적이 하나님과의 연합이라면? 삼위일체 하나님의 생명에 참여함으로 영혼이 치유되는 것이라면? 성자 예수님의 구원하시는 사역을 통해 민족과 인종을 초월한 하나님 아버지의 새로운 가족으로 입양되는 것이라면? 나중에 예수님과 함께 우주를 다스릴 만큼 사랑과 지혜와 능력으로 충만한 사람이 되는 것이라면?

그렇다면 앞서 말한 그 반쪽짜리 복음은 깊은 내적 치유와 영육의 전반적인 변화를 낳는 도제의 삶을 쌓기에 몹시 불충분한 기초다. 게다가 치명적인 흠도 있다. 이 버전의 복음에는 예수님께 도제 수업을 받으라는 부름이 전혀 없다. 이 복음은 단지 죽어서 천국에 갈 수 있도록 한 차례 영접 기도를 드리고, 하나님에 관한 일련의 교리를 믿고, 교회에 출석할 것만을 요구한다. 안타깝게도, 반드시 이생에서 예수님의 도제로서 살 것을 요구하지는 않는다.

예수님이 "인자가 온 것은 잃어버린 자를 찾아 구원하려 함이라"[43]라고 말씀하실 때 이 구원을 말씀하신 것일까? 우리가 예수님의 의도를 심하게 축소시킨 것은 사복음서를 대충 읽은 탓이다.

예수님께 구원은, 우리를 천국에 들어가게 하는 차원을 넘어 천국을 우리 안으로 가져오는 것을 의미한다. 구원은 예수님이 우리처럼 되신 사건만이 아니라, 우리가 그분처럼 되는 과정에 관한 것이다. 구원은 '계약'이라기보다 '변화'에 관한 것이다. 구원은 예수님이 우리를 위해 해 주신 일은 물론이요, 우리가 그분 아래서 도제가 될 때 그분이 우리 안에서 행하셨고 행하고 계시며 행하실 일에 관한 것이다.

구원은 하나님께 사랑을 받을 뿐 아니라, 하나님의 사랑으로 가득한 사람이 되는 것이다. 그분의 '죽음'의 공로를 받아들이는 것만이 아니라, 그분의 '부활'의 능력을 받는 것에 관한 것이다. '개인'으로서 당신과 나에 관한 것일 뿐 아니라, 새로운 인류 전체가 변화되고 '우주 자체'가 치유를 받는 것이다.

무엇보다 앞서 말한 반쪽짜리 복음의 가장 큰 문제점은 전혀 '예수님이 전하신 복음'처럼 들리지 않는다는 것이다. 마가가 '예수님의 복음'을 어떻게 정리하는지 들어 보라. "이르시되 때가 찼고 하나님의 나라가 가까이 왔으니 회개하고 복음을 믿으라 하시더라."[44]

예수님의 복음은 이스라엘의 긴 역사가 그분 안에서 절정에 이르렀다는 소식이다. 예수님의 복음은 그분이 하늘과 땅을 다시 연합시키고, 우리를 "하나님의 나라" 즉 하나님으로 충만한 평화와 정의와 사랑의 사회로 인도하셨다는 소식이다. 예수님의 핵심 메시지는 이 천국으로 들어가는 것이 이제 모든 사람에게 가능하다는 소식이다. 어디 출신이든지, 인생의 어느 단계에 있든지 상관없이 누구나 이 나라에 들어가서 하나님과 함께 '복된'(행복한) 삶을 누릴 수 있다. 예수님을 믿고 그분께 삶을 온전히 드리면 누구나 이런 새로운 종류의 삶을 가질 수 있다. 어떤가? 이것이 당신이 이해하던 그 복음인가?

예수님의 복음을 통해서 보면 '도제가 되라'는 부름은 완벽히 말이 된다. 하나님 나라는 "가까이" 왔지만, 그것은 국경과 여권이 있는 나라가 아닌 '지혜롭고 슬기 있는 자들에게는 숨기신' 나라다.[45] 그렇다면 예수님을 통해 우리에게 열린 이 특별한 새 사회로, 삼위일체 하나님의 생명으로 들어가는 법을 배우기 위해 진지한 훈련을 해야 함은 너무도 당연하다. (이 세상 나라에 속한) 옛 삶의 습관을 끊어 내고 원래부터 우리의 운명이었던 새 나라의 사람들이 되기 위해서는 새로운 능력이 필요하다. 우리는 최고 중의 최고이신 분, 곧 예수님께 배워야 한다. 우리는 그분의 도제가 되어야 한다.

복음의 진위를 파악하기 위한 한 가지 간단한 방법이 있다. 그 복음을 들은 사람이 예수님의 도제가 되는 것이 필수라는 결론을 내린다면 그 복음은 진짜다.

최근 몇 십 년 사이에 '소비자 기독교'(consumer Christianity)가 부상했다. 하지만 그런 기독교가 복음을 전하는 방식과 어떤 연관성이 있는지에 신경을 쓰는 사람은 별로 없었다. 적잖은 서구 그리스도인이 복음에 수동적으로 접근한다. 그들은 주로 이렇게 말한다. "당신이 뭘 하는지는 중요하지 않다. 예수님이 당신을 위해 뭘 해 주셨는지가 핵심이다." 하지만 이는 그릇된 이분법이며, 그 어떤 신약 기자도 그런 언어를 쓰지 않는다. 요즘 서구 교회는 '죄'를 피하는 것보다 '행위를 통한 의'를 피하는 데 더 열중하는 것처럼 보인다.

오해하지는 말라. 사복음서에는 긍휼에 관한 이야기가 가득하다. 예수님의 비유들에서 우리는 왕에게 막대한 빚을 탕감받은 종이고, 아버지의 유산을 탕진한 뒤에도 집에서 환영받아 잔칫상을 받는 탕자이며, 귀빈으로 아브라함의 식탁에 앉는 성문 밖의 거지다. 우리가 구원을 받음은 언제나 전적으로 은혜를 통해서다.

하지만 예수님은 우리 자신의 노력을 억누르시지 않았다. 이런 명언이 있다. "은혜는 **노력**에 반(反)하는 것이 아니라 **노력으로 얻는 것**에 반하는 것이다."[46] 이 둘을 혼동하지 말라.

예수님은 다음과 같은 유명한 클라이맥스로 산상수훈을 마무리하셨다.

> 나의 이 말을 듣고 행하지 아니하는 자는 그 집을 모래 위에 지은 어리석은 사람 같으리니 비가 내리고 창수가 나고 바람이 불어 그 집에 부딪치매 무너져 그 무너짐이 심하니라.[47]

구원에 관한 우리의 불안을 해소시켜 주고자 곧바로 이렇게 덧붙이시는 예수님은 상상할 수 없다. "하지만 걱정하지 말거라.

이 모든 것을 내가 대신 해 줄 테니 넌 아무것도 안 해도 된단다. 네가 무언가를 한다면 그건 행위로 의를 얻으려는 시도니까 말이야. 그건 나쁜 거 맞지?" 구원에 관한 이런 비극적인 오해는 "예수님의 길을 따르는 제자들"이 아니라 "예수님의 공로를 소비하는 자들을 양산할 뿐이다."[48]

삶의 길

예수님의 제자들이 모인 공동체의 원래 이름은 '그 길(도; the Way)' 혹은 '그 길을 따르는 사람들'이었다.

사도행전 9장 2절 — 다메섹 여러 회당에 가져갈 공문을 청하니 이는 만일 **그 도(the Way)를 따르는 사람**을 만나면.

사도행전 19장 23절 — 그때쯤 되어 **이 도(the Way)**로 말미암아 적지 않은 소동이 있었으니.

사도행전 24장 14절 — 나는 …… **도(the Way)**를 따라 조상의 하나님을 섬기고.

이 구절은 몇 개의 사례일 뿐이다. "길"(도)에 해당하는 헬라어 단어는 "호도스"다. 이 단어는 문자적으로 '실제 길, 방법, 경로'를 의미한다. 예수님은 이 단어를 그분의 도제 수업에 대한 비유로 사용하셨다.

이 생동감 넘치는 단어는 단순하지만 혁명적인 개념이다. 즉 예수님의 길은 단순히 신학 체계(우리가 머리로 믿는 개념들의 집합)가 아니다. 이 길은 분명 하나의 신학 체계지만, 거기서 끝이 아니라 그 이상이다. 이 길은 단순히 윤리(우리가 순종하거나 불순종하는 규범들의 집합)도 아니다. 이 길은 분명 하나의 윤리지만, 거기서 끝이 아니라 그 이상이다. 이 길은 말 그대로, 삶의 길이다. "나를 따라오라"라는 예수님의 초대를 이렇게 바꿀 수 있다. "내가 제시하는 **삶**을 경험하도록 내 전반적인 삶의 길을 채택하라."

동방정교회(Eastern Orthodox) 칼리스토스 웨어 주교가 이 점을 누구보다 잘 정리했다.

> 기독교는 우주에 관한 이론이나 종이에 기록된 가르침을 넘어선 것이다. 그것은 우리가 걷는 길이다. 가장 깊고 풍성한 의미에서의 **삶의 길**이다.[49]

교회 안에서 무엇을 믿어야 하고 무엇이 옳거나 그른지에 관한 말은 자주 들을 수 있다(물론 좋은 일이다). 하지만 하나님과 함께하는 삶으로 이어지는 삶의 방식에 관한 이야기는 '좀처럼' 듣기 힘들다. 하지만 라이프스타일이야말로 가장 중요하다.

예수님은 다음과 같은 유명한 말씀을 하셨다.

내가 곧 길이요 진리요 생명(삶)이니.[50]

사람들은 이 구절을 누가 합격이고 누가 탈락인지, 누가 지옥에 가고 누가 천국행 티켓을 손에 쥐었는지에 관한 진실로 잘못 읽는다. 하지만 이는 예수님의 의도가 아닐 가능성이 높다. 이 구절은 그분의 진리(그분의 가르침)와 그분의 길(그분의 삶의 방식)을 결합하는 것이 그분이 제시하시는 하나님과 함께하는 삶에 이르는 방법이라는 뜻일 가능성이 높다.

장로교 목사 유진 피터슨은 이런 말을 했다. "예수님의 길과 예수님의 진리를 결합하면 예수님의 삶이 탄생한다." 이어서 그는 이런 결론을 내렸다. "진리로서의 예수님이 길로서의 예수님보다 훨씬 더 많은 관심을 받고 있다. 내가 북미 교회의 목사로서 50년간 섬겨 온 그리스도인들에게 길로서의 예수님은 가장 외면받는 비유다."[51]

이 세상이 제시하는 그 어떤 것보다도 놀라운 삶의 길, 예수님이 직접 본으로 보여 주신 삶의 길이 있다. 이 삶의 길은 하나님의 임재와 능력을 (대부분의 사람은 꿈에서나 경험할 법한) 놀라운 차원으로 경험하게 해 준다. 하지만 그러려면 예수님이 직접 표시해 주신 경로를 따라가야만 한다. 또한 예수님은 이렇게 말씀하셨다.

> 좁은 문으로 들어가라 멸망으로 인도하는 문은 크고
> 그 길(호도스)이 넓어 그리로 들어가는 자가 많고 생명으로
> 인도하는 문은 좁고 길(호도스)이 협착하여 찾는 자가 적음이라.[52]

이 가르침을 오직 소수만 '죽어서 천국에 가고' 나머지 모든 사람은 영원한 고문실 직행열차에 탑승한다고만 풀이하는 이들이 있다. 내가 볼 때 더 매력적인 해석은 따로 있다. 예수님의 길은 "협착"하다. 이는 매우 특별한 삶의 길이라는 뜻이다. 이 길을 따르면 이생에서나 내세에서나 모두 "생명"으로 이어진다.

'넓은 길'은 주류 문화의 길이다. 이 길은 어리석고도 단순하다. "무리를 따르고 뭐든 당신이 원하는 대로 하라." 전 세계 수십억 명이 이미 이렇게 살고 있다. 하지만 이 길은 생명으로 이어지지 않는다. 오히려 파멸로 이어질 뿐이다. 자신의 잠재력을 이루지 못한 채 무너진 수많은 사람의 사연이 곧 이 길을 따라간 이야기다. 여기서 말하는 잠재력을 예수님은 "영생"으로 부르셨다. 이는 단순히 삶의 양이 아닌 질을 의미한다. 이 영생은 하나님과 연

합한 새로운 삶의 길이다. 이 삶은 지금 시작되어 죽음 너머까지 영원히 뻗어 나간다.

예수님은 그분을 따르는 모든 사람에게 계속해서 이 삶을 제시하셨다. "내가 온 것은 양으로 생명을 얻게 하고 더 풍성히 얻게 하려는 것이라."[53] 이 삶은 '잔이 넘치게' 될 정도로 풍성한 생명이다.[54] 예수님의 초대를 받아들이는 사람은 거의 항상 소수인 것 같다. 하지만 당신이 그 복된 소수 중 한 사람, 곧 예수님의 도제가 될 수 있다. 이 놀라운 삶의 문은 '모두'에게 열려 있기 때문이다.

말 그대로 "누구든지"

예수님은 수시로 큰 무리 앞에 서서 이런 초대를 제시하셨다.

누구든지 나를 따라오려거든 자기를 부인하고 자기 십자가를 지고 나를 따를 것이니라.[55]

이 구절의 첫 단어에 주목하라. "누구든지." 이 단어는 필시 예수님의 청중에게 큰 충격을 주었으리라. 앞서 최고 중의 최고 중의 최고만 랍비에게서 도제 수업을 받을 수 있다고 했던 걸 기억하는가? 오늘날의 명문대학교처럼 랍비들은 학생들을 지독히 까다롭게 선발했다. 학생들의 수준이 곧 선생의 수준이었기 때문이다. 대체로 랍비는 학생에게 거절당할 위험을 무릅쓰지 않았다. 오직 랍비가 학생을 거절할 뿐이었다. 그런데 예수라는 랍비는 그리하지 않았다. "누구든지."

"누구든지"는 말 그대로 '누구든지'를 의미했다. 어부, 열심 당원, 세리, 심지어 배신자까지…… 누구든지. 편협한 종교인이든, 간음 현장에서 붙잡힌 여인이든 상관없이 누구든지. 지식층이든, 길거리에서 구걸하는 눈먼 거지든 상관없이 누구든지. 예수님은 '모든 사람'에게 하나님 나라의 삶으로 들어가기 위해 그분 아래서 도제 수업을 받으라고 초대하셨다.

그리고 시간이 지나도 달라진 건 없다. 지금도 여전히 모든 사람이 초대를 받고 있다. 어떤 사람이든, 무슨 짓을 했든 상관없이 누구든지. 압제를 당하는 사람이든, 압제자든 상관없이 누구든지. 부유한 상류층이든, 빈곤의 굴레에 갇힌 사람이든 상관없이 누구든지. 정신이 온전하든, 아니든 상관없이 누구든지. 성적으로 순결한 사람이든, 문란한 사람이든 상관없이 누구든지. 결혼한 사람이든, 이혼한 사람이든, 재혼하고 또다시 이혼한 사람이든 상관없이 누구든지. 종교에 열심인 사람이든, 종교를 떠난 사람이든 상관없이 누구든지. 믿음이 충만한 사람이든, 의심이 충만한 사람이든 상관없이 누구든지.

오늘날에도 여전히 "누구든지"는 말 그대로 '누구든지'를 의미한다.

마침내 우리는 한 바퀴를 크게 돌아 이 장(chapter)의 포문을 열었던 질문으로 돌아갈 준비가 되었다. 무엇이 시몬으로 하여금 즉시 그물을 해변에 던져 놓고 평생의 직업을 떠나 예수님을 따르게 만들었을까? 우리가 이렇게 물으면 필시 시몬은 이렇게 말했을 것이다. "꼭 이유를 말해야 하나요? 이건 일생일대의 기회라고요!"

이 상황을 어설프게나마 오늘날의 배경으로 옮겨 보겠다. 고등학교를 중퇴한 당신이 대학 교수가 될 꿈을 늘 마음에 품고 산다고 해 보자. 당신은 대학에 다니고 싶지만 그 어떤 대학에서도 당신을 받아 주지 않는다. 그래서 당신은 식당에서 최저임금으로 종일 단순 노동을 하게 된다. 그러던 어느 날, 식당 카운터에 앉아 시계만 바라보고 있는데 세계적으로 유명한 한 명문대학교 교수가 사인회로 전 세계를 돌던 중에 당신이 일하는 식당 문을 열고 들어온다. 그런데 그가 당신을 보자마자 마음에 들어 하며 이렇게 말하는 게 아닌가.

"지금 당장 나를 따라오면 내 제자로 삼아 주겠네. 내가 전액 장학금을 주겠네. 내 집에서 살면서 내 밑에서 공부하게. 내가 아는 걸 모두 가르쳐 주고 내 모든 학문 자료를 볼 수 있게 해 주겠네. 자네는 언젠가 나처럼 될 잠재력이 있어. 공부하는 과정이 자네가 해 왔던 그 어떤 일보다도 힘들겠지만 상상도 못 할 열매를 거둘 걸세. 하지만 그렇게 되려면 지금 당장 나를 따라와야 하네."

자, 어떻게 하겠는가? 제정신인 사람이라면 어떻게 할까? 당장 앞치마를 내던지고 신나게 춤을 추면서 그를 따라 달려 나가지 않겠는가.

시몬과 안드레는 어부였다. 이 사실에 관해 잠시 생각해 보라. 이 사실은 그들이 도제 프로그램에 합격하지 못했다는 뜻이다. 그들은 최고 중의 최고 중의 최고가 아니었다. 그들은 "가서 아이를 낳아 그 아이가 랍비가 되기를 기도하라"는 말을 듣고 집에 돌려보내진 사람들이었다. 하지만 예수님은 그들을 그분의 도제로 초대하셨다. 그들이 예수님을 믿기 전에 예수님이 먼저 그들을 믿어 주셨다.

알렉상드르 뒤마의 1,600쪽짜리 책 《몬테크리스토 백작》(The Count of Monte Cristo)을 읽지는 못 했지만, 짐 커비즐이 몬테크리스토 백작으로 출연한 동명의 영화는 내가 가장 좋아하는 영화 중 하나다. 커비즐이 연기한 주인공 에드몽 당테스는 가장 친한 친구에게 배신당해 억울한 누명을 쓰고 이프섬 감옥에 갇힌다. 거기서 그는 동료 수감자인 파리아 신부와 뜻밖의 우정을 쌓는다. 당테스는 파리아 신부에게 끌리지만 예수님을 믿는 그의 신앙에는 반감을 갖는다.

영화에서 내가 가장 좋아하는 장면은 파리아 신부가 마지막 숨을 내쉬면서 당테스에게 "하나님이 '원수 갚는 것이 내게 있으니'"라고 말씀하셨기에 복수를 위해 보물을 사용하지 말라고 당부하는 장면이다. 그러자 당테스는 이렇게 대답한다. "나는 하나님을 믿지 않습니다." 그때 신부의 잊을 수 없는 대사가 등장한다. "그건 중요하지 않네. 하나님이 자네를 믿으시니까."[56]

우리는 예수님을 믿으라는 말을 많이 한다. 우리는 예수님이 생명으로 인도하실 줄 믿으라고 말한다. 이는 분명 좋고 필요한 일이다. 하지만 예수님이 당신을 믿으신다는 말도 그에 못지않게 중요하다. 예수님은 당신이 그분의 도제가 될 수 있다고 믿으신다. 당신은 지금 모습 이대로 그분을 따라갈 수 있다. 당신의 가장 깊은 갈망을 채워 줄 하나님 나라의 삶으로 지금 당장 들어갈 수 있다.

예수님은 당신이 아버지의 사랑 그득한 시선 아래서 살 수 있다고 믿어 주신다. 당신도 그분을 닮은 사람이 될 수 있다. 당신은 사랑과 희락, 평강, 인내, 자비가 가득한 사람이 될 수 있다. 당신은 극심한 고난의 한복판에서도 행복한 사람이 될 수 있다. 당신은 고난, 심지어 죽음마저 두려워하지 않는 사람이 될 수 있다. 당신은 일이 자기 뜻대로 풀리지 않아도 흔들리지 않는 사람이 될 수 있다. 당신이라는 존재의 진정한 목적을 이룰 수 있다. 나아가 예수님처럼 놀라운 일을 행하는 법을 배울 수 있다. 하나님 나라의 기적이 당신 일상에서 나타날 수 있다. 이 모든 일이 가능하다.

하지만 이런 일은 무조건 일어나지는 않는다. 이런 일은 우연히 일어나지 않는다. 저절로 성자가 되는 경우는 없다. 찬양 시간에 손을 살짝 든다고 해서 성자가 되지 않는다. 합격 요건이 매우 까다롭다. 직업이나 돈, 평판을 비롯한 그 어떤 것보다도 '예수님'을 절대적인 최우선으로 삼고, 그분을 따르는 것을 중심으로 삶 전체를 재정비해야 한다. 그런데 이 모든 것은 일단 도제의 삶에 뛰어들면 자연스럽게 제자리를 찾아가기 마련이다.

이 삶이 당신의 삶이 될 수 있다. 당신이 당신의 그물을 내려놓기만 한다면.

Be with Jesus

목표 #1
예수님과
함께하고

그리하여 모든 일상의 순간이 거룩해지고

예수님이 단순히 "나를 따라오라"라는 부름으로 도제 그룹을 만들기 시작하신 것은 전혀 뜻밖의 일이 아니다. 예수님은 그저 그분과 나란히 '길'을 걸으라는 초대부터 하셨다.

요한복음 1장에서 예수님은 안드레와 친구들에게 단순히 와서 그분이 어디에서 묵고 있는지를 보라고 말씀하셨다. "그들이 가서 계신 데를 보고 그날 함께 거하니."[1] 누가복음 10장 39절의 마리아를 보라. "주의 발치에 앉아 그의 말씀을 듣더니."[2] 마가복음 3장 13절을 보면, 예수님이 '그분이 원하는 자들을 부르시니 그들이 예수님께 나아왔다.' 당시 수십 명 혹은 수백 명의 제자들이 예수님과 꽤 오랜 시간을 함께했다. 그리고 이 많은 제자 중에서 예수님은 특별한 훈련을 시킬 열두 명을 골라 "자기와 함께 있게" 하셨다.[3]

이것이 예수님의 도제 수업의 첫 번째이자 가장 중요한 목표다. 바로 예수님과 종일 함께하면서 그분의 음성을 듣는 것. 삶 전체의 기초로서 예수님과 함께하는 습관을 기르는 것.

예수님을 따르는 것은 '그분과 함께하기, 그분처럼 되기, 그분처럼 하기'라는 3단계 공식이 아니다. 하지만 분명 순서는 있다. 이는 하나의 진행 과정이다. 먼저, 예수님께로 가서 그분과 함께한다. 그러면 점점 그분을 닮아 가게 된다. 그러다 보면 결국 그분이 세상에서 하신 일을 하기 시작한다. 첫 제자들의 이야기에서 이런 진행 과정을 볼 수 있다. 그들은 몇 달, 아마도 몇 년 동안 예수님을 따라 이스라엘 전역을 다니고 그분의 발치에 앉아 가르침을 받았다. 그러는 동안 그들은 아주 서서히 변하기 시작했고, 나중에 예수님은 그들을 "내보내" 가르침을 펴게 하셨다.[4]

혹시 예수님을 따른다는 개념에 관해 처음 들었는가? 그래서 어디서부터 시작해야 할지 모르겠는가? 그렇다면 1번 목표인 '예수님과 함께하는 것'부터 시작하면 된다. 하지만 '오늘날에는' 실제로 어떻게 해야 하는가? 예수님이 "나를 따라오라"라는 말씀을 처음 하실 때는 비유로 하신 게 아니었다. 말 그대로 따라오라는 말씀이었다. 이를테면 "나는 와디 켈트를 따라 동쪽 여리고로 걸어가는 중이다. 내 뒤를 따라오라"는 식의 말씀이었다. 하지만 우리가 오늘날 그분을 따르기 위해 텔아비브 비행편을 예약하고 자동차를 렌트해서 산허리에 계신 예수님을 찾아내 그분의 발치에 앉을 수는 없는 노릇이지 않은가. 그렇다면 이 시대를 사는 우리는 어떻게 그분과 함께할 것인가?

"나의 안에 거하라"

예수님은 십자가를 지시기 직전에 도제들에게 수수께끼 같은 약속을 주셨다.

> 내가 아버지께 구하겠으니 그가 **또 다른 보혜사**를 너희에게 주사
> 영원토록 너희와 함께 있게 하리니.[5]

짧은 주석: 여기서 "또 다른 보혜사"는 번역하기가 좀 까다롭다. "또 다른"에 해당하는 헬라어 단어는 "알로스"다. 이는 문자적으로 "같은 종류의 또 다른 것"[6] 혹은 "또 다른 나"를 의미한다. "보혜사"는 헬라어로 "파라클레토스"인데, '돕는 자'나 '중보자'로 번역될 수 있다.[7]

그렇다면 아버지께서는 우리에게 또 다른 예수님을 주시는가? 또 다른 예수님이 우리와 함께하게 해 주시는가? 또 다른 예수님이 우리를 돕고 우리를 위해 중보하게 해 주시는가? 바로 그렇다. 몇 문장 뒤에서 예수님은 이 불가사의한 '또 다른 나'의 이름이 "성령"이라고 알려 주신다.[8] 해석하자면 이렇다. 앞으로는 예수님의 도제들이 성령을 통해 '예수님과 함께하게' 될 것이다.

한 가지 신학 이야기를 짧게 해 보겠다. 성경에서 성령은 영화

〈스타워즈〉(Star Wars)의 포스처럼 막연한 힘이 아니다. 동방의 신비주의에서 말하는 무존재의 영원한 바다도 아니다. 우리가 기도할 때 드는 좋은 느낌도 아니다. 예수님의 가르침에서 성령은 '그것'이 아니라 '그분'이다. 이는 성령이 '인격적인 존재'라는 뜻이다.

예수님의 모든 가르침에서 우리가 "하나님"이라 부르는 삼위일체 하나님은 성부와 성자와 성령 사이의 신비하고도 아름다운 사랑의 흐름이다. 삼위일체 하나님은 자신을 내주는 사랑의 공동체다. 신학자들에 따르면, 삼위일체의 각 위는 서로 구분되면서도 하나다. 성령과 함께하는 것은 곧 성자 예수님과 함께하는 것이며, 예수님과 함께하는 것은 곧 성부 하나님과 함께하는 것이다. 예수님과 함께하는 것은 삼위일체 하나님의 생명 안에 있는 사랑의 흐름 속으로 들어가는 것이다.

자, 우리가 하던 논의로 돌아가 보자. 예수님의 도제 수업의 첫 번째 목표는 '삼위일체 하나님의 끊임없는 사랑의 흐름 속에서 사는 것'이다. 출발점이 있다면 바로 이것이 출발점이다.

하지만 예수님은 도제들에게 단순히 약속만 주시지 않았다. 실천법도 알려 주셨다. 사실상 예수님은 그분과 함께하는 법에 관한 실용적 지침이라 할 수 있는 가르침을 주셨다. 이 가르침에 '영성 형성을 위한 예수님의 모델'이라는 제목을 달아도 좋겠다. 예수님은 포도원 비유로, 가지가 '많은 열매를 맺기' 위해서는 포도나무 안에 '거해야' 한다고 말씀하셨다. 이 비유에서 예수님은 포도나무시고, 우리 도제들은 그 포도나무의 가지들이다. 이어서 예수님은 이렇게 명령하셨다.

내 안에 거하라 나도 너희 안에 거하리라.[9]

여기서 '거하다'에 해당하는 헬라어 단어는 "메노"다. 이 단어는 '남다'나 '머물다' 혹은 '거하다', '집으로 삼다'로 번역할 수 있다.[10] 그렇다면 이 구절을 이렇게 번역할 수 있다. "내가 너희를 내 집으로 삼는 것처럼 너희도 나를 너희 집으로 삼으라."

예수님은 이 짧은 비유에서 '메노'라는 단어를 한 번이 아닌 열 번이나 사용하신다. 성경을 찾아서 읽어 보라. 여기서 예수님은 한 가지 요점을 전달하고 계신다. "성령을 통해 나의 임재를 너희의 집으로 삼고서 그 집을 절대 떠나지 말라."

혹시 이것이 외진 수도원에서 사는 사람에게나 해당하는 이야기처럼 들리는가? 자녀를 키우느라 바쁘거나 도시에서 살거나 수시로 이메일을 확인해야 하는 보통의 현대인과는 상관없는 이야기라고 생각하는가? 그렇지 않다. 예수님은 당신이 이미 하고 있지 않는 다른 일을 명령하시는 게 아니다.

우리 모두는 이미 거하고 있다. 문제는 우리가 '무엇 안에' 거하고 있는지다. 우리 모두는 어떤 근원에 뿌리를 내리고 있다. 우리가 매번 돌아가는 기본 설정(default settings)이 있다. 우리의 정서적 집이 있다. 일로 바쁘지 않을 때 우리 정신이 향하는 곳이 있다. 위안이 필요할 때 우리 감정이 향하는 곳이 있다. 여유 시간이 생길 때 우리 마음이 가는 곳이 있다. 의식주를 해결한 뒤에 우리가 가진 돈을 쓰게 되는 곳이 있다.

우리 모두는 어딘가를 집으로 삼는다. 문제는 그곳이 '어디'인지다. 이는 매우 중요하다. 어디든 우리가 '거하는' 곳이 우리 삶의 '열매'를 결정하기 때문이다. 거하는 곳에 따라 좋은 열매가 맺힐 수도, 나쁜 열매가 맺힐 수도 있다.

소셜 미디어의 무한 스크롤에 뿌리를 내리면 그것이 우리를 분노하고, 불안해하고, 교만하고, 뭐든 지나치게 단순화하고, 정신이 산만한 사람들로 형성해 간다.[11] 끝없이 볼거리를 제공하는 스트리밍 플랫폼에 뿌리를 내리면 그것이 우리를 음란하고, 늘 들떠 있으며, 쉽게 따분해하고, 현실에 집중하지 못하는 사람들로 형성해 간다. 고통을 달래고 순간의 평안을 얻기 위해 술이나 음식, 섹스를 탐닉하는 쾌락주의에 뿌리를 내리면 그것이 우리를 강박적이고, 중독적이며, 고통에서도 치유에서도 도망치는 사람으로 형성해 간다. 예를 들자면 끝이 없다.

하지만 우리가 하나님의 생명에 뿌리를 내린다면? 그 역시 우리를 형성해 간다. 우리 삶에서 "사랑과 희락과 화평과 오래 참음과 자비와 양선과 충성과 온유와 절제"라는 "성령의 열매"가 서서히 자란다.[12]

당신의 정서적 집은 어디인가? 혼자만의 조용한 시간에 어디로 돌아가는가? 어디서 위로와 기쁨을 찾는가? 하나님 안을 집으로 삼는 건 구체적으로 어떤 모습일까?

이는 항상 동시에 두 곳에 있는 법을 배우는 것을 의미한다. 아침 식사를 하면서 예수님과 함께한다. 대중교통을 타고 출근하면서 예수님과 함께한다. 아기의 기저귀를 갈면서 예수님과 함께한다. 이메일을 정리하면서 예수님과 함께한다. 가족이나 친구들을 위해 저녁 식사를 준비하면서 예수님 안에서 마음을 쉬게 한다.

예수님의 도제 수업은 우리 몸을 성전, 곧 하늘과 땅이 만나는 곳으로 바꾸는 것이다. 이는 언젠가 예수님이 온 우주를 위해 해주실 일을 미리 맛보는 것이다. 그날 하늘과 땅은 마침내 하나로 연합할 것이다. 이 순간을 미리 맛보는 건 온 우주에서 가장 놀라운 기회다. 우리 몸이 하나님의 집이 된다니, 이 얼마나 놀라운 기회인가! 그런데 이 기회가 하루도 빠짐없이 우리 앞에 놓여 있다.

예수님은 이런 삶의 길을 '거하기'(abiding)라고 부르셨다. 역사 속 믿음의 사람들은 이 초대의 놀라운 가능성을 담아내기 위해 온갖 언어를 가져다 사용했다. 바울은 이를 '쉬지 않고 기도하는 것'이라 불렀다.[15] 스페인 카르멜회(Carmelite) 십자가의 성 요한은 이를 "조용한 사랑"으로 부르며, "하나님을 향한 사랑의 관심 안에 머물라"고 촉구했다. 프랑스의 신비주의자 마담 귀용은 이를 "거하기라는 지속적인 내적 행위"로 불렀다.

예수회 사제 장 피에르 드 코사드는 이를 "현재 순간의 성사"라고 불렀다. 그에게는 하나님과 함께하는 모든 순간이 이동식 성만찬이나 다름없었다.[14] A. W. 토저는 이를 "습관적이고 의식적인 성찬식"이라고 부르며 이렇게 말했다. "모든 기독교 메시지의 중심에는 구속된 자녀들이 그분의 임재를 의식하는 삶으로 들어오기를 기다리시는 하나님이 계신다."[15] 또 달라스 윌라드는 이를 "하나님과 함께하는 삶"이라고 불렀다.[16]

이처럼 '예수님과 함께하는 삶'을 부르는 수많은 명칭이 존재한다. 하지만 내가 단연 가장 좋아하는 명칭은 로렌스 형제라는 수사가 한 표현이다. 그는 이를 "하나님의 임재 연습"이라 불렀다.[17] 로렌스 형제의 표현이 무척 마음에 든다. 이 표현에는 심오하면서도 솔직한 진리가 들어 있다. 하나님과 함께하는 것은 언뜻 멋진 '개념'처럼 들린다. 하지만 우리가 거하기를 하나님과의 관계를 통제하기 위한 기법(technique)이 아닌 기술(skill)로 받아들이기 전까지 그것은 피상적이고 감상적인 개념에 불과할 뿐이다. 그리고 모든 기술이 그렇듯 이 기술 역시 터득하려면 '연습'이 필요하다.

하나님과 함께하는 습관 기르기

아침에 눈뜨자마자 주로 뭐가 생각나는가? 길고도 피곤했던 하루를 마치고 베개에 머리를 누이고 나서 잠이 들 때까지 머릿속에서 마지막으로 떠다니는 생각은? 하루 중 잠시 숨을 돌리는 시간, 이를테면 커피를 사기 위해 줄을 서서 기다릴 때, 꽉 막히는 도로에 갇혀 있을 때, 밥을 먹으려고 자리에 앉을 때 당신의 머릿속에 저절로 떠오르는 생각은 무엇인가?

솔직히 인정하자. 대부분의 사람은 그 순간 예수님이 떠오르지 않을 것이다. 아마 대개는 자신에게 부족하거나 필요한 것, 두려워하는 것, 상처 같은 부정적인 생각이 떠오를 것이다. "통제되지 않은 정신은 혼란으로 이어지기 쉽다." 심리학자 미하이 칙센트미하이는 이 현실을 "심리적 엔트로피"라 불렀다.[18]

하지만 고대 기독교 영성과 최첨단 신경과학은 한 가지 사실에 의견을 같이한다. 바로 정신을 재훈련시킬 수 있다는 것이다. 우리는 각자 자신의 정신을 다시 형성할 수 있다. 이 과정을 "신경가소성"(neuroplasticity)이라고 부르든, "하나님의 임재 연습"이라고 부르든, 변화는 분명 가능하다. 우리 정신은 계속해서 부정적 소용돌이에 머물 필요가 없다. 우리 정신이 하나님의 임재 안에 '거하도록', 하나님의 임재 안에 살도록 다시 훈련시킬 수 있다.

"하나님의 임재 연습"이라는 용어를 만들어 낸 로렌스 형제는 사제는 아니었다. 그는 17세기에 파리의 한 수도원에서 설거지 일을 맡은 수사였다. 로렌스 형제는 온갖 소음과 활동으로 정신없이 북적거리는 주방에서 하나님을 경험하는 것을 삶의 목적으로 삼았다. 그는 인생 끝자락에서 다음과 같이 고백했다.

> 내게는 바쁜 시간이 기도의 시간과 전혀 다르지 않다.
> 달그락달그락 시끄러운 주방에서 여러 사람이 동시에 다른 일을
> 요청하는 와중에도 나는 성찬 앞에 무릎을 꿇을 때만큼이나 더없이
> 고요하게 하나님께 집중한다.[19]

로렌스 형제에게 성찬식의 시간은 그의 영적 삶에서 '가장 거룩한 순간'이었다. 하지만 그는 점차 삶의 '모든' 순간이 거룩해지는 경지에 이르렀다. 고요한 아침의 기도 시간과 시끄러운 저녁의 식사 준비 시간, 제단 앞에서의 신성한 순간과 저녁 식사의 일상적인 순간 사이에 큰 차이가 없어졌다. 삶이 하나님의 임재 안에서 솔기 없이 하나로 통합되었다.

스마트폰이 생기기 4세기 전인 1600년도에도 예수님과 함께하는 데 연습이 필요했다면, 쉴 새 없는 알림과 "방해 기술들의 생태계"(ecosystem of interruption technologies)[20]로 인해 디지털 방해와

소음 공해가 극심한 이 시대에는 얼마나 더 연습이 필요하겠는가. 달라스 윌라드의 말을 들어 보라.

> 우리가 할 수 있고 해야만 하는 첫 번째요, 가장 기본적인 것은 늘 하나님을 생각하는 것이다. …… 이것이 우리 영혼을 돌보기 위한 근본적인 비결이다. 따라서 하나님의 임재를 연습할 때 우리 역할은 우리 마음을 계속해서 그분께로 향하고 다시 향하는 것이다. 연습 초기에는 하나님보다 중요하지 않은 것들을 골똘히 생각하는 나쁜 습관 때문에 힘들 수밖에 없다(즉 수많은 다른 것의 방해를 지속적으로 받을 것이다). 하지만 이는 중력 법칙이 아니라 습관이다. 따라서 바꿀 수 있다. 늘 하나님을 생각하려고 의식적으로 노력하면 은혜 충만한 새로운 습관이 옛 습관을 대체할 것이다. 그러면 곧 우리 마음은 나침반 침이 계속해서 북쪽 방향으로 돌아가는 것처럼 하나님께로 돌아가게 된다. …… 우리 영혼이 가장 갈망하는 대상이 하나님이면 그분을 우리 내면의 북극성으로 삼게 된다.[21]

이는 하나님과 함께하는 '습관'을 기르라는 뜻이다. "침이 계속해서 북쪽 방향으로 돌아가는" 나침반 비유가 참으로 마음에 든다. 우리의 정신, 특별히 과학자들이 말하는 "유도된 주의"(directed attention)를 계속해서 하나님께로 다시 돌리는 습관을 들여야 한다. 하나님께 종일 집중하는 마음을 '습관'을 통해 예수님과 함께 만들어 갈 수 있다. 우리는 시편 기자처럼 "내가 여호와를 항상 내 앞에 모심이여"라고 말할 수 있다.[22] 혹은 바울처럼 "위의 것을 생각"할 수 있다.[23]

바쁜 일상에서 정신적으로 잠시 숨 돌릴 틈이 날 때마다, 이를 테면 이메일 보내기를 클릭한 직후의 아주 짧은 순간, 도로에서 빨간불 신호에 걸렸을 때, 잠에서 깨어나 잠시 몽롱한 순간에 의식적인 훈련을 통해 우리 정신이 하나님께로 계속해서 돌아가도록 연습할 수 있다. 그리하면 결국 정신, 그리고 나아가 몸과 영혼 전체가 하나님께 닻을 내리게 된다. 하나님 안에 '거하게' 된다. 운전을 하고 모임에 참석하고 아이를 먹이느라 바쁘고 정신 없는 현대 세상 한복판에서도 하나님께 뿌리를 내린 정신을 기를 수 있다.

탄휘휘의 아름다운 표현처럼 마침내 "우리는 '우리가 골똘히 생각하는 그것'이 된다."[24] 그렇다면 이보다 더 중요한 게 또 있을까? 실제로, 여기에 우리 운명이 걸려 있다.

물론 하나님과 함께하는 것을 습관으로 삼으라는 건 연애나 웃음, 시 창작을 습관으로 삼으라는 것만큼이나 무미건조하게 들릴 수 있다. 자연스럽게 일어나는 감정을 진정성과 동일시하는 문화[25] 속에서 습관은 좀처럼 사람들의 흥미를 끌지 못한다. 하지만 사람의 습관을 보면 그가 무엇에 진정으로 열정이 있고, 무엇에 가장 헌신하고, 무엇을 위해 가장 기꺼이 고난받으며, 무엇을 가장 사랑하는지를 알 수 있다. 그리고 무엇보다 그가 앞으로 어떤 사람이 되어 갈지를 알 수 있다.

다시 묻겠다. 정신적으로 여유가 생길 때, 머릿속이 잡념 없이 맑아지는 드문 순간에 당신의 정신은 어디로 향하는가? 하나님께로 향하는가? 하나님이 그리스도 안에서 성령을 통해 당신 안에 그리고 당신의 삶에 넘치도록 부어 주시는 사랑으로 정신이 향하는가?

그렇지 않다면 지금이라도 그렇게 될 수 있다. 인간의 정신은 우리가 생각하는 것보다 훨씬 더 잘 변화된다. 얼마든지 새로운 기본 설정으로 바꿀 수 있다. 얼마든지 새로운 기초를 얻을 수 있다. 얼마든지 우리 정신이 하나님을 향하도록 변화시킬 수 있다.

신경과학자 도널드 헤브 박사가 "함께 발화된 신경세포(뉴런)는 서로 연결된다"(오늘날 신경과학자들이 "헤브의 법칙"이라고 부르는 것)라는 유명한 말을 하기 전에, A. W. 토저는 "우리 마음의 방향을 예수님께로 정하면" 우리의 내면에서 무언가 기적이 일어난다고 말했다. "영혼의 습관은 얼마 뒤에는 더는 의식적인 노력이 필요 없는 영적인 반사작용을 만들어 낸다."[26] 그런가 하면 프랭크 루박 선교사는 이렇게 말했다. "이제 이 단순한 활동은 약간의 의지만 있으면 된다. 사람이 쉽게 발휘할 수 있는 수준 이상의 의지력을 더는 요구하지 않는다. 습관으로 자리 잡을수록 점점 더 쉬워진다."[27]

나는 영적 대가는 아니지만 10년 이상 이 활동을 한 지금, 이들의 주장을 개인적인 경험으로 충분히 확인했다. 정말로 점점 더 쉬워진다. 나는 매일 아침 기도로 하루를 시작하며, 매일같이 고수하는 기도의 리듬이 있다. 하지만 여느 사람들처럼 나도 다른 바쁜 일에 정신을 팔 때가 너무도 많다. 하지만 삶의 속도를 늦춰 정신을 쉬게 하면 내 의식이 자연스럽게 차츰 하나님께로 돌아간다.

"하나님의 임재 연습"을 처음 하면 어려울 수밖에 없다. 자신의 한계를 절실히 느끼는 순간을 자주 맞을 것이다. 하지만 동시에 즐거울 것이다. 수시로 하나님을 잊고 바쁜 삶으로 돌아가는 자신을 보며 이 연습이 얼마나 어렵고 자신이 얼마나 부족한지를 여실히 깨달을 것이다. 하지만 동시에 우리 영혼이 가장 깊이 갈망하는 것을 경험하기 시작하면서 기쁨과 행복으로 충만해질 것이다. 시간이 지나면서 뇌의 배선이 바뀌기 시작한다. 뇌의 창조주께서 망가진 부분을 치유해 주신다. 새로운 신경 경로가 형성된다. 기도할수록 기도하고 싶은 생각이 더 많이 든다. 처음에는 거의 불가능하게 느껴지던 것이 나중에는 숨 쉬기만큼이나 쉽고 자연스러워진다.

영성 형성에서는 우리가 '할 수 없는' 것이 너무도 많다. 우리는 자신을 바로잡거나 치유하거나 변화시킬 수 없다. 하지만 우리가 '할 수 있는' 게 있다. 우리는 예수님과 함께할 수 있다. 하루 중에 수시로 멈춰서 조용한 기도와 사랑 가운데 우리 마음을 하나님께로 향할 수 있다. 하려는 마음만 있으면 누구든지 이렇게 할 수 있다. 예수님의 도제로서 당신과 나는 마음을 하나님께로 고정할 '능력'과 '책임'을 동시에 갖고 있다. 우리 마음의 시선이 하나님의 사랑으로 향해야 한다. 사랑으로 우리를 바라보시는 그분을 바라 보아야 한다.

사랑하고 사랑받는 즐거움

영성 훈련 지도자인 메조리 톰슨은 18세기 어느 신부와 조용한 교회 안에서 몇 시간 내내 혼자 앉아 있곤 하던 나이 많은 농부 사이에 이뤄진 대화에 관한 이야기를 들려주었다. 신부가 뭘 하는 중이냐 묻자 노인은 답했다. "저는 그분을 보고 그분은 저를 보십 니다. 그래서 우리는 행복합니다."[28]

이거야말로 기독교 영성의 최고봉이다. 로욜라의 성 이냐시오 는 하나님을 "사랑하시는 사랑"으로 불렀다.[29] 나아가, 그는 고요한 가운데 앉아 하나님의 사랑을 받는 것을 이생에서 단연 가장 즐거 운 경험으로 여겼던 역사 속 수많은 관상 기도자에 관한 이야기를 해 주었다. 그 경험은 실로 천국을 미리 맛보는 거나 다름없다.

14세기 동방정교회 작가 칼리스토스 카타피지오티스는 이런 대담한 선언을 했다. "하나님과 인간 영혼 사이에서 일어나는 가장 중요한 일은 사랑하고 사랑을 받는 것이다."[50] 믿어지는가? 온 인생에서 가장 중요한 일이 하나님을 사랑하고 그분께 사랑을 받는 것이라고?

그리스도 안에 거하는 것을 전전두 피질을 위한 정신 건강 활동 정도로 오해할 수 있다. 즉 기독교 버전의 "행복한 생각을 하라"로 여길 수 있다. 물론 우리의 의식을 좋고 아름답고 참된 것으로 향하는 것이 정신 건강에 좋기는 하지만, 거하기는 단순히 생각하는 삶, 정서적 삶에 관한 것이 아니다. 거하기는 생각과 감정의 차원을 '넘어선' 예수님과의 함께함이다. 그것은 바로 '사랑'의 함께함이다.

'예수님의 길'의 대가들은 예로부터 이를 "관상"(contemplation)이라고 불러왔다. 이 용어는 교회 역사 속에서 시대마다, 사람마다 다른 의미로 사용했다. 하지만 가장 기본적으로는 그냥 우리가 사랑으로 하나님을 바라보고 하나님이 사랑으로 우리를 바라보시는 것을 의미한다.

이 용어는 신약에서 비롯했다. 바울이 고린도 교회에 보낸 두 번째 편지의 한 핵심 구절에서 이 단어가 발견된다.

우리가 다 수건을 벗은 얼굴로 거울을 보는(contemplate, NIV) 것같이 주의 영광을 보매 그와 같은 형상으로 변화하여 영광에서

영광에 이르니.[31]

여기서 "보는"에 해당하는 헬라어 단어는 "카토프트리조"이며, '응시하거나 보는' 것을 의미한다. "주의 영광을 보는" 것은 우리 마음의 시선을 사랑의 삼위일체 공동체로 향하는 것이다. 시편 기자 다윗의 표현을 빌리자면 이는 '여호와의 아름다움을 바라보는 것'이다.[32] 그 아름다움을 바라보는 만큼 우리는 "그와 같은 형상으로 변화"한다. 다시 말해 우리는 응시하는 대상 곧 예수님처럼 되어 간다. "영광에서 영광에"라는 부분은 우리가 단순히 매일같이 바라봄을 통해 시간이 갈수록 예수님처럼 점점 더 아름다워진다는 뜻이다.

곧 두 번째 목표인 '예수님처럼 되는 것'에 관해 논할 것이다. 하지만 먼저 예고편을 소개하도록 하겠다. 첫 번째 목표인 '예수님과 함께하는 것'에 관한 질문은 "어떻게 예수님과 함께할 수 있는가?"였다. 기본적으로 답은 포도나무이신 그분 안에 거하는 것이다. 성령을 통해 예수님과의 관계적인 연결에 뿌리를 내린 채로 사는 것이다.

두 번째 목표에 관한 질문도 별다르지 않다. "어떻게 예수님처럼 될 수 있는가?" 온전한 답을 제시하려면 책 한 권을 할애해야 마땅하다.[33] 하지만 한마디로 정리하자면, 답은 관상이다. 하나님의 사랑을 경험하면 사랑의 사람이 된다.

기본적으로 우리는 사랑에 관한 강의를 듣거나 책을 읽고서가 아니라, 사랑을 '경험'함으로써 더 사랑 많은 사람이 되어 간다. 심리학자들이 가진 기본적인 이론은, 우리가 사랑을 받은 만큼 사랑을 한다는 것이다. 이것이 어린 시절에 부모나 다른 보호자에게 사랑을 제대로 받고 자란 사람이 커서 사랑을 주고받기가 훨씬 쉬운 이유다. 하지만 아무리 건강한 가정에서 자랐다 해도 그것만으로 예수님의 사랑을 품은 사람으로 변할 수는 없다. 동시에 아무리 문제가 많은 가정에서 자랐다 해도 예수님의 사랑을 품은 사람으로 변하는 게 불가능한 것은 아니다. 우리 모두는 아가페 사랑의 사람으로 자라고 성숙해질 수 있다. 단, 그렇게 되려면 하나님의 사랑을 '경험해야' 한다.

이 대목에서 에베소 교회를 위한 바울의 기도가 생각난다.

> 그의 영광의 풍성함을 따라 그의 성령으로 말미암아 너희 속사람을
> 능력으로 강건하게 하시오며 믿음으로 말미암아 그리스도께서
> 너희 마음에 계시게 하시옵고 너희가 사랑 가운데서 뿌리가 박히고
> 터가 굳어져서 능히 모든 성도와 함께 지식에 넘치는 그리스도의
> 사랑을 알고 그 너비와 길이와 높이와 깊이가 어떠함을 깨달아
> 하나님의 모든 충만하신 것으로 너희에게 충만하게 하시기를
> 구하노라.[34]

"지식에 넘치는 그리스도의 사랑을 알고." 이 얼마나 놀라운 말인가. 바울은 반지성주의자가 절대 아니었다. 하지만 동시에 그는 인간 지성의 한계를 분명히 알았다. 하나님의 '사랑에 관해' 아는 것만으로는 부족하다. 하나님의 '사랑을 알아야' 한다.[35] 사랑의 사람으로 변하려면 우리 내면이 하나님의 사랑을 경험해야 한다.

바울의 패러다임에서 이런 변화는 '관상'을 할 때 일어난다. 즉 우리가 사랑으로 하나님을 보고 하나님이 사랑으로 우리를 보실 때 이 변화가 나타난다. 이 단순한 활동에 우리의 내면을 변화시키고 우리의 가장 깊은 상처를 치유하는 힘이 있다. 이 활동은 더 많은 성경 공부나 교회 출석, 심지어 심리 치료(물론 좋은 것이긴 하지만)로도 불가능한 변화를 가져올 수 있다.

심리학자이자 영성 지도자인 데이비드 베너는 관상에 관한 자신의 경험을 다음과 같이 소개했다.

> 하나님의 사랑을 묵상한 것이 더 많은 사랑을 품기 위한 수십
> 년간의 노력보다도 내 사랑을 키우는 데 더 효과적이었다.
> 하나님의 사랑을 깊이 경험하기 위한 시간을 냈다. 그 사랑에
> 흠뻑 젖고 그 사랑이 들어오기 위한 시간을 냈다. 그랬더니
> 불가능하다고 생각하여 포기했던 변화가 나타나기 시작했다.
> 다른 사람들을 사랑하지 못했을 때 하나님께로 돌아가 그분의
> 품에 온몸을 던지며 나를 있는 모습 그대로 얼마나 사랑하시는지

기억하게 해 달라고 요청하면 남들에게 전해 줄 수 있는 새로운 차원의 사랑을 경험하기 시작한다.[36]

내 영적 지도자가 했던 조언을 평생 잊지 못하리라. "당신의 죄 가운데 앉아 하나님의 사랑을 경험하세요." 이는 죄책감을 느끼지 말고 계속해서 죄를 지으라는 뜻이 아니다. 그가 한 말은 이런 뜻이었다. "죄를 짓거든(당신도 나도 죄를 짓기 마련입니다) 하나님께 숨기지 마세요. 그 죄를 하나님 앞으로 가져가세요. 변명도 책임 전가도 부정도 하지 마세요. 있는 그대로 드러내세요. 그러면 하나님이 있는 그대로 사랑해 주실 겁니다. 그리고 그 사랑을 경험하면 하나님이 원하시는 사람으로 변해 갈 수 있지요."

이는 우리에게 익숙한 기도와는 딴판이다. 어린 시절 나는 말이 많고, 속도가 빠르며, 다소 조르는 식의 기도를 했다. 내게 기도는 원하는 것을 하나님께 구하는 일을 의미했다. 물론 대개는 좋은 것을 구했지만…… 어쨌든 내 기도의 목표는 많은 말을 해서 내가 필요로 하고 원하는 걸 요청하는 것이었다. 물론 그런 기도도 필요하다.

그에 반해 관상 기도는 하나님에게서 무언가를 얻기 위한 기도가 아니다. 관상 기도는 그저 하나님을 바라보는 것이다. "저는 그분을 보고 그분은 저를 보십니다. 그래서 우리는 행복합니다."

그런데 이런 유형의 기도가 가능한지조차 모르는 사람이 대다수다. 이런 기도는 더 깊은 차원의 기도다. 그런데 내게 이 기도는 가장 유익한 동시에 가장 힘든 기도다. 즐겁지 않아서가 아니다 (사실은 정반대로, 즐겁다). 그 기도에는 세상이 내게서 빼앗아 가려고 안간힘을 쓰는 한 가지 능력이 필요하기 때문이다. 바로 관심을 집중하는 능력.

하나님께 관심을 집중하는 능력은 예수님을 따르는 데 가장 기본적인 능력이다. 하지만 우리는 이 능력을 "관심 경제"에 빼앗기고 있다.[37] 관심 경제는 우리로 하여금 '좋아요'를 추구하고 암울한 뉴스를 강박적으로 클릭하게 만든다. 하지만 하나님께 관심을 기울이지 못하면 기도는 불가능하다.

프랑스 철학자 시몬 베유는 기도를 "절대적으로 순수한 관심"으로 정의했다.[38] 리치 플라스 박사는 이렇게 말했다. "관상 기도는 하나님을 즐기고 그분께 관심을 집중하려는 의지다. 바로 그리스도 안에 있는 나의 존재를 의식하고 내 안에 계신 그리스도의 임재에 관심을 기울이는 것이다. 또한 말은 하지 않고 내 존재 전체로 하나님께 '네'라고 아뢰는 것이다."[39]

말로 하는 기도가 나쁘다는 말이 결코 아니다. 단지 어느 관계에서나, 특히 하나님과의 관계에서 말, 심지어 생각으로도 더 이상 들어갈 수 없는 친밀한 차원이 있다는 말이다. 말은 관계를 꽤 친밀한 차원까지 이끌어 줄 수 있지만 한계가 있다. 심지어 말은 관계가 더 진전되는 걸 방해할 수도 있다.

하나님은 개념이나 감정이 아니시다. 하나님은 신앙고백서나 신학 서적 한 페이지에 등장하는 교리가 아니시다. 하나님은 인격적 존재시다. 그분의 열렬한 갈망은 당신을 알고 당신이 그분을 알게 되는 것이다. 그리고 모든 친밀한 관계가 그렇듯 말을 초월한 종류의 지식이 있다. '오직' 직접 얼굴을 맞대고 서로를 경험해야만 알 수 있는 종류의 지식이 있다.[40]

바로 이 지점에서 관상 기도는 마음 챙김을 비롯한 다른 형태의 명상과 완전히 다르다. 예를 들어, 불교의 명상이 추구하는 목표는 자신을 비우는 것이다. 물론 기도도 비슷한 자기 비움을 동반한다. 하지만 그 목표는 어디까지나 비움 자체가 아니라 하나님을 가득 '채울 공간'을 내는 것이다. 마음 챙김의 목표는 단순히 현재 순간에 집중하는 것이다. 반면에 기도의 목표는 현재 순간에 '하나님의 임재', 궁극적으로는 그분의 '사랑'에 집중하는 것이다.

이것이 '지나치게' 신비주의적인 말처럼 들리는가? 사실, 나는 신학자 카를 라너의 말에 동의한다. "미래의 그리스도인은 신비주의자일 것이다. 그렇지 않으면 그리스도인은 아예 존재하지 않게 될 것이다."[41] 내가 라너의 말에 왜 동의하는지 아는가? '과거'의 그리스도인들이 신비주의자였기 때문이다. 그리고 우리가 관상의 전통을 되찾지 않으면 세속적인 서구의 부식성 토양에서 우리는 아예 존재하지 않게 될 것이다.

"신비주의자"라는 표현이 적잖은 이들에게 반감을 살 줄 잘 안다(사람들은 가끔 내게 "목사님은 신비주의자는 아니시죠?"라고 묻는다. 그럴 때마다 나는 장난기 머금은 미소를 흘린다). 여기서 나는 '이단적인 신비주의자'를 말하는 게 결코 아니다. 내가 말하는 '신비주의자'는 자신에 관한 신학적 현실을 영적으로 경험하기를 원하는 예수님의 제자다. 성경은 분명히 말한다. 세례를 받은 사람들은 모두 "그리스도 안에" 있다.[42] 당신은 성부와 성자와 성령의 삼위일체 공동체에 빠져 흠뻑 젖는 세례를 받았다. "너희 생명이 그리스도와 함께 하나님 안에 감추어졌음이라."[43] 그리스도께서는 '당신 안에 계신 영광의 소망'이시다.[44]

신비주의자들은 이 영광스러운 현실에 관한 책을 읽거나 설교를 듣는 데 만족하지 못하는 이들이다. 그들은 이 사랑을 실제로 '경험하고' 그로 인해 사랑의 사람으로 '변화되기를' 원한다. 그럴 때 즉 우리가 사랑으로 하나님을 보고 하나님이 사랑으로 우리를 보실 때 "우리는 행복"하기 때문이다. 그럴 때 우리는 가장 자유롭고, 만족스럽고, 편안하고, 감사와 기쁨으로 넘치며, 살아 있는 기분을 느낀다.

여전히 너무 많은 그리스도인이 자신을 향한 하나님의 측량할 수 없이 크신 사랑을 사실상 모른다. 자신을 사랑의 사람으로 변화시킬 뿐 아니라 막대한 행복과 영원한 평안을 가져오는 사랑의 힘을 실제로는 전혀 모른다. 만약 이 사실을 알면 분명 하나님과 함께하는 시간을 '어떻게든' 낼 것이다. 안타깝게도 많은 이가 예수님을 따르는 것을 목적(천국행 티켓, 좋은 기분, 상류층 삶으로 올라가는 것 등)을 위한 수단 정도로만 여긴다. 하나님이 곧 목적이라는 것을 모르고 살아간다.

예수님을 따름에 대한 보상은 예수님이다

매일 아침 나는 일찍 일어나 커피로 하루를 시작한다. 나는 우리 집 작은 방으로 들어가 문을 잠그고 바닥에 양반다리 자세로 앉아서 기도를 한다. 주로 시편으로 기도를 하고(주의: 시편을 '읽는' 게 아니다), 성경의 한 구절을 묵상하고, 내 삶에 관해 하나님께 이야기하고, 그분의 음성에 귀를 기울이고, 모든 것을 그냥 내려놓으려고 노력한다. 하지만 대부분의 시간은 그냥 앉아 있다. 가만히 앉아 내 눈이 볼 수 없는 것을 보려고 한다.

어떤 날은 정신이 또렷하고 마음이 하나님을 향해 불타오르며 하나님이 가까이 계신다고 느껴진다. 그런가 하면 헨리 나우웬의 말처럼 내 마음이 "원숭이들이 가득한 바나나 나무"와 같을 때도 있다.[45] 머릿속에 온갖 잡생각이 가득하다. 마음이 괴롭고 두려움이 가득하다. 그럴 때는 도무지 집중하기 어렵다.

하지만 심지어 그럴 때도 이 조용한 시간은 대개 내 하루 중에서 '가장 좋은' 시간이다. 정말로 그렇다. 무언가 엄청난 일이 일어나지 않는 이상, 이 시간보다 더 좋을 수는 없다. 하나님을 가장 깊이 의식하는 이 시간이 가장 행복하고 편안하다.

생산성에 집착해 정신없이 돌아가고 온갖 디지털 소음에 방해를 받는 문화 속에서 모두가 더 나은 삶을 향해 끊임없이 달려가고 있다. 이런 세상에서 시간은 곧 돈이며 돈은 곧 신이다. 따라서 삶의 속도를 늦춰 조용한 곳으로 들어가 자기 안팎의 수만 가지 방해 요소를 다루고 하나님의 사랑 안에서 사랑의 사람으로 변해 간다는 개념은 시간 낭비처럼 들린다.

실제로 제임스 휴스턴 교수는 기도를 "하나님께 시간을 허비하는 것"이라 불렀다. 기도가 낭비라는 뜻은 아니다. 그의 말은 서구 문화 같은 곳에서는 기도가 시간 낭비처럼 '느껴질' 수 있다는 뜻이다. 하지만 하나님과 함께하는 삶의 가능성을 발견한 사람들에게 기도는 인간 삶의 절정이다. '참된' 기도의 맛을 한번 보면 하나님께 더 깊이 항복하고 더 집중하는 것이 말 그대로 세상에서 가장 중요한 일이라는 사실을 절감하게 된다. 기도(하나님과 함께하는 것)는 기쁨으로 들어가는 문이다. 기도는 단순히 하루의 가장 좋은 일부분 정도가 아니라 '인생'에서 가장 좋은 부분이다.

예수님이 우리의 "엄청나게 큰 보상"[46]이심을 깨닫기 전까지는 모든 종류의 기도가 지루한 일이요, 또 하나의 종교적인 의무에 불과하다. 우리가 예수님을 따를 때 받게 되는 보상은 곧 예수님이다. 그분과의 우정에서 비롯하는 순전한 기쁨이 곧 보상이다.

예수님은 제자들에게 이렇게 말씀하셨다. "이제부터는 내가 너희를 종이라고 부르지 않겠다. …… 나는 너희를 친구라고 불렀다."[47] 기도는 이 우정을 키우는 방법이다. 15세기 영성 작가 토마스 아 켐피스는 불후의 명저 《그리스도를 본받아》(*The Imitation of Christ*)에서 관상을 "예수님과의 친밀한 우정"으로 정의했다.[48]

우리는 예수님과 친구가 될 수 있다. '주의 발치에 앉아 그의 말씀을 듣던' 마리아처럼[49] 우리도 매일 예수님 앞에 앉아 그분의 음성과 가르침을 듣고 인도하심을 받으며, 무엇보다도 그분의 사랑을 받을 수 있다. 이런 삶이야말로 "참된 생명"이다.

기도에 관한 당신의 경험은 이렇지 못한가? 당신의 기도는 따분하고 정신 산만한가? 기도할 때면 두려운 감정들이 마음의 표면 위로 떠오르는가? 그렇다 해도 자책하지 말라. 자책은 아무런 도움도 되지 않는다.

그냥 계속해서 기도하라. 기도 시간을 유지하라. 기도의 절대적인 수칙 중 하나는 이것이다. "기도의 자리에 꾸준히 나타나라." 몸부림치는 목적을 이루기 전까지 끈기를 발휘하라. 내가 지금까지 어줍은 말로 어설프게 설명한 것을 직접적으로 경험해서 알기 전까지 멈추지 말라.

오랫동안 나는 기도에만 전념하기 위해 '정상적인' 삶을 포기한 수도자들에 관한 글을 읽을 때면 그들이 약간 미친 사람들이라고 생각했다. 하지만 오히려 우리가 미친 사람들이라면? "사랑하시는 사랑"이신 하나님과 교제하는 것보다 드라마나 쇼핑, 게임에 몰두하는 우리야말로 진정 미친 것이 아닐까? 우리의 심신을 망가뜨리고 더 이상 우리가 수익에 쓸모없어지는 순간 우리를 내칠 직장을 위해 노예처럼 일하는 데 대부분의 시간을 쓰는 것이야말로 미친 것이 아닐까? 매일 수많은 시간을 스마트폰에 사용하면서 하나님과 함께할 시간이 없다고 말하는 거야말로 미친 것이 아닐까? 우리야말로 현실을 파악하지 못하는 게 아닐까? 하찮은 것들에 삶을 허비하는 우리야말로 미친 것이 아닐까?

자, 정신이 번쩍 드는가? 영혼 깊은 곳에서 예수님과의 우정을 향한 갈망이 불타오르기 시작하는가? 그렇다면 당신에게 소망의 말을 전해 주고 싶다. 당신은 예수님의 죽음으로 가능해진 '참된 생명을 취할' 수 있다.[50]

가서 예수님이 말씀하신 "은밀한" 곳을 찾으라. 거기가 좋은 출발선이다.

은밀한 곳을 찾아서

예수님은 기도에 관해 한 가지 뜻밖의 가르침을 주셨다(사실은 너무도 당연한 가르침이다). 예수님의 첫 번째 가르침은 '무엇'에 대해 기도해야 하는지보다 '어디서' 기도해야 하는지에 관한 것이었다.

> 너는 기도할 때에 네 골방에 들어가 문을 닫고 은밀한 중에 계신 네 아버지께 기도하라 은밀한 중에 보시는 네 아버지께서 갚으시리라.[51]

여기서 "골방"으로 번역한 헬라어 단어는 "타메이온"이며, 이 단어는 '안쪽 방'으로도 번역할 수 있다.[52] 1세기 갈릴리의 전형적인 집에는 안쪽 방이 있었다. 음식물과 비품을 저장하는 일종의 벽장이나 창고 같은 곳이었다. 생활의 대부분은 집 밖에서 이루어졌기에 집은 주로 잠을 자고 물건을 보관하는 곳이었다. 예수님의 가르침은 타메이온에 숨어서 "은밀한 중에" 기도하라는 것이었다.

나는 미국 오리건주 어느 숲속에 있는 작은 사무실에서 이 책을 쓰고 있다. 이곳은 더없이 조용한 장소다. 방해 요소라곤 내가 머릿속에 담아서 가져온 것들밖에 없다. 내가 왜 도심이 아닌 이곳으로 왔을까? 나는 육체를 입은 사람이기 때문이다. 그래서 환경이 중요하다. 내 일에 집중하는 데 도움이 되는 환경이 있는가 하면 집중을 방해하는 환경도 있다.

마찬가지로, 예수님이 본을 보여 주신 것처럼 하나님과의 깊은 삶으로 들어가기를 원한다면 방해 요소가 없는 곳으로 가서 아버지와 단둘이 시간을 보내야 한다. 숲속 사무실도 좋고 한밤중의 침실도 좋다. 집에서 멀지 않은 공원도 좋다. 혹은 그 모든 곳에서 실패한다면 벽장이나 창고로 들어가라. 요지는, 예수님처럼 숨는 법을 배워야 한다는 것이다.

신약에서 예수님에 관한 네 개의 전기, 사복음서를 읽어 보면 한 가지 사실이 더없이 분명해진다. 예수님의 삶은 '물러남'과 '돌아옴'의 리듬에 따라 이루어졌다. 이 두 가지가 마치 들숨과 날숨처럼 반복되었다. 예수님은 수시로 물러나셨다. 즉 무리의 소음과 압박을 피해 몰래 빠져나가 홀로 기도하거나 때로 소수의 가장 친한 친구들과 시간을 보낼 장소를 찾으셨다. 그곳에서 숨을 들이마시셨다. 그러고 나서 숨을 내쉬셨다. 즉 본래의 자리로 돌아오셨다. 설교하고 가르치고 치유하고 구원하고 사랑을 보여 줄 자리로 돌아오셨다. 마가복음 1장은 다음과 같이 말한다.

새벽 아직도 밝기 전에 예수께서 일어나 나가 한적한 곳으로 가사 거기서 기도하시더니.[53]

여기서 "한적한 곳"은 헬라어로 "에레모스"다. 이 단어는 "버려진 장소", "외로운 장소", 혹은 "조용한 장소"로도 번역할 수 있다.[54] 누가복음에서도 같은 단어를 발견할 수 있다.

예수는 물러가사 한적한 곳에서 기도하시니라.[55]

보다시피 예수님은 에레모스로 자주 들어가셨다. 체포되시기 전날 밤 예수님은 예루살렘성 밖에 있는 겟세마네 동산으로 가셨다. 복음서 기자 누가는 예수님이 "습관을 따라" 그곳에 가셨다고 말한다.[56] 복음서 기자 요한은 배신자 가룟 유다가 "예수께서 제자들과 모이시는 곳이므로" 예수님이 그곳에 계신 줄 알고서 찾아갔다고 말한다.[57]

예수님께 은밀한 곳은 단순히 장소가 아니었다. 습관이요 삶의 리듬의 일부였다. 예수님은 이스라엘 전역에 숨을 곳을 마련하고서 틈만 나면 그곳으로 몰래 빠져나가 기도를 하셨던 것으로 보인다.

예수님의 삶에서 발견되는 이 습관은 나중에 "고독과 침묵의 영적 훈련"으로 불리게 되었다. 생각이 많은 사람이나 행동가, 혼자 있는 시간을 좋아하는 내향적인 사람이나 파티를 즐기는 외향적인 사람, 그 어떤 유형의 성격이든 상관없이 이 습관은 영적 삶에 절대적으로 중요하다. 헨리 나우웬은 다음과 같이 간단명료하게 말했다.

고독 없이는 영적 삶이 사실상 불가능하다.[58]

헨리 나우웬이 마더 테레사를 찾아가 곁에서 지켜보면서 영적 지도를 구했다는 이야기가 있다. 그때 테레사가 나우웬에게 해 준 조언은 매우 힘든 것이었다. "하루에 한 시간씩 주님을 예배하며 잘못이라고 생각하는 그 어떤 행동도 하지 마세요."[59]

보통 사람에게 하루에 한 시간은 비현실적일 수 있다.[60] 하지만 30분 정도는 할 수 있지 않을까? 아니면, 20분은? 필시 10분이라면 누구나 시작할 수 있을 것이다. 누구나 기도할 시간을 내기 어려운 이유를 댈 수 있다. 하지만 그 이유의 대부분은 변명일 뿐이다. 나를 포함한 우리 '모두'의 마음속에서는 팽팽한 줄다리기가 벌어진다. 우리의 일부는 하나님을 깊이 갈망한다. 하지만 또 다른 일부는 하나님을 거부하며 자신의 나라를 다스리고 싶어 한다.

하지만 그토록 많은 사람이 하나님과 교제할 조용한 시간을 피하는 한 가지 이유는 자신의 성격과 인생 단계에 맞는 방법을 찾지 못해서다. 나는 내향적인 사람이다. 우리 아이들은 이제 꽤 컸다. 나는 좁은 아파트가 아닌 주택에서 살고 있다. 반면에 내 친구 타일러[61]는 나와 상황이 전혀 다르다. 그는 몹시 외향적이고, 행동 지향적이며, 어린 세 남자아이를 키우는 아버지다. 그는 일찌감치

잠자리에 들어서 매일같이 새벽 5시에 일어난다(그 시간이 아무도 그를 찾지 않는 유일한 시간이기 때문이다). 그 시각에 그는 현관 앞에서 시편으로 기도한다. 그러고 나서 길 건너편 공원을 거닐며 기도한다. 그는 포틀랜드의 겨울을 포함한 1년 내내 그렇게 밖에서 기도한다. 내가 도대체 무슨 생각으로 그러냐고 묻자 그는 내게 이렇게 털어놓았다. "추위는 내가 살아 있는 기분을 느끼게 해 줘."

타일러와 나는 성격이 전혀 딴판이다. 하지만 하나님을 향한 갈망은 똑같다. 그리고 우리는 둘 다 기도를 사랑하게 되었다. 나는 조용한 방 안에서 양반다리를 하고서 기도하고, 그는 비옷을 입고 도시의 공원을 거닐며 기도한다. 방법은 다르지만 목표는 같다.

'은밀한 곳'으로 가는 것을 내향적인 지성인들만의 묵상 방식으로 취급한다면 정말 안타까운 일이다. 어쩌면 이는 중세 시대에 예수님을 진지하게 추구하는 일이 수사들의 전유물이라고 여겼던 상황과 비슷하다. 일단 외향적인 사람들에게 몹시 안타까운 일이다. 그럴 경우 그들은 예수님이 제시하시는 그분과의 깊은 삶으로 들어갈 수 없기 때문이다. 또 내향적인 사람들에게도 더없이 안타까운 일이다. 그들을 자신에게서 해방시켜 자신을 내주는 삶으로 이끌기 위해 마련된 영적 훈련이 한낱 '자기 충전의 시간'으로 전락하기 때문이다. 이는 그들을 자신에게서 해방시키기는커녕 자신에게 더욱 속박되게 할 뿐이다.

따라서 자신의 성격에 맞지 않는 방식을 억지로 따라 하지는 말라. 영적 훈련을 자신의 MBTI(Myers-Briggs Type Indicator)와 인생 단계에 맞추라. 하지만 어떤 식으로든 당신의 '은밀한 곳'을 찾으라. 그곳으로 최대한 자주 가라. 이를 우선시하라. 그곳과, 하나님과 사랑에 빠지라. 은밀한 곳에서 드리는 기도 없이는 하나님과 함께하는 삶이 시들 수밖에 없다. 반면에 은밀한 곳에서 드리는 기도를 꾸준히 실천하면 인생의 가장 큰 기쁨에 눈을 뜨게 될 것이다. 바로 예수님과의 친밀한 우정에서 비롯하는 기쁨이다.

삶에서 바쁨을 제거하라, 가차 없이

이 말이 물론 좀 극단적으로 들릴 수 있다. 하지만 분명히 말하건대, 예수님 아래서 도제 수업을 받으라는 부르심은 일을 '더 많이' 하라는 말이 아니라 '더 적게' 하라는 부르심이다. 이 도제 수업은 더하기가 아니라 빼기다. 이 도제 수업은 복잡성을 더하는 게 아니라 단순함을 추구하는 것이다. 이 도제 수업은 "습관 쌓아 올리기"(habit stacking)[62]가 아니라 거절하는 법을 배우는 것이다.

예수님은 삶의 속도를 늦추고 도제 수업의 세 가지 목표를 중심으로 삶을 단순화하라고 명령하신다. 세 가지 목표를 복습해 보

면, 랍비와 함께하고, 랍비처럼 되며, 랍비처럼 하는 것이다. 예수
님은 그분 아래서 받는 도제 수업을 삶 전체의 구심점으로 삼으라
고 명령하신다.

다들 말은 안 해도 누구나 알고 있는 사실은, 우리 삶에서 너
무 많은 일이 벌어지고 있어서 예수님을 '더할' 틈이 조금도 없다
는 것이다. 빈틈없는 스케줄로 우리 삶이 꽉 차 있다. 정말 미안하
지만 나로서는 당신의 부담을 덜어 줄 만한 표현을 찾을 길이 없
다. 삶의 속도를 늦추지 않고서는 예수님을 따르는 게 절대 불가
능하다.

달라스 윌라드는 바쁨이 "우리 시대 영적 삶의 큰 적"이라는
유명한 말을 했다. 그는 "삶에서 바쁨을 가차 없이 제거해야 한다"
라고 말했다.[63] 예수님을 따르기로 진지하게 결심한 사람에게 바
쁨은 단연 '가장 큰' 난관이다. 바쁨은 우리 길을 가로막는 건 물론
이고 적처럼 우리를 맹렬하게 공격한다.

내가 현재 운영 중인 비영리단체는 원래는 브리지타운교회
(Bridgetown Church)의 5개년 영성 형성 프로그램으로 시작되었다.
우리는 이 프로그램을 "프랙티싱더웨이"(Practicing the Way; 그 길을
행하기)로 명명했다. 이 프로그램을 시작하기 전에 나는 내가 아는
가장 똑똑한 그리스도인 중 한 명인 심리학자 앞에 앉아 새로운 종
류의 교회를 위한 우리의 비전에 대해 건설적인 비판을 부탁했다.
그는 우리의 아이디어들이 전부 성경적으로도 과학적으로도 잘

맞다고 인정하고 축복해 주었다. 하지만 이어서 이런 불길한 경고를 날렸다. "극복해야 할 가장 큰 문제점은 **시간**일 겁니다. …… 대부분의 사람은 정서적으로 건강하고 영적으로 생동감 넘치는 삶을 살기에는 너무 바쁘거든요."[64]

우리는 시간에 쫓기는 삶을 살고 있다. 물론 우리는 예수님과 함께하기를 원한다. 하지만 도무지 기도할 시간이 없다. 우리는 사랑의 사람으로 자라기를 진심으로 갈망한다. 하지만 해야 할 일 목록이 너무 길어서 기도할 틈이 없다. 쉼이 영적 여행의 비결이라는 사실은 알지만 안식일을 지키라고?(무려 우리 삶의 7분의 1이나 차지한다!)

상황이 이렇다 보니 우리는 깊은 불만족에 시달린다. 바삐 쫓기고, 불안하고, 하나님에게서 멀어져 있고, 영적으로 피상적이고, 자기 파괴적인 습관들에 빠져 있다. 하나님 나라라는 높은 고지로 가는 영적 여행은 정체기에 머물러 있다. 그분의 길을 따르는 삶이 다람쥐 쳇바퀴로 변했다. 부활절이 아무 감동 없는 연례행사로 변했다.

계속해서 이렇게 살 수는 없다. 뉴욕 시티에서 목회를 하는 리치 빌로다스 목사는 《예수님께 뿌리내린 삶》(*The Deeply Formed Life*)에서 다음과 같이 말했다.

우리 영혼은 우리가 익숙해진 속도를 버티도록 창조되지 않았다. 우리는 리듬이 깨진 사람들이다. 해야 할 일은 너무 많고 그걸 할 시간은 충분하지 않다. …… 우리 삶은 쉬이 탈진 직전까지 이를 수 있다. 우리 삶의 속도는 대개 파괴적이다. 여유가 없으면 쇠약해진다. 지쳐서 쓰러진다. 여기서 문제점은 단순히 미친 듯이 빠른 삶의 속도 말고도 그 결과로 우리 삶에서 빠져나가는 것이다. 바로, **하나님과 함께하는 삶**이 빠져나간다.[65]

삶의 속도를 의식적으로 늦추려면 어떻게 해야 할까?[66] 일단, 우리 삶에서 영성 형성에 대한 '감사'(audit)를 실시해야 한다.[67] 우리의 시간 사용을 진지하게 돌아본 다음, 예수님과 함께할 시간을 낼 수 있도록 할 일을 더하기보다는 가지치기를 하는 것이다. 이는 전혀 재미있게 보이지 않을지 모르지만 분명 좋은 소식이다. 아니, 최고의 소식이다. 예수님은 우리를 '죽도록 일하게' 하는 노동자 모집자가 아니라 '푸른 풀밭에 누이시는' 시편 23편의 선한 목자시다.

"나를 따라오라." 예수님의 이 부르심은 우리 모두가 내려놓아야 하는 게 있다는 뜻이기도 하다. "너의 십자가를 지라." 이 명령은 희생이 필요하다는 말씀이다. 우리가 죽어야 할 것들, 내려놓아야 할 것들이 있다. 로널드 롤하이저는 이런 말을 했다. "모든 선택은 1,000가지의 거절이다."[68] 하나를 받아들이려면 1,000가지를 거절해야 한다는 뜻이다. 예수님의 제자로 들어오라는 예수님의 초대를 받아들이는 것은 수많은 다른 초대를 거절하는 것과 같다.

나는 더 느리고 단순한 삶을 살기 위해 말 그대로 직장을 두 번이나 그만두었다. 지금까지 한 유일한 후회는 더 빨리 그렇게 못한 것이다. 그렇다고 해서 당신이 무턱대고 직장을 그만두기를 바라지는 않는다. 물론 그런 단호한 조치가 필요할지도 모른다. 하지만 대다수에게 필요한 건 단순히 그동안 인터넷에서 충동적으로 가입했던 몇몇 사이트를 탈퇴하고, 맡은 일 몇 가지를 진심으로 사과하면서 그만두며, 텔레비전을 덜 보고, 좀 더 일찍 자고(좀 더 일찍 일어나서 기도하고), 하루 중에 멈춰서 숨을 내쉬면서 예수님 안에 거할 틈을 마련하는 것이다.

자, 예수님 아래서 도제 수업을 받기 위해 삶의 속도를 늦춰 보지 않겠는가? 몸과 마음의 속도를 늦춰 하나님의 아름다우심을 응시하기 위한 예수님의 영적 습관(이 책의 뒷부분에서 좀 더 자세히 살펴볼 것이다)을 활용해 보지 않겠는가? 당신이 사랑으로 예수님을 보고 예수님이 사랑으로 당신을 보시도록 시간을 내면 어떨까? 분명, 그 길을 실천하는 삶은 당신의 현재 삶보다 훨씬 나을 것이다. 부디 한번 시도해 보라.

요한복음 1장에서 예수님은 몇몇 제자 후보들에게 "와서 보라"고 말씀하셨다.[69] 해석하자면 이렇다. "와서 얼마간 나와 함께 그 길을 살아 보라. 사랑의 나라에서 함께하는 것이 다른 모든 나라에서의 삶보다 훨씬 좋은지 한번 보라. 이 길이 다른 모든 길보다 나은지 직접 확인해 보라."

와서 보라.

Become like Him

목표 #2
예수님처럼
되며

날로 사랑이 흘러넘치는 사람으로 변화되며

해골. 해골이 지금 나를 응시하고 있다. 텅 빈 눈동자가 내 영혼을 꿰뚫어 보며 내가 궁극적인 인간 현실 곧 죽음을 피하도록 가만히 내버려 두지 않는다. "지금부터 반세기 후일지 30분 후일지는 알 수 없지만 당신도 나처럼 죽을 것이다." 통계가 너무도 압도적이다. 거의 100퍼센트. 누구에게나 죽는 순간이 다가오고 있다. 내 사무실 책상 위 해골이 이를 증명한다.

오해하지는 말라. 진짜 해골은 아니다. 정신병원에 전화를 걸지 않아도 된다.[1] 일단 이와 관련된 약간의 배경 이야기를 들어 보라. 6세기에 베네딕토라는 수사는 오늘날 유명한 문서인 *The Rule of St. Benedict*(성 베네딕토 생활 수칙)를 썼다. 이는 세상에서 가장 오래된 수도회 중 하나의 설립 문서다. 이 문서에는 동료 수사들을 위한 그의 다음과 같은 조언이 포함되어 있다.

당신이 죽을 거라는 사실을 매일 기억하라.[2]

현대인의 귀에는 자학적으로 들릴 수 있다. 하지만 배경을 고려하면 베네딕토는 사실상 이렇게 말한 것이다. "하찮은 데 인생을 낭비하지 말라. 중요한 것을 기억하라. 인생은 순식간에 지나가며 더없이 귀하다. 인생을 허비하지 말라. 매일 죽음을 직시하라. 마음속에 영원을 품으라." 베네딕토는 수사들에게 매일의 삶이 기적이라는 사실을 기억하며 기뻐하라고 조언한 것이다.

해골은 펑크 록 밴드나 폭주족, 할리우드 영화 속 해적들의 트레이드마크가 되기 훨씬 전, 이미 수사들의 상징이었다. 수세기 동안 수사들은 자신의 독방에 들어가 세 가지 물품이 놓인 기도 탁자 앞에 무릎을 꿇었다. 세 가지 물품은 성경 일부와 (해당 성경을 읽기 위한) 초 그리고 해골이었다. 내 사무실에 있는 것처럼 쇼핑몰에서 구입한 장식품이 아닌 '진짜' 해골. 아마도 과거에 그 수도원에서 생활했던 수사들의 해골이었으리라. "나의 옛 룸메이트, 마카리오스 수사."

이 해골은 "인생은 쏜살같이 지나가니 단 한 순간도 허비하지 말라"는 사실을 매일같이 일깨워 주는 물품이었다. 오늘날까지도 베네딕토회 수사들은 검은 옷을 입는다. 멋을 부리려는 패션이 아니다. 제자 훈련의 삶을 '죽음 및 하나님과 함께하는 영원한 삶을 준비하는 시간'으로 보기 때문이다.

베네딕토회 수도원은 대개 자체적으로 묘지를 갖추고 있다. 그곳 수사들은 정주 서약에 따라 죽을 때까지 그 수도원에 머물기 때문이다. 특정 수도원은 일부러 다음번 무덤을 미리 파 놓는다.

그 덕분에 수사들은 매일 묘지를 지나면서 자신도 곧 형제들 곁으로 가리라는 사실을 기억한다.

심지어 고고학자들은 납골당 바로 위쪽 벽에 이런 글이 새겨진 옛 카타콤도 발견했다.

지금의 당신은 예전의 우리다.
지금의 우리는 미래의 당신이다.

그래서 내 사무실 책상에도 해골을 놓았다. 이는 내가 언젠가는 죽는다는 사실을 늘 기억하기 위한 나만의 방식이다. 어느 시대나, 특히 우리 시대에는 삶을 '허비하기'가 너무도 쉽기 때문이다. 사회 비평가 닐 포스트먼이 말한 "죽도록 즐기기"(amusing ourselves to death)[3]가 그 어느 때보다도 쉬워졌다. 현대인들은 넷플릭스라는 블랙홀로 빠져들고, 부나 명예를 좇아 일 중독자가 되고, 현대 도시의 성인 놀이터에서 매일같이 '먹고 마시고 즐길' 수 있다. 서구 문화는 주의 산만이라는 방어기제를 통해 죽음을 부정하는 태도 위에 세워졌다고 말해도 과언이 아니다. 로널드 롤하이저는 이렇게 말했다. "우리는 쓸데없는 것들에 정신을 팔아 영적 망각에 빠져들고 있다."[4]

기분을 망치게 하고 싶지는 않지만, 당신은 결국 죽는다. 우리 '모두'는 죽는다. 그리고 그날이 와서 당신의 일가친척과 친구들이 당신의 무덤 앞에 설 때 가장 중요한 것은 '당신이 어떤 사람이 되었느냐'다.

〈뉴욕 타임스〉 칼럼니스트 데이비드 브룩스는 '이력서 덕목'과 '추도사 덕목'을 구분했다. [5] 이력서 덕목은 우리가 살아 있을 때 자랑하는 것들이다. 예를 들어, 어디서 일하고 어떤 성과를 거두었고 어떤 상을 받았는지와 같은 것 말이다. 추도사 덕목은 우리가 '죽고' 나면 '남들'이 칭찬하는 것들이다. 예를 들어, 우리가 이 세상을 여행하는 동안 어떤 사람이었고 어떤 인격을 지녔으며 어떤 관계를 맺고 살아왔는지 같은 것이다.

"당신이 죽을 거라는 사실을 매일 기억하라." 이 말은 곧 이력서보다 추도사를 위해 살아야 한다는 사실을 기억하라는 말이다. 짧고도 귀한 이 땅에서의 시간을 허비하지 말고 영원이라는 큰 그림 속에서 중요한 것에 집중하라는 말이다. 무엇이 중요한가? 바로, 예수님과의 연합을 통해 사랑의 사람이 되어 가는 것이다.

베네딕토는 예수님의 도제로, 조금씩 진짜 성자가 되어 갔다. 여느 진짜 도제들과 마찬가지로 그는 육체 속에서 보내는 이 땅에서의 시간을, 영원을 위한 훈련의 시간으로 보았다. 궁극적으로, 이생에서 우리는 예수님과 같은 사랑의 사람이 되는 법을 배워 간다. 이것이 도제의 두 번째 목표다. 바로, 예수님처럼 되는 것.

다시 정리하자면, 1세기 도제 수업의 목표는 단순히 똑똑한 랍비에게서 토라를 배우는 것이 아니라, 삶의 대가인 분에게서 '삶'을 배우는 것이었다. 예수님의 설명에서 이 점을 볼 수 있다.

> 도제가 그 랍비보다 높지 못하나 무릇 온전하게 된 자는 그 랍비와
> **같으리라.**[6]

예수님은 도제 수업의 핵심이 그분처럼 되기 위해 그분과 함께하는 것이라고 밝히셨다. 그분처럼 되는 것은 심도 깊은 과정을 통해 이루어진다. 그분의 도제들은 이 훈련 프로그램에 등록하여 영적 성장과 성숙이라는 이 목표를 중심으로 삶을 의식적으로 정리하는 사람들이다(다시 말하지만, 이것 외에 다른 것을 궁극적인 목적으로 삼은 사람은 다 도제가 아니다).

예로부터 수사들은 이 과정을 "그리스도 본받기"(이미타티오 크리스티)라고 불렀으며, 오늘날 우리는 이를 두고 그리스도를 닮아 가는 "영성 형성"(spiritual formation; 혹은 영적 형성)이란 표현을 쓴다.

모든 인간은
영성 형성의 산물이다

영성 형성에 관해 가장 먼저 이해해야 할 핵심적인 사실이 있

다. 바로 영적으로 형성되는 것은 그리스도인에게만 해당되는 일이 아니라는 점이다. 그것은 인간의 삶 자체다. 인간이라면 누구나 계속해서 변화한다. 종교가 있든 없든 우리 모두는 성장하고 발전하고 넘어지고 회복된다. 변하지 않을 도리가 없다. 인간의 삶은 정적일 수 없으며 참으로 역동적이다. 결혼식에서 어색한 사춘기 시절 사진을 보거나 장례식장에서 결혼식 사진을 볼 때 우리는 변화를 실감한다.

다시 한 번 강조하지만, 문제는 우리가 형성되어 가느냐가 아니다. 우리가 누구 혹은 무엇으로 형성되느냐가 중요하다. 좋은 사람이든 나쁜 사람이든 추악한 사람이든 우리의 현재 모습은 다 영성 형성의 결과물이다. 가끔 영적 훈련을 하고 신앙 서적을 읽기 시작했다는 의미로 '영성 형성에 돌입했다'고 말하는 사람들을 본다. 다 좋다. 하지만 정확히 말하자면 우리는 어머니의 배 속에서 나온 순간부터 계속해서 형성되어 왔다. 우리 모두가 그렇다.

영성 형성은 '본격적으로' 시작하든 시작하지 않든 상관없이 모든 사람에게 일어난다. 마더 테레사는 영성 형성의 산물이다. 히틀러도 마찬가지다. 간디도 마오쩌둥도 영적으로 형성되었다. 미셸 오바마, 브레네 브라운, 볼로디미르 젤렌스키도 마찬가지다. 그들의 영은 유전, 가족 패턴, 어릴 적 상처, 교육, 습관, 결정, 관계, 내적 성향, 태도, 환경, 이런 환경에 대한 반응 등의 복잡한 혼합을 통해 오랜 시간 동안 형성되어 왔다.

우리 '모두' 마찬가지다. 당신은 이미 긴 시간 형성되어 왔다. 당신이 이 글을 읽는 지금도 형성되고 있다. 당신은 앞으로도 계속해서 형성될 것이다. 다시 말해, 당신은 항상 어떤 사람이 되어 가는 중이다.[7] 성 베네딕토가 우리에게 던지고 싶은 질문은 이렇다. "당신은 어떤 사람이 되는 중인가?"

영성 형성은 선택 사항이 아니다. 우리가 하는 모든 생각, 우리 행동에 영향을 미치는 모든 감정, 우리가 몸에 배게 한 습관들, 소셜 미디어를 하는지 여부(한다면 얼마나 많이 하는지), 고통과 고난을 어떻게 다루는지, 실패나 성공을 어떻게 다루는지, 이 모든 것이 우리를 특정한 형태로 형성하고 있다.[8]

멈춘 상태로 있는 삶이란 없다. 우리는 예수님의 사랑과 아름다움으로 변화하거나 죄와 죽음의 엔트로피로 인해 기형으로 변형되고 있다. "우리는 하나님의 치유와 자유롭게 하는 은혜를 전해 주는 대리인이 되거나 세상 질병의 매개체가 된다."[9] 그렇지 않다고 생각하면 이는 착각이다. 그리고 이 사실을 전혀 생각하지 않으면 인생을 허비하기 쉽다.

C. S. 루이스는 지옥에 관한 글에서 우리 '모두'가 생명이나 죽음으로 가는 궤적 위에 있고, 그 궤적을 오래 따라갈수록 그 궤적이 우리에게 미치는 영향이 더 분명해진다고 주장했다. 그는 우리가 "불멸의 가증스러운 것들이나 영원한 빛나는 것들"이 되어 가는 중이라고 말했다.[10] 달라스 윌라드는 죽음은 우리가 살면서 선

택한 길 혹은 "길"의 궤적을 확정할 뿐이라고 주장했다."[ ]" '지금' 지옥에서 사는 이들이 있는가 하면 이 땅에서 천국과 같은 삶을 사는 이들도 있다. 우리 모두가 같은 길을 따라가고 있지는 않다.

노인들을 예를 들어 보자. 80세를 넘긴 사람 거의가 우리가 아는 '최상'의 사람들이거나 '최악'의 사람들이다. 노인을 차별하는 뜻으로 하는 말이 아니다. 오히려 정반대다. 10대 청소년기인 우리 집 아이들의 표현을 빌리자면, 내가 아는 20대 청년 대부분은 "어중간"하다. 그들은 성자도 아니지만 잠재적인 테러리스트도 아니다. 그들은 그냥 평범하다. 하지만 내가 아는 대부분의 노인은 그렇지 않다. 당신이 아는 80세 이상 노인을 떠올려 보라. 그들 대부분은 당신이 아는 사람 중 가장 친절하고 행복하고 감사와 사랑과 참을성이 많은, 자기희생적이고 주변 사람을 기쁘게 해 주는 사람이거나, 반대로 가장 냉혹하고 교활하고 악독하며 자신의 집안에 감정적인 독을 주입시키고 남의 고통을 즐기는 사람일 것이다. 물론 종형곡선(bell curve)의 중간쯤에 있는 노인도 있지만 거의가 한쪽으로 크게 치우쳐 있다.

이는 그들이 거의 반세기 동안 그런 사람이 되어 왔기 때문이다. 그들은 오랫동안 그렇게 형성되어 왔다. 습관, 마음가짐, 스스로 선택한 태도, 삶의 환경, 고난, 성공, 실패, 무작위적인 사건들이 일으킨 이상하고도 눈에 보이지 않는 화학적 반응을 통해 그들은 지금의 모습이 되었다. 이것이 영성 형성이다.

예수님을 닮아 가는 영성 형성이란

　이제, 예수님의 길을 따르는 영성 형성이 무엇인지 알아보자. 영성 형성은 단순히 인간의 영이나 자아가 (더 좋거나 더 나쁜 쪽의) 특정한 형태로 형성되어 가는 과정을 의미한다. 예수님의 길을 따르는 영성 형성은 예수님 닮은 모습으로 형성되는 과정이다. 이 모습은 우리의 가장 깊고도 가장 참된 자아다. 이것이야말로 하나님이 창세전에 우리 존재를 계획하셨을 때 염두에 두신 모습이다.

　"너 자신의 본모습대로 살아"를 외치는 우리 문화의 아이러니는 모든 사람이 '똑같아' 보이게 된다는 것이다. 죄의 결과는 예나 지금이나 똑같다. 죄는 자기 보호, 쾌락, 탐욕, 폭식, 부도덕, 거짓말, 권력 다툼 같은 천하고 동물적인 모습으로 이어진다. 호머의 《일리아드》(The Iliad)에서 바로 오늘 아침 뉴스까지 똑같은 이야기가 계속 반복된다. 진정으로 다른 사람은 예수님의 길을 행하는 사람뿐이다.

　이 사실을 기억하면서 예수님의 길을 따르는 영성 형성에 관해 내가 내린 정의를 들어 보라. "그리스도 안에서 사랑의 사람으로 형성되어 가는 과정."

　지금부터 이 정의를 하나하나 분석해 보자.

"과정"

예수님의 모습으로 형성되는 것은 한차례의 사건이 아니라 길고 '느린' 과정이다. 하늘에서 번개가 치듯 순식간에 바뀌는 것이 아니다. 영적 성장은 몸의 성장과 비슷해서, 매우 점진적으로 더디게 진행된다. 때로는 전혀 알아차릴 수 없을 만큼 느린 속도로 평생에 걸쳐서 진행된다. 물론 출생이나 10대 청소년 시절의 폭발적인 성장처럼 극적인 변화도 있다. 하지만 그런 주요 변곡점은 예외적인 경우다.

리젠트칼리지(Regent College) 제임스 휴스턴 교수는 이런 말을 자주 했다. "영성 형성은 인간의 모든 움직임 중에서 가장 느리다."

즉각적인 만족을 추구하는 우리 문화에서 영성 형성은 보통 힘든 일이 아니다. 우리는 빠른 것에 점점 더 익숙해졌다. 이제는 손가락 터치 한 번으로 온 세상을 만날 수 있다. 버튼을 클릭하기만 하면 몇 시간 내로 주문한 제품이 집 앞에 도착한다. 하지만 인간 영혼의 형성은 디지털 속도처럼 이루어지지 않는다.

이 점을 알지 못하면(당신만큼이나, 해골을 눈앞에 두고서 나 자신에게도 하는 말이다) 낙심해서 포기하거나 평범한 수준에 만족하게 된다. "그리스도인은 완벽하지 않다. 단지 용서받은 자일 뿐이다"[12](이 말은 우리가 기껏해야 내세로 가는 길에 약간의 미세 조정만 할 수 있다는 말처럼 들린다). 하지만 예수님의 놀라운 삶과 성령의 선물로 가능해진 가능성을 절대 과소평가하지 말아야 한다. 우리의 운명을 실현하기까지 얼마가 걸리든 이 과정을 끝까지 따라가야 한다. 그리고 이 과정은 매우 오래 걸릴 수 있다.

최근 나는 불안과의 오랜 싸움에 지쳐서 아내에게 하소연했다. 툭하면 부정적인 생각의 수용돌이에 또다시 빠져드는 내가 너무도 싫었다. "내가 이 문제를 극복할 만큼 성숙해질 수 있을까요?" 내가 묻자 아내는 이렇게 대답했다. "물론이죠. 얼마든지 가능해요. 당신은 누구보다 행복하고 평안해질 거예요."

"정말요? 그러면 그렇게 되기까지 얼마나 걸릴까요?" 나는 미심쩍은 표정으로 물었다.

"60대쯤?" 아내가 무표정한 얼굴로 말했다. 아내는 결코 나를 웃기려고 한 말이 아니었다. 아내는 최대한 정확하게 추정했고, 그 추정이 맞을 가능성이 높다.

영적 스승인 피터 스카지로가 자신보다 더 나이 많고 더 지혜로운 멘토에게서 들은 말을 내게 전해 준 적이 있다. "자네 인생에서 최고의 10년은 70대가 될 걸세. 두 번째로 좋은 10년은 80대일 테고. 세 번째로 좋은 10년은 60대일 걸세." 여기서 그가 말한 "최고"는 가장 행복한 것이 아니라(나는 행복도 기대하지만), 가장 풍요롭고 다른 사람에게 가장 큰 기쁨과 도움을 주는 것을 의미한다.

오해하지 말라. 이 과정 내내 기쁨이 흐른다. 기쁨은 하나님을 중심으로 삼은 삶의 결정적 특징 중 하나라고 말할 수 있다. 하지만 이 기쁨은 대개 폭발적이고 극적으로 치솟았다가 이내 사그라지는 행복감이 아니다. 이 기쁨은 영혼의 기저에서 서서히 불어나는 조용한 암류에 더 가깝다. 이 기쁨은 오랜 세월 조금씩 커지는 인생의 잔잔한 사운드트랙일 수 있다.

하지만 기쁨과 상관없이 영성 형성이 지루하리만치 긴 과정인 것만은 사실이다.

"형성되어 가는"

예수님의 모습으로 형성되어 가는 것은 '우리가 하는 것'이라기보다는 '하나님이 우리에게 해 주시는 것'이다. 우리는 하나님의 변화시키는 은혜의 역사를 받아들일 따름이다. 우리 역할은 하나님이 우리를 변화시켜 주시도록 우리 자신을 여는 것이다.

성경의 여러 비유 중에 마음에 드는 것을 골라 보라. 우리는 양이요, 그분은 목자시다. 우리는 토기요, 그분은 토기장이시다. 우리는 배 속의 아기요, 그분은 산통을 겪는 어머니시다.[15] 그렇다고 우리가 할 일이 전혀 없다는 뜻은 아니다. 하나님께 다 맡기고 가만히 있으면 된다는 뜻도 아니다.

우리에게는 하나님의 변화시키는 은혜에 협력할 책임이 있다. 하나님은 우리를 억지로 변화시키시지 않는다. 4세기의 성 아우구스티누스는 다음과 같이 말했다.

하나님 없이 우리는 할 수 없다.

우리 없이 하나님은 하시지 않는다.

우리가 변화되지 않는 것은 대개 영성 형성에서 '자기' 역할을
배우지 못한 탓이다. 여기서 우리 역할이란 스스로를 구원하는 것
이 아니다. 우리 역할은 항복하는 것이다.

중독 치료 공동체가 주는 많은 유익 중 하나는 우리 '모두'의 의
지력이 너무 약해서 은혜와 공동체가 절실히 필요함을 서로에게
더없이 솔직히 인정하게 된다는 것이다.[14] 원래 제자 훈련 프로그
램으로 시작된 AA(익명의 알코올중독자들) 모임은 하나님을 '더 위대
한 힘'(Higher Power)으로 부른다. 이는 우리가 알코올중독에서 해
방되려면 우리 자신보다 훨씬 더 큰 힘이 필요하다는 점을 인정하
는 제스처다. 우리는 스스로의 힘으로는 이 문제에서 빠져나오기
어렵다. 스스로 회복하기에는 우리가 너무 망가진 상태다. 우리는
스스로는 집을 찾을 수 없는 완전히 길 잃은 양들이다.

자기기만의 가면을 벗으면 우리 내면 깊은 곳이 예수님과 얼
마나 다른지를 절실히 깨닫게 된다. 우리의 '진짜' 본성을 직면하게
된다. 우리가 실제로는 얼마나 왜곡되고 망가졌는지를 절감하게
된다. 더없이 나약한 이 자리에서 우리 모두는 "나는 나를 구원할
수 없다"는 사실을 깨닫는다. 스스로를 치유하려는 시도는 반드시
실패할 수밖에 없는 전략이다. 우리는 우리 밖에서 오는 도움과 힘
이 절실히 필요하다. 우리는 은혜가 필요하다.

단언하건대 영성 형성은 기독교식의 자기 계발 프로젝트가 아니다. 영성 형성은 '구원의 과정'이다. 예수님께 구원을 '받는' 과정.

"사랑의 사람으로"

예수님의 도제는 '예수님을 닮아 가는 것'을 중심으로 삶을 재정비한 사람이다. 그런 변화는 곧바로 성격에서 드러난다. 나아가, 그 변화는 성, 문화, 인종 등에 대한 태도에서도 드러난다. 하지만 그리스도를 닮은 성품을 단 하나의 단어로 요약해야 한다면 '사랑'보다 더 적절한 선택은 없다. 사랑은 영성 형성의 진정한 척도다. 단연 가장 중요한 질문은 이것이다. "우리에게 사랑이 점점 더 많아지고 있는가?"

"우리의 성경 지식이 더 많아지고 있는가?"나 "우리가 더 많은 영적 훈련을 실천하고 있는가?"란 질문은 가장 중요한 질문이 아니다. "우리가 교회 활동에 더 많이 참여하고 있는가?"도 아니다. 분명 이런 질문도 좋지만 가장 중요한 질문은 아니다.

당신의 영적 여행이 어느 수준인지 가늠해 보고 싶다면 '사랑과 성령의 열매' 차원에서 가장 가까운 인간관계의 질을 점검해 보라. 당신이 가장 잘 아는 사람들이 당신에게 갈수록 사랑과 화평과 평안이 점점 더 많아지고 있다고 말할까? 당신이 갈수록 짜증을 덜 내고 참을성이 많아지고 있다고 말할까? 당신이 이전보다 더 친절하고 부드러워졌으며 날로 착해진다고 말할까? 당신이 힘든 시기에도 충성을 다하며 이전보다 더욱 절제력을 발휘하더라고 말할까?

친구와 가족을 향한 사랑이 날마다 자라고 있는가? 상처를 받고 부당한 대우를 받아도 원망하고 복수하는 대신 아픔을 삭이는 능력이 점점 커지는가? 심지어 "저주하는 자를 위하여 축복"하고 기도하는 수준까지 자라고 있는가?[15] 이 같은 성품이 점점 자연스러워지고 있는가? 이것이 점점 더 당신의 정체성으로 자리 잡고 있는가?

그렇지 않다면 성경을 아무리 잘 알고, 책을 아무리 많이 읽고, 아무리 많은 통찰을 쌓고, 경건을 위한 생활 수칙으로 아무리 많은 습관을 실천해도 옳은 길로 가고 있지 않은 것이다.

우리의 영적 여행의 목적은 하나님처럼 되는 것이며 "하나님은 사랑"[16]이시기 때문이다. 하나님이 "사랑하시는 사랑"이라는 성 이냐시오의 통찰이 기억나는가? 사랑은 단순히 하나님이 하시는 일이 아니다. 사랑은 하나님의 정체성이다. 하나님은 사랑을 하시지 않을 수 없는 분이다. 사랑은 그분의 본성이다. 예수님이 우리의 수많은 흠과 실패를 보고도 우리를 미워하시지 않는다는 사실에 우리는 의아해한다. 하지만 이는 하나님을 바라보는 우리의 시각이 왜곡됐음을 드러낼 뿐이다. 하나님이 우리를 미워하시는 건 우리를 사랑하시는 것보다 훨씬 더 어렵다. 왜냐하면 사랑은 하나님의 가장 깊은 본성이기 때문이다.

하나님은 사랑이시며, 사랑은 관계 밖에서 존재할 수 없다. 삼위일체 하나님 자체가 자신을 내주고, 타자 중심적이고, 겸손하고, 기쁨이 충만하며, 축복과 호의가 가득한 관계로 이루어져 있다. 성 아우구스티누스의 말을 다시 인용해 보자. "하나님은 사랑하는 분이시고, 사랑받는 분이시며, 사랑 자체시다."[17] 하나님은 사랑하는 분인 동시에 사랑받는 분이며 동시에 모든 사랑의 궁극적인 근원이시다.

명심하라. 예수님이 보여 주신 사랑은 단순히 기분 좋은 애정의 느낌이 아니다. 물론 사랑은 태도다. 연민과 따스함과 기쁨의 태도다. 하지만 동시에 사랑은 '행동'이기도 하다. 그 사랑은 "아가페"다. 즉 어떤 대가나 희생이 따르더라도 자신의 유익보다 다른 사람의 유익을 먼저 구하는 것이다. 그런 의미에서 예수님은 이렇게 말씀하셨다. "사람이 친구를 위하여 자기 목숨을 버리면 이보다 더 큰 사랑이 없나니."[18] 이것이 바로 십자가의 사랑이다. 이 사랑은 예수님이 우리를 위해 하신 것일 뿐 아니라, 우리 역시 그분과 함께 행해야 하는 것이다. "그가 우리를 위하여 목숨을 버리셨으니 우리가 이로써 사랑을 알고 우리도 형제들을 위하여 목숨을 버리는 것이 마땅하니라."[19]

바로 이런 면에서 영성 형성은 현대의 자아실현이나 자기 계발과 완전히 다르다. 영성 형성의 최종 목표는 우리를 아가페 사람으로 빚는 것이다.

로버트 멀홀랜드 교수는 영성 형성을 "타인을 위해 그리스도의 형상으로 형성되어 가는 과정"으로 정의하고,[20] 〈타인을 위하여〉(for the sake of others)라는 곡을 하프로 연주하기까지 했다. 이중요한 요소가 빠지면 영성 형성은 일종의 개인적인 심리 치료이자 자기 계발로 전락한다. 그런 영성 형성은 우리 영혼을 불로 정화시켜 예수님을 닮은 사랑의 사람으로 빚어내는 용광로가 아니라, 철저한 기독교 버전의 개인주의에 불과하다.

물론 내적 여행, 심지어 자기 계발도 기독교 영성의 열쇠 중 하나다. 하지만 이 내적 여행은 반드시 다른 사람을 향한 사랑이라는 '외적' 여행으로 이어져야 한다. 세상 속에서의 '행동'이 뒤따라야 한다. 영성 형성의 목표는 존재의 모든 차원이 예수님에 의해 빚어져 사랑으로 충만한 사람이 되는 것이다. 단, 우리는 이 일을 혼자서 해낼 수 없다. 이 일을 해낼 수 있는 길은 하나뿐이다.

"그리스도 안에서"

그리스도를 닮은 모습은 그리스도께서 우리 '안에' 계신 결과다. 이는 전적으로 은혜 덕분이다. 이는 항상 은혜로 이루어진다. "이 비밀은 너희 **안에** 계신 그리스도시니 곧 영광의 소망이니라."[21] 그리고 우리도 그리스도 '안에' 있어야 한다. 사실, "그리스도 안에〔서〕"(in Christ)라는 표현은 신약성경 곳곳에 등장한다. 바울의 서신서에서만 80번 이상 나타난다. 이는 그리스도를 통해 삼위일체 하나님의 생명으로 통합되는 것을 말한다. 예수님은 우리를 "사랑하시는 사랑"의 생명으로 이끌기 위해 오셨다. 데릴 존슨 목사가 삼위일체 하나님에 관해 쓴 책에 따르면, 이것을 경험하는 것은 "우주의 중심에서 친밀함 가운데 사는 것"이다.[22] 요한복음 17장을 보면 예수님은 십자가를 지러 가시기 직전 겟세마네 동산 기도에서 이렇게 기도하셨다.

> 내가 비옵는 것은 …… 나를 믿는 사람들도 위함이니 ……
> 아버지께서 내 안에, 내가 아버지 안에 있는 것같이 그들도 다
> 하나가 되어 우리 안에 있게 하사 …… 곧 내가 그들 안에 있고
> 아버지께서 내 안에 계시어 그들로 온전함을 이루어 하나가 되게
> 하려 함은 아버지께서 나를 보내신 것과 또 나를 사랑하심같이
> 그들도 사랑하신 것을 세상으로 알게 하려 함이로소이다.[23]

이것이 복음이다. 삼위일체 하나님은 예수님 안에서 우리에게 가까이 다가오셨다. 죄로 망가지고, 상처로 가득하며, 죽을 수밖에 없고, 죽어 가고 있고, 스스로 구원할 능력이 없는 우리에게. 하나님께 아무런 관심도 없는 자들에게. 심지어 하나님의 원수인 자들에게. 하나님은 그런 우리에게 다가오셨다. 이는 우리를 그분의 생명으로 이끌어 삼위일체의 사랑 안에서 치유하신 뒤에 그분의 사랑을 전하는 대리인으로 세상으로 보내시기 위함이다.

도제로 부르시는 예수님의 초대는 단지 하나님을 닮은 사랑의 사람이 될 기회 정도가 아니다. 바로 하나님의 생명으로 들어갈 기회다. 옛 신자들은 이를 하나님과의 "연합"이라고 불렀다. 우리가 깨닫고 받아들이든 그렇지 않든 바로 이것이 나를 포함한 지구상 모든 인간이 존재하는 이유다.

그러므로 영성 형성이란 삼위일체 하나님에 대한 항복과 그분과의 연합이 더 깊어짐으로써 자신을 내주는 사랑의 사람으로 형성되어 가는 과정이다.

자, 우리 모두는 어떤 사람이 되어 가는 중이다. 이는 피할 수 없는 현실이다. 우리 삶은 어떤 목적지로 가고 있다. 그렇다면 예수님의 사랑으로 충만한 사람이 되는 게 어떤가? 하나님과의 연합을 향해 가는 게 어떤가?

저절로 된 성자는 아무도 없나니

자, 지금껏 말한 대로 된다면 정말 좋을 것이다. 그런데 이 과정은 결코 마법처럼 한순간에 이루어지지 않는다. 그리스도를 닮아 가는 것이 가능은 해도 저절로 되지는 않는다. 사실, 삶의 중력과 타성은 자꾸만 우리를 '반대' 방향으로 끌고 간다. 그래서 예수님은 이렇게 말씀하셨다. "생명으로 인도하는 문은 좁고 길이 협착하여 찾는 자가 적음이라."[24] 결코 저절로 된 성자는 없다.

50세 즈음의 어느 날 아침, 갑자기 눈을 뜨자마자 이렇게 생각하는 사람은 없다. '우와! 드디어 내가 성자가 되었어. 정말 이상한 일이야!' '나도 몰랐는데 내가 그동안 산상수훈에 따라 잘 살았나봐. 걱정과 염려, 정욕, 분노가 다 사라졌어. 돈이 더 이상 내 마음을 사로잡지 못해! 더는 두려움에 시달리지도 않아. 남들에게 잘 보여야 한다는 강박관념도 사라졌어. 이제 나는 사랑으로 충만해. 심지어 원수들에게도 사랑이 느껴져. 이 얼마나 놀라운 우연인지 모르겠군!' 안타깝게도 이런 일은 절대 일어나지 않는다.

앞서 말한 것처럼 의식적인 결정 없이도 그냥 형성이 이루어질 수 있다. 하지만 '그리스도 안에서 사랑의 사람으로' 형성되는 것은 그렇게 이루어지지 않는다. 우리의 선택이 있어야 한다. 한 번이 아닌 매일같이 새로운 선택을 해야 한다. 분명한 의도가 있는, 예수님의 도제로 들어가고 그분의 훈련 과정을 따르겠다는 의식적인 선택 말이다.[25]

혹시 이렇게 말하는 독자가 있을지 모르겠다. "좋아요. 예수님의 도제 수업을 받기로 결정했습니다. 하지만 어디서부터 시작해야 할지 모르겠는데……."

이런 사람이 많다. 안타깝게도 많은 사람이 예수님 아래서 도제 수업을 받고 싶어 하나 방법을 모른다. 북미 교회는 주로 영성 형성을 위해 다음과 같은 세 가지 공식을 따른다.

① 교회에 간다.
② 성경책을 읽고 기도한다.
③ 헌금을 드린다.

나는 이 세 가지 습관에 전적으로 찬성한다(이 세 가지 모두 내 생활 수칙에 포함되어 있다). 하지만 내 경험으로 볼 때 많은 이가 이 방식대로 30년을 하고도 전혀 달라진 게 없다고 느낀다(단지 몸이 늙은 것만 빼고).

풀러신학교(Fuller Seminary) 재닛 해그버그 박사와 로버트 굴리히 박사는 수십 년간 수많은 그리스도인의 삶을 분석하여 예수님을 닮아 가는 과정을 규명하고자 했다. 그리하여 그들은 6단계의 영적 발달 이론을 규명했다(123쪽 도식을 보라).[26]

이 두 박사는 많은 사람의 삶 속에서 이 이론이 단계별로 나타나는 변화를 관찰한 결과, 이런 심각한 결론을 내렸다. 대부분의 그리스도인은 아주 기본적인 성숙의 수준인 3단계도 넘어가지 못한다. 그리스도 안에서 잠재력을 온전히 이루는 그리스도인은 그야말로 '극소수'다.[27]

여기에는 많은 이유가 있다.[28] 그중 하나는 실용적 측면의 이유다. 대부분의 사람은 변화에 관한 실질적인 전략이 없다. 즉, 변

정말 중요한 영적 여행

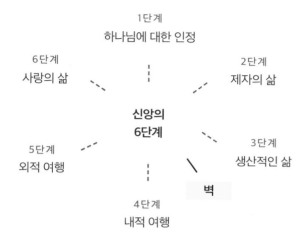

1단계
하나님에 대한 인정

6단계
사랑의 삶

2단계
제자의 삶

신앙의
6단계

5단계
외적 여행

3단계
생산적인 삶

벽

4단계
내적 여행

화를 위한 믿을 만한 계획이 없다. 개인적인 경험으로 보나 목회자로서의 경험으로 보나 문제는 사람들이 변화를 싫어한다는 게 아니다. 대부분이 변화를 원한다. 그렇다고 사람들이 변화를 시도하지 않는 것도 아니다. 대개 변화를 시도한다. 다만 문제는 변화되기 위한 '방법'을 모른다는 것이다. 우리는 인간의 영혼이 어떻게 영적 출생에서 영적 성숙으로 나아가는지를 제대로 모른다. 그래서 영적 청소년은 많지만, 영적 어른은 별로 없다.

오래전 리처드 포스터의 마지막 공식 행사에 참석할 기회가 있었다. 그가 1970년대 후반에 쓴 《영적 훈련과 성장》(Celebration of Discipline)은 수백만 부가 팔리며 서구 개신교 교회에서 영성 형성 훈련의 르네상스를 이끌었다. 그가 마지막으로 공식적인 자리에서 전하는 가르침을 듣는 순간은 내게 그야말로 신성한 순간이었다.

그는 수십 년 동안 전 세계를 돌며 영성 형성에 관해 가르친 끝에, 대부분의 사람에게 영적 성장을 위한 이론이 없다는 결론을 내렸다. 그는 "변화되는 **방식**에 대한 사람들의 지독한 무지"에 깊은 안타까움을 느꼈다. 그는 비난의 어조는 일절 없이 오직 슬픔을 담아서 말했다. 영성 형성의 방식에 관해 깊이 생각해 본 사람조차 매우 드물었다. 그 결과, 변화에 관한 사람들의 이론은 대개 다음과 같았다.

* 의식적이지 않고 무의식적이다.
* 의도적이지 않고 되는 대로 한다.
* 성경적이지 않고 세속적이다.
* 대개 실질적인 효과와 변화가 없다.

이러한 무지는 서구 교회 전체에 몇 가지 현상을 퍼뜨렸다.

* 그리스도인이지만 예수님의 도제는 아닌 이들로 가득한 교회.
* 교회 전체에 퍼진 위선의 암. 예수님의 가르침과 (많은 목사를

포함한) 사람들의 일상적인 삶 사이의 괴리가 너무 커서 아무리 좋게 보려고 해도 좋게 볼 수가 없을 정도다.

* 신앙에 대한 환멸에 빠진 사람들의 세대. 밀레니얼 세대에서 매년 수백만 명의 젊은이들이 교회를 떠나고 있다. 심지어 예수님을 따르는 것을 아예 포기하고, 대신 유사 과학적 치료와 자기 계발 기법 혹은 동양 종교에서 구원을 찾는 이들도 많다.

* 하나님과 변화를 간절히 원하지만 영적 여행에서 막다른 골목에 이르러 성장이 멈춘 것처럼 느끼는 이들이 많다.

이는 누군가를 비판하거나 정죄하려고 한 말이 아니다. 단지 현실을 있는 그대로 진단했을 뿐이다. 예수님을 기초로 한 변화의 모델을 배우지 못한 사람이 많다. 실질적인 변화의 길, 생명의 길을 모르는 이들이 많다. 설상가상으로 우리는 방법을 잘못 배웠다.

실패가 보장된 전략들

예수님처럼 되려면 보다 실질적으로 통하는 변화의 전략이 필요하다. 우선 통하지 '않는' 전략부터 살펴보자. 나는 20년 넘게 목회를 하면서 이 세 가지 전략이 사용되는 걸 계속해서 보았다.

반드시 패하는 전략 1 // 의지력

문제는 의지력 자체가 나쁘다는 게 아니다(전혀 나쁘지 않다). 단지 잘 통하지 않는다는 점이다. 다 알다시피 새해 결심의 80퍼센트는 1월 안에 무너진다.[29] 의지력은 한계가 있는 자원이기 때문이다. 우리는 매일 정해진 양의 의지력만 발휘할 수 있다(나의 의지력은 대개 정오쯤이면 바닥이 난다). 의지력은 근육과도 같다. 무리해서 지나치게 쓴 근육은 본래 가지고 있던 만큼의 힘을 쓰지 못한다. 움직인다 해도 무거운 것을 들어 올리지는 못한다.

시편을 읽으면서 하루를 시작하거나 험담을 덜 하는 식의 작은 변화는 대개 의지력으로 해결 가능하다. 하지만 우리 내면과 사방에는 의지력이라는 먹잇감을 노리는 힘이 득실거린다. 인간인 우리 안에 깊이 뿌리내린 죄의 습관, 우리 몸의 자동적인 반응, 모든 형태의 트라우마, 중독, 두려움이 그런 힘들이다.

예수님의 도덕적 가르침의 핵심은 율법을 어기지 않으려는 노력으로는 율법을 지킬 수 없다는 것이다. 더 사랑하려는 '노력'으로 사랑이 더 많아질 수는 없다. 우리 스스로 아무리 노력해도 소용없다. 우리의 속사람이 달라져야 한다. 예수님이 "마음"이라고 부르신 것이 달라져야 한다.

물론 자기 노력의 역할을 부정하는 게 아니다. 자기 노력은 영성 형성의 열쇠 중 하나다. 우리의 영 혹은 의지력과 하나님의 영혹은 능력 사이에는 시너지 관계가 존재한다. '내 노력'과 '하나님의 은혜'는 영광을 놓고 주도권 다툼을 벌이는 경쟁자가 아닌 협력자다. 하지만 우리의 형성에서 자기 노력의 주된 기능은 우리가 '할 수 없는 것'을 하나님이 하시도록 우리가 '할 수 있는 것'을 하는 것이다. 우리가 할 수 있는 것은 예수님의 영적 습관을 본받아 실천함으로써 하나님께 항복하는 것이고, 우리가 할 수 없는 것은 우리 자신을 치유하고 자유롭게 하고 사랑의 사람으로 변화시키는 것이다.

레슬리 제이미슨은 중독에서 회복된 과정을 기록한 회고록에서 이렇게 말했다. "내 의지력보다 더 강한 무언가를 믿어야 했다."[30]

의지력은 중요하지만 해법은 아니다.

반드시 패하는 전략 2 // 더 많은 성경 공부

많은 교회가 성경 지식이 많아질수록 성장한다는 가정에 따라 목회를 한다. 나는 평생 성경을 가르치는 교회들을 가까이했다. 그래서 성경 공부만으로는 턱없이 부족함을 누구보다 잘 안다.

개신교도들은 우리를 예수님을 닮은 모습으로 빚어 주는 성경의 능력을 강조한다(당연히 그래야 한다고 생각한다). "모든 성경은 하나님의 감동으로 된 것으로 …… 유익하니."[31] 예수님 자신이 랍비셨다. 그래서 성경에는 그분의 가르침이 가득하다. 하지만 우리는 서구의 다른 가정에 쉽게 현혹된다. 예를 들어, 르네 데카르트의 유명한 주장이 그런 가정 중 하나다. "나는 생각한다. 고로 나는 존재한다." 우리는 인간이 '다리 달린 뇌'라는 철저히 비성경적인 시각에 쉽게 넘어간다. 토머스 에디슨은 한때 이렇게 말했다. "몸의 주된 기능은 뇌를 지니고 다니는 것이다."

하지만 철학자 제임스 K. A. 스미스는 현실을 정확히 짚어 냈다. "생각만으로는 그리스도를 닮아 갈 수 없다."[32] 앞서 말했듯이 예수님의 길을 실천하는 것은 양자물리학을 배우는 것보다 합기도를 배우는 것에 더 가깝기 때문이다. 예수님의 길은 우리의 온몸으로 하는 것이다. 사랑은 지적인 이론이 아니라 몸으로 하는 삶의 방식인 것이다.

이것이 정보만으로 변화가 이루어지지 않는 이유다. 무언가를 '아는' 것이 무언가를 '하는' 것과 같지 않기 때문이다. 그리고 무언가를 '하는' 것은 내적 본성이 변해 무언가를 자연스럽게 하는 사람이 '되는' 것과 또 다르다.

예를 들어 보자. 혹시 불안이나 두려움에 시달리는 사람이 있는가?(바로 내 이야기다) 그런데 아마 당신도 나처럼 두려워하지 말라는 명령을 잘 알 것이다. 당신과 나의 문제점은 정보나 의지가 부족한 것이 아니다. 우리 '모두'는 두려움에서 해방되기를 원한다. 문제는 이미 알고 간절히 원하는 그것을 우리의 중추신경계로 가져가는 법을 모르는 것이다. 우리 몸의 신경계에 깊이 뿌리내린 두려움의 습관을 어떻게 극복해야 하는지 모르는 게 문제다.

이번에는 베풂을 살펴보자. 지구상 모든 그리스도인에게 "하나님이 당신에게 베풂을 명령하시는가?"라고 물으면 한 명도 빠짐없이 그렇다고 대답할 것이다. 그렇다면 우리는 왜 더 많이 베풀지 못할까? 문제는 우리가 옳은 답을 몰라서가 아니다. 문제는 돈과 베풂에 관한 예수님의 가르침이 우리 존재의 가장 깊은 부분까지 내려가지 않은 것이다.[33]

교회 출석이나 좋은 설교, 꾸준한 성경 공부는 모두 좋은 것이다. 아니, 좋은 것을 넘어 '필수적인' 것이다. 하지만 솔직히 인정해야 한다. 지금까지 이것들 자체로는 많은 사람에게서 높은 수준의 변화를 이끌어 내지 못하고 있다.

반드시 패하는 전략 3 ∥ 하늘에서 오는 갑작스러운 변화

나는 이를 "영적 훈련에 관한 매트릭스 이론"이라 부른다. 오리지널 〈매트릭스〉(Matrix) 영화에서 네오와 트리니티가 옥상에 갇힌 장면을 기억하는가? 탈출하려는 두 사람은 옥상에 헬리콥터 한 대가 있음을 발견한다. 문제는 트리니티가 헬리콥터를 조종할 줄 모른다는 사실. 하지만 매트릭스 세상에서는 전혀 문제가 되지 않는다. 트리니티는 오퍼레이터에게 다급히 연락한다. "탱크, B-21-2 헬리콥터의 조종사 프로그램이 필요해. 빨리!" 곧 트리니티가 눈을 몇 번 깜박이는 사이 프로그램이 다운로드되고, 그 즉시 그녀는 헬리콥터를 조종할 수 있게 된다. 그 덕에 그들은 미스터 스미스를 손쉽게 따돌린다.

많은 사람이 이런 식으로 영성 형성에 접근한다. 그들은 눈 깜짝할 사이에 극적으로 변하기 위해 하늘에서 내려오는 프로그램을 '다운로드'하고자 기다리고 있다.

좋게 말하면 이런 접근법은 우리를 깊이 변화시키는 성령의 능력을 높이 평가하는 것이다. 이는 우리 삶을 옭아매는 견고한 진을 부수고, 과거를 치유하고, 신경계통을 재배선하고, 우리 몸을 변화시키는 성령의 능력을 철저히 믿는 것이다. 사실, 극적인 변화의 순간을 배제한 변화의 전략은 제한된 결과만 낳을 뿐이라고까지 말할 수 있다.

하지만 이런 접근법은 게으름으로 이어지기 쉽다. 당장 대단한 변화가 나타나지 않아도 매일같이 꾸준히 제자 훈련을 하기보다, 고작 일주일에 한 번, 교회가 선사하는 영적 황홀감에 취해 하늘의 다운로드를 받으려고만 할 수 있다. 또 다른 미봉책이나 지름길, 혹은 심리학자 존 웰우드가 말하는 "영적 우회"만 찾으려 들 수 있다. "영적 우회"는 고통을 건너뛰고 예수님의 즉각적인 '교정'을 받으려는 것이다. 영적 황홀감을 찾아 헤매는 집회 중독자가 늘어나는 현상도 경계해야 한다.

물론 예수님은 영혼을 치유하는 일을 하고 계신다. 그런데 사복음서에 예수님이 사람들의 '몸'을 즉시 고쳐 주신 이야기가 여럿 기록되어 있지만(예수님은 그런 치유 후에 거의 대부분 가서 다음 단계로 무언가를 '하라'고 지시하셨다), 사람의 '성품'에 대해서는 그러지 않으신 것으로 보인다. 예수님이 단순히 손 한 번 흔드는 행위로 제자들의 추악한 습관이나 성품을 고쳐 주신 사건은 '단 한 차례도' 없다. 오히려 정반대 경우만 보인다. 제자들의 고집스러운 완악함은 수년간 이어졌다. 예수님은 그들을 순식간에 변화시키시지 않았다. 그저 한결같이 가르치고 꾸짖고 사랑해 주면서 그들에게 성장하고 성숙할 시간을 주셨을 뿐이다.

기적, 빠른 정서적 치유, 급격하고도 깊은 변화는 실제로 일어나고 있으며, 또 계속해서 일어나야 한다. 어린 시절이나 청소년기의 폭풍 성장 또는 외과 수술처럼 이런 변화는 인간 발달의 중요한 부분을 차지한다. 하지만 이런 일은 일상적인 제자의 길은 아니다. '대부분'의 성장은 느리고 점진적이다. 어른이 되어서야 그간 쌓인 변화가 눈에 띈다. 대개 하늘에서 순식간에 내리치는 번개가 해법이 아니다.

◌

다시 말하지만, 이 세 가지 전략은 모두 중요한 무언가를 강조한다. 바로 우리의 의지의 중요성, 성경의 중요한 역할, 성령과의 만남이다. 하지만 이것들을 각각 따로 떼 놓으면 생각만큼 효과적이지 않다. 왜 그럴까? 두 가지 문제점이 있어서다.

문제 1. 죄

첫 번째 문제는 우리 그리스도인이 "죄"라고 부르는 것이다. 점점 더 많은 사람이 '죄'라는 단어에 반감을 보인다는 걸 잘 안다. 하지만 이 단어는 '모든' 탁월한 사상가들이 공통적으로 인정하는 인간 상태에 대해 사용하는 단어일 뿐이다. 동서고금의 종교계 및 세속 모든 사상가가 하나같이 이 점에 의견을 같이한다. 바로 인간의 마음속에 무언가가 단단히 잘못되어 있다는 것이다.

단순히 우리가 끔찍한 짓을 저지르는 차원이 아니다. 우리는 그런 짓을 저지르기를 '원할' 때가 많다. 심지어 그런 짓을 하고 싶지 않을 때도 자기 파괴적인 악순환에 갇힌 마약 중독자처럼 기어코 저지르고야 만다.

신약성경 기자들은 죄를 단순히 행동이 아닌 '상태'라고 제시한다. 한마디로 우리는 죄에 빠진 상태다. 우리는 망가뜨리고, 해를 가하고, 상처 주고, 배신하고, 망각하고, 후회할 말을 한다. 심지어 "인간이란 잘못하는 존재다"(To err is human)라는 말도 있다. 사람을 "죄인"이라 부르는 것은 결코 정죄하는 게 아니다. 이는 마치 의사가 환자에게 간에 문제가 있는 상태라고 진단하는 것과 같다. 그저 우리의 상태를 솔직히 인정하는 것일 뿐이다.

우리의 형성에 진전이 있으려면 먼저 자기 죄를 직시해야만

한다. 그렇지 않고서 영적 여행을 하는 것은 말기 암 환자가 부러진 다리로 울트라마라톤을 하려는 것과도 같다. 성공 확률 0이다.

성경 신학은 인간에게 세 가지 차원의 죄가 있다고 분석한다.

1 // 우리가 저지른 죄

이 죄는 가장 확실한 죄다. 다시 말하지만 우리 인간은 잘못하기 선수들이다. 어버이날에 부모님에게 전화하는 걸 깜박한다. 불륜을 저지른다. 사과하기보다 변명하기를 좋아한다. 체면을 지키려고 거짓말을 한다. 이렇듯 우리는 온갖 잘못을 저지른다. *Unapologetic*(사과하지 않는)이라는 책을 쓴 다소 불손하지만 위트 있는 저자인 프랜시스 스퍼포드는 "HPTMTU"라는 표현을 사용했다. 이 표현은 "the human propensity to muck things up"(일을 망치는 인간 성향)의 줄임말이다(단, 그는 'muck'란 단어는 사용하지 않았다).[34]

2 // 다른 사람이 우리에게 저지른 죄

하지만 죄에는 우리가 저지른 죄만 있지 않다. 우리 모두는 다른 사람에게 상처를 받고, 배신을 경험하며, 부당한 대우와 모함, 비방, 험담, 도둑질을 당한 적이 있다. 즉 우리는 다른 사람이 저지른 죄에 당한 적이 있다. 우리는 가해자인 동시에 피해자다. 우리는 죄를 지은 동시에 상처 입은 존재다.

밀레니얼 세대와 Z세대로 오면서 바로잡힌 점 가운데 하나는 우리의 악함이 상처와 연결되어 있다는 인식이 생긴 것이다(물론 온갖 '과잉' 교정도 있다. 하지만 모든 것에는 부작용이 따른다). 그래서 상처 입은 사람이 상처를 준다는 말도 있다.

아주 어린 시절부터 우리 안에는 고통스러운 기억이 축적된다. 우리는 이 기억을 무의식적으로 품고 있으며, 원치 않게 가장 가까운 사람에게 같은 고통을 전해 주곤 한다. 학대를 당한 학대자, 사기를 당한 사기꾼, 비난을 받은 비난자 등에 관한 가슴 아픈 통계 숫자들을 보라. 특히 가슴 아픈 경험을 한 사람들이 온전함으로 가는 영적 여행의 열쇠는 정신과 육체의 고통에 관한 기억에서 치유되는 것이다. 다른 사람이 우리에게 지은 죄로 인해 갈가리 찢긴 영혼이 치유받아야 한다.

3 // 우리 주변에서 자행되는 죄

철저히 개인주의적인 문화 속에서 살다 보니 우리는 이 마지막 차원을 놓칠 때가 많다. 하지만 성경은 환경이 우리를 변질시켰다고 분명히 말한다. 이를 심리학자들은 "2차 트라우마"라 부르고, 예수님은 "세상"이라 부르셨다. 이는 마치 간접흡연이나 나쁜 공기를 호흡하는 것과도 같다. 이로 인해 법정에서 유죄 판결을 받는 이는 없지만, 그렇다고 치명적이지 않다는 건 아니다.

이는 원죄라는 기독교 교리를 이해하기 위한 가장 좋은 방법 중 하나다. 칼리스토스 웨어의 설명을 들어 보자.

원죄의 교리는 …… 우리가 악을 행하기는 쉽고 선을 행하기는
어려운 환경, 다른 사람에게 해를 끼치기는 쉽고 그들의 상처를
치유해 주기는 어려운 환경, 사람들의 의심을 사기는 쉽고 그들의
신뢰는 얻기 어려운 환경 가운데 태어났다는 뜻이다. 이는 계속
축적된 인류의 잘못된 행위와 잘못된 생각, 그리고 그로 인한
잘못된 삶이 우리 안에 있다는 뜻이다. 그리고 이렇게 축적된 죄에
우리는 우리 자신의 고의적인 죄의 행위를 더했다. 그래서 간격은
점점 더 벌어지고 있다.[35]

그렇다. 우리는 '선을 행하기 어려운' 세상 속에서 살고 있다.

◌

내가 세 가지 차원의 죄를 제시한 이유는 당신의 사기를 꺾기
위함이 아니다. 대부분의 사람이 죄의 첫 번째 차원에만 초점을 맞
추고, 두 번째와 세 번째 차원은 놓치기 때문이다. 그 결과, 우리의
상황이 얼마나 절박한지를 도통 깨닫지 못한다.

이렇게 된 이유는 서구 기독교인이 주로 '유죄/무죄 패러다임'
으로 죄를 생각해서다. 신학자들은 이를 죄에 대한 법정적(율법적)
관점이라고 부른다. 기본 개념은 하나님이 '도덕적으로 진지한' 하
나님이시라는 것이다. 하나님은 사랑과 긍휼이 많을 뿐 아니라 거

룩하고 공의로우시다는 것이다. 우리는 그분의 율법 앞에서 죄인
이며, 우리의 유일한 소망은 그리스도가 주시는 사면이다. 복된 소
식은 그리스도께서 '의로우신 동시에 의롭게 하시는 분'이라는 것
이다.[36]

물론 이는 성경의 관점이지만, 성경의 관점은 이뿐만이 아니
다. 그런데 지난 몇 세기 동안 서구에서는 이 관점만 강조했다. 대
부분 성경에 죄를 이해하기 위한 다른 패러다임도 많다는 점을 알
지 못한다.

* 유죄 / 무죄
* 명예 / 수치
* 능력 / 두려움
* 깨끗함 / 더러움
* 제자리에 있음 / 길 잃음
* 샬롬(평화) / 혼란
* 소망 / 절망[37]

이는 단지 몇 가지 패러다임만 소개했을 뿐이다. 이 모두가 사
실이다. 이중 어느 것도 서로 모순되지 않으며 어느 것 하나만 가
장 중요하지도 않다. 문제는 서구 그리스도인이 유죄/무죄라는 렌
즈로 죄를 본다는 사실이 아니라, '오직' 그 한 가지 관점에서만 볼

때가 많다는 것이다. 그래서 전체 그림을 놓치고 만다. 죄가 단순히 법을 어기는 것 '이상'이라는 사실을 보기 전까지는 평생 역기능에 갇혀 살 수밖에 없다.

내가 볼 때 영성 형성에 특히 유익한 패러다임은 죄를 '영혼의 질병'으로 보고 구원을 '전인의 치유'로 보는 것이다. 기독교 심리학자로 트라우마 전문가인 댄 알렌더는 이렇게 말했다. "우리는 처음에는 좀처럼 죄의 실체를 보지 못한다. 죄는 우리를 기형으로 만드는 병이다."[38]

예수님의 이 말씀은 너무도 유명하다. "건강한 자에게는 의사가 쓸데없고 병든 자에게라야 쓸데 있나니 내가 의인을 부르러 온 것이 아니요 죄인을 불러 회개시키러 왔노라."[39] 예수님의 이 비유에서 죄는 질병과 같고, 그분은 의사시다. 회개는 단순히 재판장 앞에서 자비를 호소하는 데 머물지 않고 자기 상처를 의사에게 적극적으로 열어 보이는 것이다. 이 말씀을 근거로 옛 그리스도인들은 예수님을 "영혼의 의사"라고 불렀다.

사도 요한에게 가르침을 받았던 1세기 교부 안디옥의 이냐시오는 이렇게 말했다(이 말은 초대교회 지도자들의 구원관을 엿볼 수 있게 해 준다).

하지만 우리의 의사께서는 유일하게 참된 하나님이시다. ……
예수 그리스도 …… 그분은 타락에 노출되셨다. 이는 우리

영혼을 죽음과 타락에서 해방시키시기 위해서였다. 그리고
불경건하며 악한 정욕의 병에 걸린 우리 영혼을 치유하여 건강하게
회복시키시기 위해서였다.[40]

당신은 죄에 관해 이렇게 생각하는가? 죄를 치명적인 질병으로 보는가?

당신은 예수님에 관해 이렇게 생각하는가? 예수님을 영혼의 의사로 보는가?

신약성경에서 '구원받다'로 번역된 헬라어는 "소조"인데 이는 '치유되다'로 자주 번역된다.[41] 따라서 사복음서에서 예수님이 누군가를 '구원하셨다'라는 구절과 누군가를 '치유하셨다'라는 구절은 대개 같은 단어를 사용한다. 예수님은 일부러 구원과 치유 사이의 경계를 흐리셨다. 예수님은 12년간 만성 질병에 시달린 여인을 치유하신 뒤에 이렇게 말씀하셨다. "딸아 네 믿음이 너를 구원하였으니 평안히 가라."[42] 어떤 역본은 이 구절을 "너를 치유했으니"로 번역한다. 왜일까? 실제로 구원은 일종의 치유이기 때문이다.

구원은 단순히 죄를 용서받고 하나님과의 옳은 관계로 돌아가는 것은 물론 하나님의 사랑의 만지심으로 영혼이 치유받는 것이다. 아이러니하게도, 하나님과의 관계를 막는 죄는 오직 하나님만 치유하실 수 있다. 어쨌든 우리는 구원을 받아야 한다.

그리고 치유이자 구원의 시작은 그리스도인이 흔히 "고백"이

라고 부르는 것에 있다. 고백은 그 길을 따르는 제자의 핵심적인 습관이며, 많은 사람이 생각하는 것과 달리 고백은 다른 사람 앞에서 자신을 책망하고 비하하는 게 아니다. 고백은 사랑의 공동체 앞에서 자신의 망가짐과 악함을 용감하게 인정하면서 온전함을 향해 함께 나아가는 것이다. 고백은 죄의 고백 말고도 다른 진실도 고백하는 것이다. 즉 자신이 누구고 그리스도는 누구시며 자신이 그리스도 안에서 누구인지를 말하는 것이다. 고백은 숨은 곳에서 나와 모든 수치를 뒤로하고 하나님과 공동체의 품으로 들어가는 것이다.

고백은 죄를 다루는 일에서 우리가 해야 하는 역할이다. 하나님은 의사시며, 우리는 환자다. 우리가 할 수 있는 건 죄를 그분의 빛 아래에 두는 게 전부다. 그분의 역할은 우리 죄를 다루시는 것이고, 우리 역할은 비밀을 있는 그대로 고백하는 것이다. 고백은 공동체 안에서 하나님 앞에 자신을 숨김없이 드러낸 채로 사는 것이다.

고백에 관해 내가 아는 가장 좋은 사례는 AA에서 찾을 수 있다. AA에서는 사람들이 "안녕하세요, 제 이름은 _____입니다. 전 알코올중독자입니다"라고 말하며 자신을 소개한다. 이것이 고백이다. 그저 교회에서 머릿속으로만 하나님께 죄송하다고 말하는 건 고백이 아니다.

실효성 있는 영성 형성의 모델이라면 모든 면에서 AA를 닮아야 한다.[43] 이는 다음 세 가지 요소를 모두 갖춘다는 말이다. 첫째, 철저한 자기 인식과 정직과 고백. 둘째, 하나님의 능력에 대한 완전한 항복. 셋째, 당신을 사랑하는 동시에 당신이 참된 자아로 살도록 기꺼이 당신에게 어떤 질책도 아끼지 않는 끈끈한 사랑의 공동체. 이 세 개 다리 중 어느 하나라도 빠지면 의자는 넘어지게 마련이다.

치유로 가는 여행은 우리의 질병을 정확히 보는 데서 시작된다. 운동가 제임스 볼드윈은 이렇게 말했다. "우리가 직시하는 모든 것을 바꿀 수는 없지만, 직시하지 않고서 바꿀 수 있는 것은 아무것도 없다."[44]

문제는 우리 인간들이 현실을 직시하기를 거부한다는 사실이다. 인간의 자기기만 능력은 실로 엄청나다. 모르는 게 약이 아니다. 죄에 대한 무지는 피를 통해 전이되는 암이다. 치료를 위해서는 반드시 진단이 필요하다. 1,500년 전 폰투스의 에바그리우스는 이렇게 말했다. "구원의 시작은 자신을 비난하는 것이다." 이는 자신의 죄를 정확히 보고 자신의 상처를 하나님께 열어 보이기 전까지는 그 죄에서 구원받을 수 없다는 뜻이다.

우리의 진짜 모습을 '전부' 하나님의 사랑의 눈앞에 꺼내 놓으면서 시작해야 한다. 우리가 얼마나 사랑이 없는 존재인지를 하나님과 다른 사람 그리고 자신에게 솔직히 인정한 뒤에야 비로소 사랑이 더 많은 사람으로 변화하는 과정을 시작할 수 있다. 자신을 숨길수록 치유와는 거리가 멀어진다.

문제 2. 우리는 이미 형성되어 왔다

지금부터 말도 안 되는 가정을 한번 해 보자. 당신에게 치유할
만한 영혼의 암이 조금도 없다고 해 보자. 당신이 본래 선하고 온
전하다고 해 보자. 물론 우리 그리스도인은 전혀 그렇게 믿지 않는
다. 하지만 단지 지금 하는 논의를 위해, 당신의 영혼이 아무런 병
이 없는 백지 상태로 시작한다고 가정해 보자(쿨럭, 쿨럭).

당신의 목표가 예수님을 닮아 가는 거라면 여전히 커다란 문
제점이 있다. 그건 바로 당신이 이미 지금까지 (어떤 모습으로든) 형
성되어 왔다는 것이다. 우리가 지금의 모습에 이른 과정은 전 세계
과학과 영성 분야의 최고 지성도 완벽히 풀어내지 못한 불가사의
다. 따라서 이 문제를 진정한 겸손의 자세로 접근해야 한다. 하지
만 분야를 초월해서 놀라운 수준의 합의가 이루어진 사실이 한 가
지 있으니, 곧 우리 인간이 최소한 세 가지 기본 요인으로 형성된
다는 것이다.

1 // 우리가 믿는 이야기들

인간은 이야기를 만들어 내는 존재다. 극작가 보벳 버스터는 인간이 내러티브의 동물이라고 주장한다. 인간의 중추신경계는 의미를 찾도록 설계되었다. 신경학자들은 인간이 현실에 대한 "정신 지도"(mental maps)를 만든다는 표현을 사용한다. 우리는 집에서 일터나 마트, 좋아하는 커피숍으로 가는 법에 관한 정신 지도는 물론이고 성(性), 돈, 일, 하나님을 비롯한 삶의 '모든 것'에 대한 정신 지도를 만든다. 좋은 삶은 무엇이며 그런 삶을 어떻게 찾을지에 관한 이야기도 일종의 정신 지도다.

우리가 믿게 된 이야기들은 허다한 매일의 결정에 영향을 미친다. 그런 식으로 그 이야기들은 우리가 무엇을 하고(혹은 하지 않고) 어떤 사람이 되어 갈지에 영향을 미친다. 내 친구인 런던 킹스크로스교회(King's Cross Church)의 피트 휴즈는 이런 말을 즐겨 한다. "우리는 어떤 이야기 속에서 살든 그 이야기대로 살게 된다."

돈을 예로 들어 보자. 돈이 많을수록 더 행복하고, 좋은 삶의 열쇠는 성취와 축적이라는 현대사회의 일반적인 이야기를 믿으면 그 이야기가 우리를 특정한 종류의 사람으로 만들어 간다. 우리는 밤낮없이 일하고, 탐욕스럽고, 질투가 많고, 하나님에게서 멀어져 있고, 만족할 줄 모르고, 심지어 부정직하고 잔인하기까지 한 사람으로 빚어진다.

이와 반대로 우리는 돈에 관한 예수님의 시각에 따라, 삶의 좋은 것들이 전부 하나님의 선물이지만 거의 모든 사람에게 부(富)는 천국에 들어가기 어렵게 만드는 요인이라고 믿을 수 있다. 우리는 더 많은 것을 원하는 숨은 욕구에서 해방되는 길이 움켜쥐기보다 베푸는 것이라 믿을 수 있다. 단순함과 베풂, 환대라는 그분의 길을 따르면 '쉽고 가볍게' 사는 데 도움이 된다고 믿을 수 있다.[45] 이 이야기를 믿으면 그 이야기가 우리를 전혀 다른 사람, 예수님을 더 닮은 사람으로 형성한다.

그러니 당신의 이야기를 신중하게 선택하라. 그 이야기가 당신이 어떤 사람이 되어 갈지를 결정할 테니.

2 // 우리의 습관

지난 몇 십 년간 저널리스트 찰스 두히그가 말하는 "습관의 힘"을[46] 뒷받침하는 수많은 연구가 이루어졌다. 그 연구 결과를 요약하자면, 현재의 우리는 우리가 꾸준히 하는 습관들이 쌓인 결과물이다. 우리가 반복적으로 무엇을 하든 그것이 우리를 형성한다. 우리가 하는 것들이 우리에게 영향을 미친다. 그것들이 우리 존재의 중심으로 들어와 우리가 무엇을 사랑하고 갈망할지를 결정한다.

우리는 그냥 드라마를 보거나 와인을 마시거나 티셔츠 하나를 새로 샀을 뿐이라 생각하지만, 표면 아래서 더 많은 일이 벌어진다. 이런 행동은 우리 마음에 영향을 미친다. 이런 행동은 우리 속

사람이 서 있는 받침대를 어느 특정한 방향으로 돌리는 것이다. 이번에도 이런 행동 자체는 도덕적으로 중립적이며, 상황에 따라 선할 수도, 악할 수도 있다. 나의 요지는 우리가 무엇을 하든 그것이 우리를 형성해 간다는 것이다.

3 // 우리의 관계들

우리가 함께 어울리는 사람을 점점 닮아 간다는 사실을 이해하기 위해 굳이 임상심리학 박사 학위까지 필요하지 않다. 십중팔구 당신은 당신과 가까운 친구들처럼 입고, 투표하고, 생각하고, 돈을 쓰고, '살' 것이다. 우리 모두가 그렇다. 우리는 사랑하고 함께 살아가는 사람들의 모습으로 변하기 마련이다.

이 현상은 원가족 내에서 가장 두드러지게 나타난다. 그래서 "예수님이 당신 마음속에 계실지 모르지만 당신 뼛속에는 당신의 할아버지가 있다!"라는 말도 있다.[47] 이 말은 인종, 국적, 사는 도시, 출신 학교, 일터, 소셜 미디어 등에 두루 적용된다. 예수님의 제자로서 우리는 하나님 나라가 아닌 부모나 조상, 지지하는 정당, 사는 지역 등이 우리를 어떻게 형성해 왔는지(혹은 변질시켜 왔는지)를 최대한 정확히 파악해야 한다.

우리는 관념, 문화적 내러티브, 반복적으로 하는 생각, 생활 습관, 매일의 리듬, 소비 습관, 관계, 가족, 활동, 환경 등의 복합적인 망을 통해 지금 이 순간에도 계속해서 무언가로 형성된다. 그냥 아침에 눈을 떠서 삶을 살아가는 것만으로 형성이 이루어진다. 우리는 백지 상태라는 사치를 누릴 수 없다. 우리 안팎에서 이미 우리를 예수님과 '다르게' 형성해 가는 힘이 있다.

그러므로 기독교의 모든 형성은 말하자면 "반형성"(counter-formation)이다. 로마서 12장 2절에서 바울은 이렇게 말한다.

너희는 이 세대를 본받지 말고 …… 변화를 받아.

보다시피 본받는 것과 변화를 받는 것, 두 가지 선택 사항이 있다. 성경을 좀 더 자세히 들여다보면 여기서 두 동사는 현재형 수동태 명령어의 형태다. 다시 말해, '이미' 일어나는 뭔가를 계속해서 하라는 명령이다. 우리는 이미 이 세대를 본받고 있거나 변화받고 있다. 다른 선택지는 없다.

바울은 로마라는 도시에 있는 예수님의 제자들에게 이 글을 썼다. 당시 로마는 미국 로스앤젤레스는 저리 가라 할 만큼 사람들을 형성시키는 기계였다. 로마제국의 선전 부대가 표방한 목표는 모든 식민지 시민을 더욱 '로마인처럼' 만드는 것이었다. 반면에 바울의 목표는 로마인들을 더 '그리스도인처럼' 만드는 데 있었다.

그런데 사람을 가만히 내버려 두면 점점 그리스도를 닮은 모습으로 변화되기보다 세상을 더 본받는다는 점에도 주목해야 한다. 제자 훈련을 진지하게 여기지 않으면 시간이 갈수록 예수님을 '덜' 닮고 로마(혹은 미국 로스앤젤레스나 영국 런던 등)를 '더' 닮아 갈 가능성이 매우 높다는 뜻이다.

소설가 플래너리 오코너는 이런 조언을 했다. "우리를 미는 시대를 있는 힘껏 밀어내라."[48] 우리를 변형시켜 예수님 안에서의 잠재력을 이루지 못하도록 막으려는 힘들을 밀어내야 한다.

이것도 형성에 대한 감사(監査)로 시작되어야 한다. 즉 현재 우리를 세상, 육신, 마귀의 형상으로 기형적으로 변하게 하는 우리 삶 속의 모든 힘을 철저히 살펴봐야 한다. 그러고 나서 이것들을, 예수님의 형상으로 변화시키는 이야기와 습관과 관계로 대체해야 한다. 그러기 위해서는 삶의 '모든 것'이 영성 형성이라는 사실을 받아들여야 한다. 삶의 매 순간이 우리 마음을 형성하기 위해 마련된 신성한 의식 곧 전례와도 같다.

티시 해리슨 워런은 《오늘이라는 예배》(*Liturgy of the Ordinary*)에서 다음과 같이 말한다.

내 매일의 전례를 말 그대로 '전례', 즉 내가 사랑하고 예배하는 것을 드러내는 동시에 형성하는 것으로 보고 조사한 결과, 내 매일의 활동이 나를 변질시키고 있다는 사실을 깨달을 수 있었다. 나는 종일 덜 살아 있고, 덜 인간적이고, 사랑을 덜 주고받는 사람으로 변하고 있었다.[49]

해독제는 예수님의 방법을 실천하는 것이다. 주변 주된 문화와 다른 삶의 길을 선택해야 한다. 하나님과 연합하고 그분을 닮은 모습으로 형성되는 인생을 지향해야 한다. 세상을 밀어내야 한다. 예수님처럼 되기 위해, 성 이냐시오의 말처럼 "온전히 살아 있는" 인간이 되기 위해 예수님과 협력해야 한다.

당연히 여기에는 "어떻게?"라는 중요한 질문이 뒤따른다.

변화를 위한 실효성 있는 이론

미리 밝힌다. 지금부터 하는 말은 진리는 아니다. 하지만 도움이 되리라 생각한다. 다음 내용은 성경, 심리학, 신경생물학, 최고의 사회과학과 문학, 시 등을 최대한 종합해 보려고 시도한 것이다. 내가 실효성 있는 이론이라 부른 것은 명백한 사실이 아닌 '이론'이지만 실제로 '효과가 있기' 때문이다. 나는 목사이자 예수님의 제자로서 오랫동안 이 패러다임을 실천했다. 영혼을 위한 마법의 공식 따위는 없지만 이것이 변화로 가는 믿을 만한 길이라는 사실을 발견했다.

변화를 위한 다음 이론을 제대로 다루려면 따로 책 한 권을 할애해야 마땅하지만, 여기서는 전반적인 개요만 소개하겠다. 내가 발견한 가장 좋은 반(反)형성은 다음과 같다.

의도적인 영성 형성

가르침

성령

훈련　　　　　　　공동체

적극적

수동적

시간　- - - - - - - - - - -＞　고난

▨ 이 패러다임은 내 친구 제임스 브라이언 스미스의 책《선하고 아름다운 하나님》
　(The Good and Beautiful God)에서 가져왔다. 그의 책에 큰 빚을 졌다.

우리가 믿는 이야기들을 몰아내는 방법은……

1 // 가르침

이에 대해 "진리"라는 표현을 사용할 수도 있다. 예수님은 랍
비, 선생, 진리를 말씀하시는 분으로 오셨다. 왜일까? 영성 형성에
서 진리의 역할이 중심이기 때문이다. 내가 《거짓들의 진실》(Live
No Lies)에서 쓴 것처럼, 인간과 동물이 다른 점 중 하나는 인간의
상상력이다. 인간은 머릿속에 비현실을 담는 능력이 있다. 즉 우
리는 아직 존재하지 않는 것을 상상할 수 있다. 그리고 나서 우리
몸으로 그 비현실을 현실로 이룰 능력이 있다. 이 능력 덕에 소설
을 쓰고 화성까지 날아가며 새로운 요리를 하기까지 인간의 모든
창의적 활동이 가능하다. 그런데 안타깝게도 이 능력은 우리의 아
킬레스건이기도 하다. 우리는 머릿속에 비현실을 담을 수 있지만
또한 그 비현실을 '믿게' 될 수 있기 때문이다. 우리는 거짓을 믿고
나서 몸을 통해 그 거짓이 진실인 것처럼 살아갈 수 있다.

이것이 마귀가 에덴동산에서 하와에게 접근할 때 공감보다 관
념을 갖고 접근한 이유다. 탁한 사회의 관념들과 관념 체계는 마귀
의 주된 수단이다. 그런 관념은 우리로 하여금 거짓을 믿게 한다.

그런데 '최상'의 가르침은 단순히 우리에게 정보만 주지 않는
다. 우리의 머릿속에 훌륭한 삶의 비전을 불어넣는다. 이러한 비
전은 우리가 믿는 거짓 이야기들을 파헤친다. 또한 "이것은 참이고

저것은 거짓이다"라고 말해 준다. 이 비전은 우리가 믿는 대상을 바꾸며, 현실에 대한 우리의 지도를 변경하여 '진짜 현실'에 따라 살게 한다. 하나님의 지혜와 선한 의도에 따라 번성하게 이끈다.

물론 이를 위해 하나님에 관한 가르침보다 효과적인 것은 없다. A. W. 토저가 남긴 다음 말은 널리 알려져 있다. "하나님에 관해 생각할 때 머릿속에 가장 먼저 떠오르는 것이 우리에 관한 가장 중요한 것이다."[50] 우리는 점점 '하나님에 관해 우리가 머릿속에 그리는 그림'처럼 되어 가기 마련이다.

그래서 예수님의 길을 따르는 영성 형성은 우리가 하나님에 관해 품은 거짓 이미지들의 치유로 시작된다. 하나님에 관한 관념이 왜곡되었을 수 있다. 이를테면 하나님을 가혹하거나 비판적이거나 늘 화가 난 분으로 볼 수 있다. 혹은 그분을 그저 성적 쾌락을 옹호하는 자유방임주의자로 볼 수도 있다. 그런 경우, 신앙심이 깊어질수록 상태가 더 안 좋아진다. 우리는 우리가 믿는 하나님의 모습처럼 되어 가기 때문이다.

주변 세상에서 매일 우리에게 퍼붓는 새빨간 거짓말의 포화에 반격하려면 예수님의 도제로서 우리는 훌륭한 학생처럼 가르침과 진리를 받는 것을 중시해야 한다. 그러기 위한 방법은 여러 가지다. 몇 가지만 소개해 보면 다음과 같다.

* 성경 읽기

* 성경 암송
* 성경 공부
* 설교 듣기
* 팟캐스트 듣기
* 책 읽기
* 묵상

바울은 이를 '마음을 새롭게 하는 것'이라 표현했으며, 이것이야말로 우리 영성 형성의 열쇠다.

하지만 마음속에 옳은 관념을 집어넣는 작업은 어디까지나 출발선이다. 명심하라. 정보만으로는 변화되기에 충분치 않다. 우리의 습관을 바꾸기 위한 다음 방법은……

2 // 훈련

전기 작가 마태가 쓴 예수님의 이야기에서 그분의 가르침을 한데 모은 가장 중요한 설교집을 발견할 수 있다. 우리는 이를 "산상수훈"이라 부르며, 이 가르침은 값을 따지기 어려울 만큼 귀한 보물이다. 안타깝게도 오랫동안 교회는 이 가르침을 피할 방법을 찾아왔다. 많은 신학자가 이렇게 사는 것이 비현실적이고, 불가능하다고 주장했다.

하지만 자세히 읽어 보면 예수님은 높은 기준을 제시하셨지만 인간의 한계를 넘는 기준을 제시하시지는 않았음을 발견할 수 있다. 산상수훈에는 우리가 음욕을 품고 이혼을 원하고 사람들을 욕하고 돈을 사랑하고 미래에 관해 걱정할 것이라 가정한다. 그런데 우리가 놓치기 쉬운 점은 예수님의 길을 따라 살기 위해서는 훈련이 필요하다는 가정도 있다는 사실이다.

예수님이 설교의 포문을 여는 명령 직후에 '가장 먼저' 하신 말씀 중 하나다.

> 누구든지 이를 **행하며** 가르치는 자는 천국에서 크다 일컬음을 받으리라.[51]

예수님이 마지막으로 하신 말씀도 이와 비슷하다.

> 그러므로 누구든지 나의 이 말을 듣고 **행하는** 자는.[52]

예수님은 '행하라'는 명령과 함께 산상수훈을 시작하고 마치신다. 여기서 행하는 것은 곧 훈련을 의미한다. 하지만 오늘날 예수님을 따르는 것을 '훈련'으로 생각하는 이는 별로 없다.

리처드 포스터의 이야기로 돌아가 보자. 그는 북미 전역에서 수십 년간 영성 형성에 관해 가르친 뒤에, 대부분의 신자들이 열심히 '훈련하는' 것보다 열심히 '노력하는' 것을 통해 예수님처럼 자라갈 수 있다고 생각한다는 결론을 내렸다. 하지만 현실은 그 생각과 정반대다.

비유로 설명해 보겠다. 당신이 살이 쪄서 건강이 안 좋고 천식도 있는데 마라톤을 하고 싶다고 해 보자. 어떻게 해야 할까? 좋은 운동화 한 켤레를 사서 밖으로 나가 42.195킬로미터를 달리기 위해 '매우' 열심히 노력하면 과연 될까? 그래 봐야 헛수고다. 그러면 어떤 일이 벌어질까? 몇 킬로미터 못 가 길가에 쓰러져 숨을 헐떡일 것이다. 그건 당신이 현재 42.195킬로미터를 뛸 수 있는 사람이 아니기 때문이다.

물론 당신이 마라톤을 하는 게 불가능하지는 않다. 하지만 지금 당장은 불가능하다. 그렇다면 어떻게 해야 할까? 간단하다. 훈련해야 한다. 신발 끈을 꽉 메고서 밖으로 나가 1킬로미터를 뛰라. (안식일을 뺀) 매일. 다음 주에는 2킬로미터를 뛰라. 그다음 주에는 3킬로미터. 마라톤을 완주하려면 '장기적으로' 매주 1킬로미터씩 늘려야 한다. 3킬로미터가 5킬로미터가 되고, 5킬로미터가 40킬로미터가 된다. 그러면 어떻게 될까?

긴 시간 훈련을 하면 당신이 '달라진다.' 42.195킬로미터 달리기는 여전히 어렵지만(누구에게나 '항상' 어렵다) 더 이상 그 일이 아예 불가능하지는 않은 사람이 된다. 이제 마라톤 완주가 당신의 능력 안에 있다. 그리고 모든 훈련을 마친 뒤에는 상쾌한 기분이 들고, 건강과 에너지, 능력, 기쁨이 찾아온다.

한 번에 1킬로미터씩 훈련하면 마라톤을 완주할 수 있다. 문제는 이런 훈련의 관점에서 영성 형성에 접근하는 사람이 거의 없다는 것이다.

이 비유는 여기까지만 통한다. 나는 지금 펠라기우스주의 (Pelagianism)를 따라 꾸준한 자기 노력만으로 그리스도를 닮을 수 있다고 주장하는 게 결코 아니다. 내가 은혜에 관해 말했던 것을 기억하라. 우리가 변화되려면 우리 자신을 초월한 힘이 필요하다 (이에 관한 이야기는 곧 다시 하자).

나는 단순히 밖으로 나가서 노력하라는 게 아니라 예수님의 길을 '훈련해야' 한다는 말을 하는 중이다. 교회 안에서 노력에 반대하고 은혜에 찬성하는 목소리가 높은데도 여전히 많은 사람이 성경 지식과 의지력만으로 예수님의 가르침대로 살려고 시도한다. 우리는 "하나님을 의지하라" 혹은 "당신 자신의 힘으로는 할 수 없다"라는 상투적인 말을 자주 듣는다. 다 맞는 말이다. 하지만 가장 필요할 때 은혜에 의지하고 하나님의 능력을 힘입는 '방법'을 배우는 사람은 드물다.

자, 이 훈련이라는 개념을 좀 더 깊이 파고들어 보자. 내가 말하는 훈련은, 더 정확하게는 영적 훈련으로도 알려진 예수님의 습관이다. 이것들은 기본적으로 우리가 예수님의 제자로서 우리 몸의 자동적인 악한 반응을 성령의 반응으로 대체하려는 활동들이다. 이것들은 예수님의 라이프스타일을 본받아 그분의 삶, 곧 우리가 뼛속 깊은 곳에서 갈망하는 삶을 경험하기 위한 시도다.

자, 당신이 산상수훈에서 "염려하지 말라"는 예수님의 가르침에 순종하기를 원한다고 해 보자. 당신은 세상에서 걱정 없이 살기를 원한다. 그렇다면 어떻게 해야 할까? 마태복음 6장에 관한 좋은 설교를 듣고 나면 더는 걱정하지 않을까? 그런 방법이 통할까?

나는 그렇지 않을 것 같다. 거의 모든 이들에게 걱정 없이 살라는 말을 듣는 것은 마라톤을 하라는 말과도 같다. 당장은 실행하려고 해도 할 수가 없다. 아직은. 그렇다면 어떻게 해야 걱정 없이 살 수 있을까? 하나님을 철저히 의지함으로 두려움에서 해방된 사람이 되어야 한다. 그러려면 몸과 마음을 훈련(혹은 재훈련)해야 한다.

물론 우선은 마태복음 6장에 관한 좋은 설교를 들어야 한다. 하지만 거기서 끝나서는 안 된다. 안식일을 실천해야 한다. 오로지 하나님을 의지하는 훈련에 집중할 수 있는 하루를 따로 떼어 놓아야 한다. 그리고 골방으로 들어가 모든 두려움을 하나님 발치에 내려놓아야 한다. 그리고 공동체 안에 살면서 하나님을 의지하라고 서로 격려해야 한다. 그리고 우리 마음이 헛된 욕심에서 해방되도록 베풂을 실천해야 한다. 그 밖에도 여러 가지로. 그러면 오랜 시간에 걸쳐서 걱정이 점점 평안과 하나님에 대한 흔들림 없는 믿음에 자리를 내준다.

부디 노력하지 말고, 훈련하라. 부단히 연습하라.

3 // 공동체

혼자서는 예수님을 따를 수 없다. 그러지 말아야 하는 게 아니라 그럴 수가 없다. 혼자서 예수님을 따르는 것은 아예 불가능하다. 예수님은 한 명이 아닌 여러 제자를 부르셨다. 예수님은 공동체 안에서 받는 도제 수업으로 사람들을 부르셨다.

공동체는 영적 성장을 위한 인큐베이터와 같다. 조셉 헬러먼 박사는 이렇게 말했다. "오랫동안 유지되는 대인 관계는 그리스도인의 삶에서 진정한 진보를 이루기 위한 용광로다. 오래 머무는 사람이 성장한다. 금방 떠나는 사람은 성장하지 못한다."[53]

구원 자체가 공동체적인 경험이다. 신약성경에서 구원에 관한 주된 비유 중 하나는 입양이다. 예수님의 대속의 역사 덕분에 우리는 하나님의 가족으로 입양되었다. 직접 자녀를 입양한 사람으로서 이 비유는 내게 특히 더 와닿는다. 우리 부부는 딸 선데이를 입양했다. 그 즉시 선데이는 나의 딸이자, 주드와 모지즈와 형제자매 사이가 되었다. 아이들은 (대개는) 아주 잘 지낸다. 하지만 설령 서로 사이가 좋지 않다 해도 선데이에게 다른 선택권은 없다. 선데이가 우리 가족이 되려면 우리 부부의 딸인 동시에 우리 아이들과 형제자매가 되어야 한다.

우리의 구원도 마찬가지다. 우리는 아버지 하나님의 아들딸이며 서로에게는 형제자매가 된다. 그리고 심지어 함께 지내는 게 정말 어려울 때도 이는 정말 좋은 소식이다. 망가진 인간 상태의 중심에는 '망가진 관계'가 있다. 하나님과의 관계와 사람들과의 관계가 다 망가져 있다. 인류의 타락으로 사랑이 부서졌다. 상처와 배신, 외로움이 인간의 영혼을 망가뜨리고 있다. 예수님은 도제 수업을 통해 우리를 영광스러운 사랑의 새 가족으로 형성함으로써 우리를 이 망가짐에서 구원하셨고 구원하고 계시며 구원하실 것이다.

우리가 이 최종 회복의 날을 기다리는 동안, 아름다우면서도 깊은 흠이 있는 예수님의 가족 곧 교회의 삶에 참여하는 것이 반드시 필요하다.

진지한 그리스도인은 어떤 공동체 '형태'가 최상인지를 놓고 논쟁을 벌이곤 한다. 대형교회가 최상인가, 가정 교회가 최상인가? 혹은 전례적 교회와 오순절 교회, 설교 중심 교회 같은 교회 전통의 세부적인 차이점을 놓고 논쟁을 벌인다. 하지만 나는 나이가 들수록 형태와 전통에 관심이 점점 줄어들었다. 형태와 전통마다 장단점이 있기 때문이다. 중요한 것은 이런 장단점을 알고 각자의 상황에서 최선을 다하는 것이다.

이제 나는 교회의 '문화'에 더 관심이 간다. 무대를 중심으로 수천 명이 모였든 탁자 주위에 10여 명이 앉았든, 현대의 록발라드에 맞춰 찬양을 하든 조용히 옛 기도문을 읽든, 내가 관심을 갖는 질문은 따로 있다. "이 공동체가 사람들을 더 높은 수준의 도제로 성장시키는가, 아니면 오히려 사람들을 더 미성숙하게 만드

157

는가?"

당연한 말이지만 교회에 관해 추상적으로 이야기하는 것은 위험하다. 디트리히 본회퍼는 이렇게 말했다. "기독교 공동체 자체보다 그 공동체에 관한 자신의 꿈을 더 사랑하는 사람들은 개인적인 의도가 아무리 정직하고 진심이고 희생적이라 해도 그 공동체를 파괴하게 된다."[54] 그는 이것을 이상적인 교회에 관한 "희망적인 꿈"이라고 불렀다. '실제' 교회 중에 이상적인 교회에 관한 바람이자 꿈에 부응할 수 있는 교회는 없다. 그래서 사람들은 교회를 완전히 떠나거나 냉소주의에 빠지고 만다.

우리는 '지금 이 교회'의 '지금 이 목사'와 '지금 이 성도들'을 품어야 한다. '이런 흠'을 용서하고 '이런 장점'을 기뻐해야 한다. 공동체는 언제나 '현실'과 구체적으로 부딪치는 여행이다. 10년 넘게 매우 끈끈한 공동체 안에서 살아 보니 솔직히 나 역시 쉽지는 않다. 하지만 그만한 가치가 있는 씨름이다. 깊은 고통에 괴로워했던 순간도 많았지만 너무 좋았던 순간도 많았다. 공동체는 시간 속에서 영원을 엿보는 경험이다.

4 // 성령

이제 하나님의 임재 연습으로 돌아왔다. 하나님은 우리 변화의 궁극적인 원천이시다. 여기서 마라톤 비유는 더 이상 통하지 않는다. 영적 훈련은 달리기처럼 단순히 우리의 의지력을 키워 주지 않는다. 영적 훈련은 우리 자신을 '초월한' 변화의 능력에 열게 해 준다.

물론 우리는 하나님과 함께 우리의 영성 형성에 참여해 자신의 역할을 다해야 한다. 하지만 이 협력은 50 대 50의 협력이 아니다. 정확히 몇 대 몇이라고 말할 수는 없지만 정말 무거운 부분은 다 하나님이 들어 주신다고 할 수 있다. 우리 영혼의 가장 망가진 구석을 변화시키고 치유하고 고치고 새롭게 할 수 있는 것은 오직 하나님의 능력뿐이다.

우리의 속사람이 그리스도를 닮는 것은 영적 훈련을 적절히 적용하거나 '좋은 교회'를 찾거나 옳은 삶의 기법을 터득할 때 나타나는 결과가 아니다. 이는 언제나 전적으로 은혜의 결과다. 그리스도를 닮은 성품을 얻기 위해 자신의 힘으로 죽도록 노력해 보라. 그리고 나면 그런 성품이 철저히 하나님의 선물임을 절감하리라. 이건 직접 경험해 봐야 하는 패러독스다.

긴 영적 여정의 끝에서 자신이 얼마나 멀리까지 왔는지를 돌아보면 모든 성도와 함께 다음과 같이 인정할 수밖에 없다. 전인의 치유인 "구원하심이 보좌에 앉으신 우리 하나님과 어린양에게 있도다."[55]

5 // 시간
우리는 하루아침에 예수님처럼 되지 않는다. "한 방향으로의 오랜 순종"을 통해서만 그렇게 될 수 있다.[56] 오늘날과 같은 즉각적인 만족의 문화에서는 이런 과정이 인기가 없다. 하지만 영혼을 위한 즉효약은 없다. '시간'이 필요하다. 물론 여기서 '시간'은 두 가지 의미를 지닌다. 첫째, 우리의 형성은 '오랜' 시간, 즉 평생이 걸린다. 둘째, '많은' 시간이 걸린다. 그리고 여느 관계처럼 많은 시간을 투자할수록 큰 결과를 얻을 수 있다.

예수님을 얼마나 오래 따랐는지가 성숙의 주된 요인이지만, 일상에서 그분께 '얼마나 많은 시간'을 투자했는지도 주요한 요인이다. "너무 바쁘다"는 영성 형성에 가장 잦은 대다수의 변명이자 가장 큰 걸림돌이다. 하지만 솔직히 우리 대부분은 이미 많은 시간을 '허비하고' 있다. 보통 밀레니얼 세대는 하루에 거의 네 시간 동안 휴대폰을 본다.[57] 35-45세 사이의 성인 대부분이 '하루에' 두세 시간가량 텔레비전을 시청한다. 이 둘을 합치면 거의 하루 근무 시간에 육박한다. 이 시간의 10분의 1만 생산적으로 활용해도 얼마나 많은 걸 할 수 있는지 생각해 보라.

성자는 단지 오랜 시간 꾸준히 예수님과 동행해 온 평범한 도제일 뿐이다.

마지막으로……

6 // 고난

아마 아무도 듣고 싶지 않을 우리의 마지막 요지는, 우리가 두려워하고 어떻게든 피하려는 인생의 가장 힘든 순간이 우리를 정금처럼 단련시키는 용광로라는 사실이다. 인생의 고난을 지나며 우리 영혼이 예수님을 닮아 가는 경우가 가장 많다.

모든 신약성경 기자들이 이 신성한 신비를 증언한다. 야고보는 시험이 우리 안에 "인내", 나아가 "온전"(성숙)을 낳기에 "여러 가지 시험을 당하거든 온전히 기쁘게 여기라"고 말한다.[58] 바울은 인내가 "연단을, 연단은 소망을" 이룬다고 말한다.[59] 베드로는 시련이 불순물을 태워 정금을 드러내는 정련의 불과 같기 때문에 시련 중에 "크게 기뻐"하라고 촉구한다.[60]

그렇다. 우리가 두려워하고 어떻게든 피하고 고통을 덜고 부정하려고 애쓰는 것에 바로 우리의 자유를 위한 비밀이 담겨 있다. 이렇게 힘들고 감정적으로 고통스러운 시간에 우리 자신을 하나님께 열면 흔들리지 않고 늘 기뻐하는 사람으로 변할 수 있다. 고난을 통해 슬픔이 우리에게서 빠져나간다.

어떤 일로 당신의 영혼이 아파하는가? 마음의 고통은 오직 신음을 통해서만 표출될 수 있다. 그리고 그렇게 고통을 표출하는 순간이 자유를 얻는 순간일 수 있다. 조건은 단 하나뿐. 고통을 하나님께 열어 보이라.

자, 우리의 질문으로 돌아가 보자. 우리가 정말로 예수님처럼 될 수 있을까? 변화가 가능할까? 물론 가능하다. 하지만 변화는 저절로 이루어지지 않는다. 지금까지 형성되어 온 과정을 뒤엎기 위한 의도적인 계획이 필요하다. 하지만 어쨌든 당신은 변할 수 있다. 자랄 수 있다. 자유로워질 수 있다. 치유받을 수 있다(혹은 예수님의 표현처럼 구원받을 수 있다).

빅뉴스:
내가 통제할 수 없다!

마지막으로 한 가지만 분명히 짚고 넘어가고 싶다. 우리의 영성 형성은 우리 자신이 통제할 수 없다. 이는 오늘날 예수님의 제자들에게 '가장 어려운' 교훈 중 하나다. 우리는 자신의 영적 여행도, 인생의 환경 대부분도, 하나님도 통제할 수 없다.

지금은 디지털 시대다. 실제로, 지난 몇 년간 미국을 비롯한 여러 나라에서 나타난 사회 정치적 혼란에 대한 한 가지 해석은 정치적 혼란이 절대 아니라는 것이다. 이 혼란은 산업 사회에서 디지털 사회로 넘어가면서 나타난 사회적 혼란이다.[61] 우리는 인류 역사상 가장 중요한 변곡점에서 살고 있으며, 불과 몇 십 년 사이에 온 세상이 뒤집어진 것에 심한 현기증을 느낀다.

실리콘 밸리에서 자라난 나는 누구보다 첨단 기술의 힘을 잘 안다. 하지만 디지털 기술은 우리 세대 형성에 최소한 세 가지 나쁜 영향을 미쳤다. 디지털 기술은 삶이 다음과 같을 거라고 기대하게 만들었다.

① 쉽다.
② 빠르다.
③ 통제 가능하다.

클릭 한 번이면 20분 뒤에 마법처럼 저녁 식사가 문 앞에 도착하는 시대니까 말이다. 결국 우리는 뭐든 우리가 원하는 결과를 최소한의 노력으로 빨리 얻을 수 있다고 기대하게 되었다. 우리는 영성 형성에 대해서도 이런 마음가짐으로 접근할 때가 많다. 즉 우리는 옳은 기법이나 꿀팁만 있으면 영혼의 문제를 해결할 수 있다고 생각한다. 하지만 현실은 전혀 다르다. 예수님의 모습으로 형성되어 가는 과정은……

① 어렵다.
② 느리다.
③ 내가 통제할 수 없다.

인간 영혼의 형성에는 즉효약이나 지름길 따위는 없다. 인간 영혼의 형성은 클릭 한 번으로 음식을 주문하는 것보다 포도원을 가꾸는 작업에 더 가깝다.

변화를 위한 실효성 있는 이론을 찾을 때의 위험은 '옳은 영적 테크닉을 터득하기만 하면 완벽한 사람으로 형성될 수 있다'는 착각에 빠질 수 있다는 것이다. 하지만 살다 보면 그것이 얼마나 지독한 착각인지를 깨닫게 된다. 프랑스 철학자 자크 엘룰은 서구의 "테크닉" 집착증을 중세의 마법에 비교했다. 이는 현대의 미신이며, 그 본질은 우리가 절대 통제할 수 없는 것을 통제하려고 시도하는 것이다.[62]

통제 욕구가 강한 성격의 소유자들은 영성 형성을 진지하게 받아들이기가 힘들다. 그들은 영성 형성의 습관을 상황을 통제하려는 시도로 변질시킬 수 있다. 하지만 오히려 영성 형성을 통해 우리는 스스로 상황을 통제할 수 있다는 환상을 하나님 앞에 내려놓아야 한다.

우리로서는 이것이 마음에 안 들 수 있지만 사실 '정말 좋은' 소식이다. 우리는 스스로를 구원할 수 없을 뿐 아니라 그럴 필요도 없다. 우리는 예수님께 구원받았고 받고 있으며 받을 것이다. 오직 그분만 그러실 수 있다. 그분은 선한 목자시며, 우리 역할은 그냥 그분을 따르는 것이다. 우리는 좋을 때나 힘들 때나 변함없이 그 길을 따라가야 한다.

우리가 원하는 사람이 되기까지는 오랜 시간이 걸릴 수 있다. 몇 년, 심지어 몇 십 년이 걸릴 수도, 60대 이후까지도 눈에 띄는 변화가 안 보일 수도 있다. 애벌레가 나비로 변하는 것처럼 우리가 아름다워지기까지 어둡고 힘든 시간이 길게 이어질 수 있다. 이 땅에서 우리의 인생 여정이 끝날 때까지 기다려야 할 수도 있다. 하지만 그만한 가치가 있고도 남을 것이다. 예수님의 말씀처럼 우리는 극심한 산통 후에 "세상에 사람 난 기쁨으로 말미암아 그 고통을 다시 기억하지" 않는 어머니처럼 될 것이다.[63]

물론 이생에서 그리스도를 닮아 가는 건 가능한 일이다. 우리는 치유될 수 있다. 집안 대대로 내려온 망가진 패턴에서 해방될 수 있다. 사랑과 기쁨과 평강으로 가득한 사람으로 변할 수 있다. 하나님과의 연합에서 오는 지극한 기쁨으로 우리 영혼이 전율할 수 있다. 우리 몸이 성전이 되고, 우리가 사는 곳이 거룩한 땅이 될 수 있다. 우리의 사는 나날이 시간 속 영원이 되고, 우리의 매 순간이 기적이 될 수 있다.

때가 되면 그리될 것이다. 하지만 지금 주님의 부르심은 단순하다. "나를 따라오라."

Do as He did

목표 #3
예수님처럼
하는 것

성령을 힘입어 이 땅에 하나님 나라를 가져오는 것

"가서 모든 종류의 사람들을 도제로 삼으라."[1] 성경은 예수님이 도제들에게 마지막으로 하신 말씀을 이렇게 기록한다. 이는 랍비가 훈련을 마친 모든 학생에게 했던 말이다. 기억하는가? 랍비의 목표는 단순히 가르치는 데 그치지 않고, 제자가 자신의 가르침과 삶의 길을 '이어 가도록' 키우는 것이다. 오늘날에도 랍비는 임명을 받자마자 "많은 제자를 키우라"는 임무를 받는다. 이는 예수님 당시로 거슬러 올라가는 전통이다.[2]

예수님이 시몬과 안드레에게 "나를 따라오라 내가 너희로 사람을 낚는 어부가 되게 하리라"[3]라고 말씀하신 것은 주책없는 설교자의 말장난이 아니었다. 사람들을 지옥행에서 건져 내라는 부름도 아니었다. 1세기에 "사람을 낚는 어부"는 위대한 랍비에 대한 존경의 표현이었다.[4] 최고의 선생은 듣는 이들의 마음과 상상을 사로잡는 힘을 지녔기 때문이다. 그러니까 예수님은 이렇게 말씀하신 것이다. "내 밑에서 도제 수업을 받으라. 내가 하는 것을 너도 하도록 가르쳐 주겠다."

사도행전 1장 1절에서 누가는 이렇게 썼다. "내가 먼저 쓴 글(누가복음)에는 무릇 예수께서 행하시며 가르치시기를 시작하심부터." 여기서 동사에 주목하라. "시작하심." 그렇다면 사도행전은 예수님의 제자들이 '계속해서' 행하고 가르친 것에 관한 책이다. 실제로 그렇다. 사도행전은 예수님의 사역이 어떻게 계속 이어졌는지를 기록한 책이다. 누가복음에서 예수님이 행하신 일(병자를 치유하고, 귀신을 쫓고, 복음을 전한 일)을 사도행전에서 그분의 도제들이 계속해서 한다. 이는 도제 수업을 마친 제자(탈미드)가 당연히 해야 하는 일이었다. 즉 제자는 랍비가 행한 대로 행해야 했다.

학습 이론가들은 도제 수업을 네 단계의 훈련 과정으로 분석한다.

① 내가 하고, 너는 지켜본다.
② 내가 하고, 네가 돕는다.
③ 네가 하고, 내가 돕는다.
④ 네가 하고, 내가 지켜본다.[5]

예수님의 도제 수업에서 정확히 이 과정을 볼 수 있다. 처음에 제자들은 그저 예수님을 따라다니며 지켜보았다. 시간이 지나자 그들은 예수님을 돕기 시작했다. 조금씩 예수님의 사역도 하기 시작했다. 처음에는 실수도 하면서 적잖은 피드백을 들었다. 나중에는 예수님의 이름과 능력으로 그분이 시작하신 일을 이어 가도록 파송받았다. 그렇게 세 번째 목표인 '예수님처럼 하는 것'에 이른다. 도제의 마지막 목표는 스승의 일을 이어 가는 것이다. 바로 이것이 도제 수업의 궁극적인 목표다.

우리 교회 교인 중에 4년 과정의 배관공 수련을 받는 도제가 있다. 그의 목표는 배관에 관한 책을 많이 읽고 가끔 물이 새는 자기 집 화장실 수도꼭지나 고치려는 게 아니다. 그의 목표는 수련을 마친 뒤 배관공이 되는 것이다.

우리 교회에는 의대생도 많다. 의사가 되기 위한 수련 기간은 훨씬 더 긴 12년 이상이다. 대화를 나눠 보면, 그들의 최종 목표는 의학 드라마 〈그레이 아나토미〉(Grey's Anatomy)나 보면서 모든 전문 용어를 숙지하는 데 있지 않다. 그들의 목표는 의사로서 환자들에게 의술을 행하는 것이다.

매우 단순한 개념인데 너무도 많은 그리스도인이 이를 놓친다. 명심하라. 당신이 예수님의 도제라면 당신의 최종 목표는 예수님이 하신 모든 말과 행동을 할 수 있는 사람으로 성장하고 성숙해지는 것이다.

아이들은 대개 이 점을 본능적으로 안다. 아이들은 선한 사마리아인 이야기를 읽고 나면 도로에서 타이어 바람이 빠진 자동차를 볼 때마다 아빠에게 차를 세우라고 소리친다. 예수님은 "가서 너도 이와 같이 하라"라는 말씀으로 이 이야기를 마치셨기 때문이다.[6] 아이들은 예수님이 병자를 고쳐 주신 이야기를 듣고 나서 유치원에서 감기에 걸린 친구를 보면 꼭 껴안고 기도해 준다. 하지만 세월이 가면서 우리 안에서 무언가가 변한다. 우리는 그런 충동을 억누르도록 사회적으로 길들여진다.

그런데 그 충동이 성령이시라면? 마음속의 그 느낌이 '가서 예수님처럼 하도록 만드시는' 성령이시라면? 더 정확히 말하면, 예수님이 '나'라면 하실 일을 성령이 나로 하여금 하도록 만드시는 거라면? 달라스 윌라드는 "제자"를 '예수님이 나라면 어떻게 사실지를 생각한 뒤 그대로 사는 것을 궁극적인 목표로 삼은 사람'으로 정의했다.

"예수님이라면 어떻게 하셨을까?"라는 물음을 기억하는가? 정말 좋은 질문이다. 하지만 훨씬 더 좋은 질문은 "예수님이 나였다면 어떻게 하셨을까?"다. 왜 이것이 더 좋은 질문일까? 우리는 1세기에 독신으로 사는 유대의 랍비가 아니기 때문이다. 우리는 21세기를 사는 엄마, 대학교 신입생, 스타트업 기업 부사장, 프리랜서 그래픽 디자이너다.

현재 당신이 두 살배기 아이를 키우거나 유치원에서 아이들을 가르치거나 컴퓨터 프로그램을 만들거나 도심의 새 건물에 냉난방 설비를 설치하는 전문가라면 "예수님이라면 어떻게 하셨을까?"란 질문에 답하기가 다소 어려울 수 있다. 두 살배기 아이를 키울 때는 후자의 질문이 훨씬 더 쉬울 것이다. 성별, 사는 곳, 성격, 나이, 인생의 단계, 직업, 재산 수준이 나와 같다면 예수님은 과연 어떻게 하셨을까? "예수님은 _____ 문제를 어떻게 다루셨을까?" 예수님의 도제에게는 삶 전체가 이 질문에 답하는 과정이어야 한다.

요한은 예수님의 도제로서 신약에서 이렇게 말한다. "이로써 우리가 그의 안에 있는 줄을 아노라 그의 안에 산다고 하는 자는 그가 행하시는 대로 자기도 행할지니라."[7]

내가 삶의 본보기로 예수님을 제시할 때마다 사람들은 이렇게 생각한다. '물론 그렇게 해야지. 하지만 그분은 하나님이셨어. 나는 그냥 나일 뿐이고. 내가 나가서 병자를 치유하고 기적을 행할 수는 없어.'

어떤가? 맞는 말인가?

원형이신 예수

신약성경 기자들은 예수님을 "첫 열매"라고 부른다. 이는 예수님이 사시던 1세기 농경에 관한 비유다. 첫 열매는 가을 추수의 첫 싹이었다. 곧 큰 수확이 나타난다는 징조였다. 예수님은 '모든' 제자에게 나타날 것의 첫 징조시다. 어떤 학자들은 이 헬라어를 "원형"으로 번역한다.[8] 즉 예수님은 완전히 새로운 종류의 인류의 첫 인간이셨다. 해석하자면 이렇다. 이 땅에 계실 당시의 예수님은 지금 우리가 될 수 있는 인간의 처음 버전이다. 예수님은 당신과 내가 삶을 쏟아부어야 할 주형이다.

안타깝게도 대부분의 서구 사회의 그리스도인은 예수님 이야기, 특히 기적 이야기를 우리가 살아야 할 삶의 주형이 아니라 '예수님이 하나님이셨다는 증거'로만 읽는다. 이렇게 된 원인은 수백 년 전의 계몽주의 시대로 거슬러 올라간다. 당시 서구 사회의 엘리트들은 "우리는 단지 예수님을 위대한 선생으로만 본다"라고 말하기 시작했다(그래서 그들은 예수님의 가르침 중 무엇을 따르고 무엇을 무시할지 취사선택하면서 자신들이 원하는 대로 살아갔다.[9] 이 패턴은 오늘날까지 이어져 온다).

또 일부 진지한 그리스도인은 이렇게 반박했다. "기적이 일어난 이야기들을 보라! 한낱 인간은 병자를 고치고 귀신을 쫓아낼 수 없다. 물을 포도주로 바꾸거나 물 위를 걷는 것은 더더욱 불가능하다!"[10] 물론 이 말은 좋은 의도로 한 주장이었다. 하지만 이 논리에는 치명적인 흠이 있어, 전혀 의도치 않게 안타까운 결과가 나타났다.

먼저, 치명적인 흠은 이렇다. 물론 예수님은 기적을 행하셨다. 하지만 제자들과 그 이전의 히브리 선지자들도 기적을 행했다. 사도행전을 읽어 보라. 제자들도 병자를 고치고 귀신을 쫓아냈다.

173

심지어 죽은 자를 살리기도 했다! 하지만 아무도 그것을 '그들이 하나님이었던 증거'로 보지 않는다. 자, 문제점이 눈에 들어오는가? 이 그릇된 논리의 비극적인 결과는 이렇다. 예수님이 '하나님이셨기에' 그런 일을 행하신 거라면 우리는 하나님이 아니기에 그분이 하신 일을 할 수 없다. 1+1=2처럼 답이 분명하다.

하지만 여기서 흥미로운 질문이 발생한다. 그러면 예수님은 그런 능력을 어디서 얻으셨을까? 보통 사람은 죽은 자를 살릴 수 없다. 간단하게 답한다면, "성령에게서"다. 누가복음은 이 점을 가장 분명하게 전한다. "예수께서 성령의 능력으로 갈릴리에 돌아가시니." 갈릴리에서 안식일에 예수님은 두루마리 성경을 펴서 이사야서를 읽으셨다.

> 주의 **성령**이 내게 임하셨으니 이는 가난한 자에게 복음을 전하게
> 하시려고 내게 기름을 부으시고 나를 보내사 포로 된 자에게
> 자유를, 눈먼 자에게 다시 보게 함을 전파하며 눌린 자를 자유롭게
> 하고 주의 은혜의 해를 전파하게 하려 하심이라 하였더라.[11]

해석하자면 이렇다. 예수님은 하나님의 능력에 연결되어 이런 일을 행하셨다. 성령의 능력을 의지하는 삶을 통해 그렇게 하신 것이다.

예수님의 성육신에서 우리는 진짜 하나님, 참된 하나님이 어

떤 모습인지를 본다. 우리의 상상이나 두려움 속에 있는 가공의 하나님이 아닌 실제 하나님을 본다. 단순히 예수님이 하나님이신 것이 아니라 하나님이 예수님이시다. 성공회 대주교 마이클 램지의 표현을 빌리자면, "하나님은 그리스도를 닮으셨고, 그분 안에는 그리스도를 닮지 않은 부분이 전혀 없다."[12] 하지만 잘 들어 보라. 예수님의 성육신에서 우리는 '진짜 인간, 참된 인간이 어떤 모습인지'도 본다. 하나님이 태초부터 염두하셨던 모습, 곧 인간이 하나님과 다시 연합하면 될 수 있는 모습을 본다.

따라서 기적 이야기를 읽을 때 그냥 '아, 예수님은 하나님이셨구나'라고만 생각하지 말라. 물론 예수님은 하나님이셨다. 하지만 이런 생각도 하라. '와, 이것이 성령의 능력으로 사는 진짜 인간, 참된 인간이 할 수 있는 것이구나.'

예수님은 십자가를 지실 시간이 다가오자 제자들에게 이렇게 말씀하셨다.

나를 믿는 자는 내가 하는 일을 그도 할 것이요.

예수님은 무엇을 하셨는가? 병자를 치유하고, 귀신 들린 사람을 구하고, 기적을 행하는 일 등을 하셨다.

또한 그보다 큰일도 하리니 이는 내가 아버지께로 감이라.[13]

더 큰일? '기적'보다도 큰일? 신약 학자들은 여기서 예수님이 말씀하신 "그보다 큰일"이 정확히 무엇을 의미하는지를 놓고 논쟁을 벌인다.[14] 하지만 한 가지만큼은 학자들 의견이 일치한다. "그보다 큰일"이 최소한 '그보다 작은 일'은 아니라는 것이다.

이는 당장 가까운 장례식장 영안실로 달려가서 열광적으로 기도하라는 말이 결코 아니다. 예수님이 보여 주신 능력, 베드로와 바울을 비롯한 초기 사도들도 보여 준 능력, 바로 그 능력이 당신과 내 안에도 있다는 뜻이다. 우리가 예수님처럼 아버지 하나님께 항복하고 성령의 감동하심에 우리 자신을 열면 우리도 그런 힘을 발휘할 수 있다.

이것이 우리가 "예수님이 나였다면 하실 법한 일"을 할 수 있는 유일한 길이다. 예수님이 성령의 능력으로 사역을 하셨다면 우리는 같은 일을 감당하기 위해 '얼마나 더 많은' 성령의 능력이 필요할까?

감사하게도 좋은 소식이 있다. 예수님은 우리가 타고난 능력과 재능, 에너지에 의존하도록 놔두시지 않았다. 예수님은 우리에게 성령을 부어 주사 '그분의' 능력을 힘입을 수 있게 해 주셨다. 그래서 우리는 우리 자신의 매우 제한된 능력으로 우리 일을 하지 않는다. '그분의' 능력으로 '그분의' 일을 하는 것이다.

예수님은 그분의 능력을 맡길 수 있는 제자들을 찾고 계신다. 그런 제자가 되고 싶은가? 은혜로 능력을 잘 관리하는 사람이 되고 싶은가? "온 천하에 다니며" 예수님이 당신이라면 하실 일을 하고 싶은가? 당신이 지금까지 이 책을 읽었다면 필시 그러고 싶을 것이다.

그런데 이 대목에서 매우 흥미로운 의문이 생긴다. 예수님은 정확히 무엇을 하셨는가?

영성 작가 헨리 나우웬은 예수님의 삶이 '고독'에서 '공동체'를 거쳐 '사역'으로 이어지는 연속체를 따라 이루어졌다고 말했다.[15] 그렇다면 예수님의 '사역'은 무엇이었는가? 예수님은 하나님 나라를 가져오기 위해 무엇을 하셨는가? (영적 훈련의 공식적인 목록이 없는 것처럼) 예수님이 하신 일에 관한 공식적인 목록은 없다. 하지만 예수님의 사역을 세 가지 기본적인 리듬으로 분류해서 보면 도움이 된다.

리듬 ① 복음을 위한 공간 만들기
리듬 ② 복음 전하기
리듬 ③ 복음을 증명해 보이기

리듬 1. 복음을 위한 공간 만들기

점점 더 탈기독교 문화로 치닫는 이 시대에 복음에 대한 따스한, 심지어 중립적인 태도조차 보기 힘들다는 것은 더는 비밀이 아니다. 오늘날에는 복음에 대한 '적대적'인 태도만 가득하다. 많은 사람이 '기독교'를 해법이 아닌 문제의 일부로 본다.[16] 세상 사람 대부분이 복음에 한 톨의 관심도 없다. 그들은 다른 곳에서 구원을 찾는 편을 택한다.

하지만 이런 상황은 전에도 있었다. 예수님 당시에도 많은 사람이 복음에 적대적이었다. 얼마나 적대적이었던지 결국 예수님을 죽였다.

적대 감정이 이토록 들끓는 환경에서 어떻게 하나님을 위한 공간을 만들어 낼 수 있을까?

예수님처럼 하면 된다. 먹고 마시면 된다. 누가복음 19장은 예수님이 삭개오의 집에 가서 저녁 식사를 하겠다고 하시는 훈훈한 장면을 기록한다. 삭개오는 로마제국을 위해 동포인 유대인들에게 사기를 쳐서 (매우 풍족하게) 생계를 꾸리는 세리였다. 홀로코스트 당시 폴란드의 나치 밀고자를 상상해 보라. 삭개오가 얼마나 미움을 받았을지 충분히 짐작해 볼 수 있다. 그런데 그의 집에 예수님이 계셨다. 예수님은 손님이라기보다는 '주최자'로 그곳에 가셨다. 그리고 삭개오는 예수님의 도제가 되었다.

"뭇 사람이 보고 수군거려 이르되 저가 죄인의 집에 유하러 들어갔도다 하더라."[17]

우리는 이 이야기를 훈훈하게 받아들이지만 당시 사람들은 이 상황을 몹시 기분 나쁘게 받아들였다. 왜일까? 식사는 인류학자 메리 더글러스가 말한 "경계 표지"(boundary markers)이기 때문이다.[18] 식사는 사람들을 하나로 모을 뿐 아니라 사람들을 분리시킨다. 문에 '백인만'이란 푯말을 걸었던 공민권 이전 시대의 식당들을 생각해 보라. 영국에는 '아일랜드인, 흑인, 개 출입 금지'라는 푯말을 건 식당들이 있었다.

모든 문화권에 그런 모습이 있지만, 1세기 유대 문화는 '특히' 더 그랬다. 1세기 유대인들은 이를 "식탁 친교"라 불렀다. 누군가와 함께 식사하는 것은 환영의 표시였다. 단순히 자신의 집으로 환영하는 것 이상으로 지역사회, 심지어 하나님과의 좋은 관계로 환영하는 것이었다. 따라서 자긍심을 가진 랍비라면 절대 삭개오 같은 자와 같은 식탁에 앉지 않았다. 그렇게 한다는 건 곧 커리어의 끝을 의미했다.

한 신학자는 이렇게 말했다. "예수님은 식사하는 방식 때문에 십자가에 달리셨다."[19] 예수님은 좋지 않은 부류의 사람들과 식사를 하셨다. 삭개오 같은 변절자, 창녀, 이방인, 경건하지 않은 자들과 식사하셨다. 이는 필시 위험한 행동이었다. 결국 예수님은 "먹기를 탐하고 포도주를 즐기는 사람이요 세리와 죄인의 친구"라는 비난을 받으셨다.[20] 이는 당시 문화에서 결코 칭찬이 아니었다.

보다시피 랍비 예수님께 식사는 경계 표지가 아닌 하나님의 놀라운 초대를 보여 주기 위한 수단이었다. 사람들을 차별하고 배척하기 위한 수단이 아니라 초대하기 위한 수단이었다.

누가복음에서도 식사에 관한 언급이 50번 넘게 나타난다. 누가복음 학자 로버트 카리스는 이렇게 말했다. "누가복음에서 예수님은 식사하러 가시거나 식사 중이시거나 식사 자리에서 돌아오는 중이시다."[21] 나는 이 예수님이 좋다. 무조건 이분께 도제 수업을 받고 싶다.

영국의 팀 체스터 목사는 《예수님이 차려 주신 밥상》(Meal with Jesus)이라는 짧지만 훌륭한 책을 썼다. 그 책에서 그는 누가복음에서 두 번 사용된 중요한 표현을 지적했다. "인자가 오셨다."[22]

먼저, 누가는 이렇게 썼다. "인자가 온 것은 잃어버린 자를 찾아 구원하려 함이니라."[23] 바로 이것이 예수님이 '무엇'을 하셨는지에 관한 답이다. 즉 그분의 사명.

또한 누가는 이렇게 썼다. "인자는 와서 먹고 마시매."[24] 이것은 예수님이 그 일을 '어떻게' 하셨는지에 대한 답이다. 즉 그분의 방식.[25] 예수님은 많은 사람에게 적대감을 사는 문화 속에서 사셨다. 그런 와중에 그분이 사람들을 어떻게 그분의 나라로 초대하셨을까? 바로 한 번에 한 차례의 식사를 통해서였다.

이렇게 하나님에게서 멀어져 있는 사람들과 먹고 마시는 행동을 신약성경 기자들은 "환대"라 부른다. 이 단어는 헬라어로 합성어인 "필로제니아"다. "필로"는 '사랑'을 의미하고 "제노스"는 '낯선 자, 외국인, 손님'을 의미한다.²⁶ 한마디로 환대는 "제노포비아"(xenophobia; 외국인 혐오증)의 반대다. '타자'에 대한 두려움과 미움이 아니라 낯선 자에 대한 '사랑'인 것이다. 또한 외부인을 '안으로' 들여 손님을 이웃으로, 이웃을 하나님 안에서의 가족으로 삼는 행위다.

강제로 사람들을 예수님의 제자로 만들 수 없고, 그래서도 안 된다. 그 대신 시간이 걸리더라도 그런 변화가 가능한 공간을 그들에게 제시해야 한다. 외로운 이들, 새로운 주민, 인기 없는 이들, 가난한 이들, 이민자, 망명자, 가족이나 집이 없는 이들을 적극적으로 찾아 사랑의 공동체 '안으로' 환영해 주어야 한다.

헨리 나우웬은 이렇게 썼다.

자신의 과거와 문화, 나라, 자신의 동네와 친구, 가족, 자신의 가장
깊은 자아와 하나님에게서 멀어져 있는 낯선 자로 가득한 우리
세상 속에서 우리는 두려움 없이 살고 공동체를 경험할 수 있는
환대의 장소를 절박하게 찾는 이들을 볼 수 있다. …… 낯선 자들이
자신의 낯섦을 벗어던지고서 우리와 같은 인간이 될 수 있는 열린
환대의 공간을 제시하는 것은 우리가 얼마든지 할 수 있는 일이며,

그리스도인들에게는 그것이 의무다.[27]

　환대는 우리가 생활 수칙에 넣어야 할 리듬이면서 동시에 세상 속에서 우리가 존재하는 방식이요, 다른 사람을 향한 마음가짐이다. 나우웬은 이를 "같은 인간에 대한 가장 중요한 태도"로 부르고, 이 태도를 "매우 다양한 방식으로 표현할 수 있다"고 말했다.[28] 우리가 다른 사람에게 환대를 베푸는 것은 삼위일체 하나님 사이의 태도를 본받아 표현하는 것이기도 하다. 바로 환영, 초대, 따뜻한 애정, 후함, 공급, 안전, 공동체, 위로, 필요를 채워 주는 것, 즐거움, 순전한 기쁨의 태도다. "우리가 하나님처럼 행동할 때 하나님이 느끼시는 것을 느낄 수 있다."[29] 즉 그분의 기쁨을 공유할 수 있다.

　로자리아 버터필드는 이 행위를 "지극히 평범한 환대"(radically ordinary hospitality)라고 불렀다.

　　지극히 평범한 환대. 이를 실천하는 사람들은 낯선 자를 이웃으로, 이웃을 하나님의 가족으로 본다. 그들은 사람을 하나의 범주나 부류로 전락시키는 데 반감을 갖는다. 그들은 지구상 모든 사람의 눈에 비친 하나님의 형상을 본다. ……
　　지극히 평범한 환대를 실천하는 사람들은 자신의 집을 자신 것이 아닌 하나님이 그분의 나라를 넓히는 데 사용하라고 주신 선물로 본다. 그들은 문을 연다. 그들은 소외 계층을 찾아다닌다. 그들은 복음에 집 열쇠가 딸려 있음을 안다.[30]

이것이 예수님의 길이었다. 그리고 지금도 여전히 이것이 가장 좋은 길이다. 누군가를 알아가기에 식탁보다 좋은 곳은 없다. 사랑의 대화, 심지어 사랑의 논쟁을 벌이기에 식탁만한 곳은 없다. 그래서 복음을 전하기에도 빵과 포도주가 놓인 식탁만큼 좋은 곳은 없다. 나는 복음을 잘 전하는 편이 못 된다. 그런 측면에서 다음 이어질 리듬은 내 제자 훈련에서 강점보다는 약점이다. 하지만 이것 하나만큼은 확실히 말할 수 있다. 세상에서 가장 세속적인 도시 중 한 곳에서 살면서 내가 하나님에게서 멀어진 사람들과 나눈 가장 유익한 대화는 '모두' 우리 집 식탁에서 이루어졌다. 전부!

예수님의 방식이 좋은 점은 다음과 같다.

① 이 방식은 우리가 **이미** 하는 일이다. 우리는 이미 매일 식사를 한다. 단지 그 식사 중 일부의 목적을 바꾸어 하나님의 놀라운 초대를 제시하기만 하면 된다.

② **누구나** 이 방식을 취할 수 있다. 신학교 학위나 변증법 지식 따위는 필요치 않다. 접대 전용 공간이나 화려한 조명이 달린 넓은 마당이 따로 없어도 괜찮다. 그저 식탁 하나만 있으면 끝이다. 심지어 자신의 식탁이 아니어도 괜찮다.

리듬 2. 복음 전하기

몇 년 전, 10대 청소년인 우리 아들 주드가 어깨가 축 처진 채로 집에 왔다. "무슨 일 있니?" 내가 묻자 깊은 한숨이 돌아왔다. 주드는 한 친구와 함께 시내를 걷다가 한 구석에서 전도하는 성도들을 보았다. 그들의 복음 전도 방식은 지극히 교과서적이었다. 모두가 "예수님은 당신을 사랑하신다"라는 메시지와 지옥 불에 관한 소름 끼치는 경고가 뒤섞인 푯말을 들고 있었다. 당연히 확성기로 같은 메시지를 소리쳤고, 소책자도 나누어 주었다. 아들과 함께 있던 친구는 그리스도인이 아니었다. 아들이 볼 때는 이 무리가 하던 '복음 전도'는 친구를 하나님께로 가까이 이끌기보다 오히려 하나님에게서 더 멀어지게 만들 것만 같았다.

공공장소에서 이렇게 외치는 소리를 들으면 대개 주드처럼 민망한 기분이 든다. 아무리 그들의 의도가 상대방의 두려움을 자극하려는 게 아니라 해도, 여하튼 실제로 이런 방법으로 사람들이 예수님의 도제 수업을 받아들이고 생명을 발견하는 경우는 좀처럼 보기 힘들다.

그래서 나는 두 번째 리듬이 '복음 전하기'라고 말할 때면 약간의 거부감을 느낀다. 복음을 사랑하지 않고 예수님이 "잃은 양"이라 부르신 자들을 아끼지 않아서가 아니다. 뭔가 민망한 사례들이 머릿속에 떠올라서다. 그런데 사실, 누군가가 예수님의 복된 소식을 사려 깊고 사랑 가득하고 문화적으로 아주 적절한 방식으로 전하는 말을 들을 때도 여전히 나는 이상하게 약간 걱정이 된다. 아마 나만 그런 건 아닐 것이다.

우리 세대 복음 전도의 주된 문제점은 사실 확성기에 대고 저급하고 편협한 신앙을 강요하는 것이 아니다. 정말 심각한 문제는 우리가 복음을 전혀 전하지 않고 있다는 것이다. 최근 바나 그룹에서 진행한 한 여론 조사에서 밀레니얼 세대 그리스도인 중 96퍼센트는 "예수님을 전하는 증인이 되는 것이 내 신앙의 일부다"라고 대답했다. 그리고 94퍼센트는 "사람에게 일어날 수 있는 가장 좋은 일은 예수님을 알게 되는 것이다"라고 말했다. 하지만 동시에 거의 절반에 가까운 47퍼센트는 이렇게 말했다. "종교가 다른 누군가에게 언젠가 자신과 같은 종교를 믿게 될 거라고 생각하며 자신의 개인적인 신앙을 전하는 것은 잘못이다."[31]

참으로 눈살을 찌푸리게 하는 모순이다. 하지만 오늘의 세태를 보면 전혀 놀라운 일이 아니다. 우리는 다원론적인 포스트모던 문화 속에서 살고 있다. 이런 문화에서는 남들을 기독교로 '개종시키려는' 그 어떤 시도도 배려 없는 행동으로 여긴다. 우리는 어릴 적부터 사회적인 경험을 통해 예수님에 관해 입을 다물도록 배웠다. 우리는 "믿음은 사적인 문제지 공적인 문제가 아니야"라는 말을 듣고 자랐다. 이 말의 의미는 "네가 뭔데 진리를 알려 주려고 해?"다. 진리를 주장하는 것은 아무리 정중하게 한다 해도 '다른' 진리에 대한 판단과 비판을 함축하고 있기 때문이다. 그리고 세속 문화는 온갖 진리에 대한 주장이 난무하는 난전이다.

하지만 아이러니하게도 기독교의 전도를 반대하는 목소리는 자멸적 논리에 근거한다. 이미 '모든 사람'이 전도를 하고 있기 때문이다. 그렇다. 모든 사람이 '복음'을 전하고 있다. "당신은 복음을 전하고 있습니까?"는 올바른 질문이 아니다. 올바른 질문은 "당신은 **어떤** 복음을 전하고 있습니까?"다. 제3의 물결 반인종주의(third-wave anti-racism)의 복음? 혹은 성소수자의 인권(LGBTQI+ pride)의 복음? 혹은 민주사회주의(democratic socialism)의 복음? 혹은 미국 내셔널리즘(American nationalism)의 복음? 혹은 자유시장 자본주의(free-market capitalism)의 복음? 혹은 냉수 요법이나 간헐적 단식, 키토 다이어트, 마음 챙김, 새로운 환각제의 복음?

이 모든 게 '복음'이다. 이것들은 하나같이 우리의 소망이 어디에 있는지, 인류 역사가 어디로 가는지, 어떤 위험이 있는지, 어디서 구원을 찾아야 할지, 어디서 공동체를 찾을 수 있는지, 어떻게 좋은 삶을 살고 좋은 사람이 될지에 관한 메시지다. 모든 사람이 저마다의 복음을 전하고 있다.

예수님의 도제들은 '예수님의 복음'을 전하는 이들이다. 우리가 복음을 전한다는 것은 사람들에게 예수님에 관해 말한다는 뜻이다. 예수님의 복된 소식, 그분과 함께 하나님 나라에서 살 수 있다는 소식을 전하는 것이다. 다시 말하지만, 이미 '모든' 사람이 각자의 복된 소식을 전하고 있다. 모든 이가 패션이나 음악, 스포츠, 새로운 텔레비전 프로그램 등 자신이 가장 사랑하는 것에 관해 말하고 있다. 우리 그리스도인은 예수님을 사랑해서 예수님에 관해 말하는 것이다. 앞서 말했듯이 복음은 "예수님을 믿으면 죽어서 좋은 곳에 간다"가 아니다. 마가는 복음을 '하나님의 나라가 가까이 왔다'로 요약했다.[32] 복음에 대한 바울의 한 줄 요약은? '예수 그리스도가 주(主)시다'[33] (같은 내용을 달리 표현한 것).

　복음은 예수님이 우주의 궁극적인 힘이며, 그분과 함께하는 삶이 이제 만인에게 가능해졌다는 소식이다. 예수님은 그분의 탄생, 삶, 가르침, 기적, 죽음, 부활, 승천, 성령의 선물로 모든 피조물을 구원하셨고, 구원하고 계시며, 구원하실 것이다. 예수님의 도제 수업을 통해 우리는 이 나라로, 하나님의 생명으로 들어갈 수 있다. 우리는 "사랑하시는 사랑"(하나님) 안에서 받고 주고 나눌 수 있다. 예수님은 '찬란한 평화와 정의의 새로운 사회'를 아주 천천히 만들어 가고 계시는데, 우리는 바로 그런 공동체의 일원이 될 수 있다. 언젠가 이 공동체는 창조주와 함께 온 피조 세계를 다스리며, 창의성과 성숙과 기쁨이 영원토록 날마다 더해 가는 경험을 하게 될 것이다. 그리고 '누구나' 이 이야기에 참여할 수 있다.

　바로 이것이 좋은 소식, 곧 복음이다.

　조잡하고 기만적이고 때로는 악의적인 '전도'로 많은 이들이 반감을 느낀 탓에 많은 그리스도인이 아예 복음을 전할 생각조차 하지 않는다. 하지만 예수님의 복된 소식을 다른 사람에게 전하는 것이야말로 우리 신앙의 '핵심'이요, 제자로서 맡은 중요한 임무다.

하지만 예수님의 복음을 점점 더 적대적으로 대하는 문화 속에서 '어떻게' 복음을 선포해야 할까? 길거리에서 큰 소리로 설교하기? 인스타그램 스토리 올리기? 변증법적인 온라인 논쟁에 참여하기? 직장 동료에게 C. S. 루이스의 책을 나눠 주고 그로 인해 우리가 해고되지 않게 해 달라고 기도하기?

이런 방법은 어떤가? 이웃에게 맛있는 음식을 요리해 건네면서 복음을 전하면 어떨까? 친구에게 필요한 성경 구절을 친절하게 말해 주는 건? 우리가 사는 도시에서 조용히 섬김을 실천하는 건 또 어떨까? 우리 주변에는 고통으로 신음하는 이들이 가득하다. 외로움의 유행병이 기승을 부린다. 친한 친구가 단 한 명도 없다고 대답하는 미국인의 비율은 1990년대 이후로 네 배로 늘었다.[54] 미국인의 54퍼센트는 자신을 잘 아는 사람이 아무도 없는 것 같은 기분을 가끔 혹은 항상 느낀다고 말한다.[35] 이 디지털 시대에 우리는 그 어느 때보다도 연결되어 있지만 사회학자들은 Z세대가 역사상 가장 외로운 세대라고 말한다. 우리는 자신을 보고 알고 사랑해 줄 사람을 간절히 원한다.

그저 고통 가운데 있는 사람을 만나 주기만 해도 이 상황이 회복될 수 있지 않을까? 우리 시대의 복음 전도는 복음서 이야기 속

모습에 더 가까워야 하지 않을까? 이를 위해 이 세속적인 문화 속에서 복음을 전하기 위한 다섯 가지 방안을 제안하고 싶다.

1 // 환대를 실천하라

요리를 하고, 밥상을 차리고, 공동체를 만드는 법을 배우라("리듬 1. 복음을 위한 공간 만들기"부터 다시 읽어 보라).

2 // 하나님이 이미 역사하고 계신 곳을 찾아 그분의 역사에 동참하라

상대방이 예수님의 제자가 아니면 하나님이 그의 삶에서 역사하시지 않는다고 가정하기 쉽다. 하지만 가정을 달리해 보면 어떨까? 하나님이 모든 곳에서 죄인들에게 사랑으로 다가가고 계신다고 가정한다면? 하나님이 이미 그의 삶에서 역사하시면서 그를 조용히 초대하고 계실 가능성이 있다고 가정한다면? 이 패러다임에서 우리 역할은 그저 모든 곳에서 역사하시는 하나님의 흔적을 찾고, 그런 흔적이 보일 때(반드시 보일 것이다) 그분의 역사에 동참하는 것이다.

3 // 증언하라

"제자"처럼 신약성경에서 "증인"(witness)이라는 단어 역시 동사가 아닌 명사다. 증인은 우리가 '하는' 것이기 이전에 우리의 정체성이다. 예수님은 사도행전에서 다음과 같은 유명한 말씀을 하셨다.

> 너희가 권능을 받고 예루살렘과 온 유대와 사마리아와 땅끝까지
> 이르러 내 증인이 되리라.[36]

증인은 다른 사람이 알아야 할 중요한 무언가를 보거나 경험한 것을 증언하는 사람이다. 증언은 단순히 자신이 보거나 경험한 것을 다른 사람에게 말해 주는 것을 의미한다. 우리는 판매인이 아니라 증인이다. 우리가 할 일은 적절한 수법으로 '계약을 성사시키는' 게 아니다. 그저 예수님과 함께하는 우리의 삶을 증언하는 것이다. 공산주의의 핍박 아래서 감리교회를 섬겼던 우루과이의 학자 모티머 아리아스는 다음과 같이 말했다.

> 하나님 나라는 그분의 새로운 질서다. …… 하나님의 새로운
> 질서는 모든 기존 질서를 위협하기 때문에 기존 질서를 억지로
> 뚫고서 임하는 하나님 나라는 매우 강한 반발을 낳는다. 그분의
> 나라는 사람들을 끌어당기는 동시에 밀어낸다.[37]

어떤 이는 복음에 끌리는 반면, 어떤 이는 반감을 가질 것이다. 그래도 상관없다. 증인이 법원의 판결에 책임이 없듯 우리는 복음 전도의 결과에 책임이 없다. 사람은 누구나 자유 의지가 있

다. 구원은 하나님의 주도하심과 인간의 반응이 신비롭게 융합된 결과다. 우리의 일은 사람을 '구원하는' 것이 아니라 사도 요한처럼 "이 영원한 생명을 우리가 보았고 증언하여 너희에게 전하노니 이는 아버지와 함께 계시다가 우리에게 나타내신 바 된 이시니라"라고 말하는 것이다.[38]

4 // 아름다운 삶을 살라

나는 사도 베드로의 다음 말을 늘 기억하며 살아간다.

> 너희가 이방인 중에서 행실을 선하게 가져 너희를 악행한다고
> 비방하는 자들로 하여금 너희 선한 일을 보고 오시는 날에
> 하나님께 영광을 돌리게 하려 함이라.[39]

여기서 "선한"으로 번역된 헬라어 단어는 "칼로스"다. 이 단어는 '아름다운'이나 '사랑스러운', '균형 잡힌'으로 번역할 수 있다.[40] 이 말은 기독교식 유토피아에 숨어서 사는 게 아니라, 이방인들(옛날처럼 경멸적인 의미에서가 아니다) '속에서' 빛나고 매력적인 삶을 산다는 뜻이다.

옥스퍼드대학교(University of Oxford)의 마이클 그린 박사는 《초대교회의 복음 전도》(Evangelism in the Early Church)란 책에서 초대교회 복음 전도의 80퍼센트 이상이 목사나 유명한 그리스도인이 아

닌 평범한 그리스도인을 통해 이루어졌다고 주장한다. 그리고 그에 따르면 그들의 전도 방법은 주로 자신의 남다른 삶의 방식을 가족과 친구들에게 설명하는 것이었다. 사람들은 그들의 아름다운 삶에 끌렸다.

이런 면에서 나와 내 가족은 아직 갈 길이 멀지만, 어쨌든 나는 이 현상을 계속해서 체험하고 있다. 믿지 않는 친구들은 우리 가족이 안식일을 항상 사수하고, 매주 공동체 안에서 삶을 나누면서 함께 식사를 하고, 삶의 깊은 골짜기를 지날 때도 우리 부부가 헤어지지 않고 함께 헤쳐 나가며, 우리가 사는 도시 안에서 정의를 위한 노력에 참여한다는 말을 들을 때, 특히 이 모든 걸 직접 눈으로 볼 때 눈을 동그랗게 뜨면서 부러운 표정을 짓는다.

안식하고, 정서적으로 건강한 관계를 누리고, 허심탄회하게 대화하고, 재물을 나누고, 검소하게 살고, 가난한 사람을 섬기는 것은 예수님의 도제인 우리에게는 '당연하고 평범한' 것일 뿐이다. 하지만 이 모든 것이, 지켜보는 세상 사람 눈에는 점점 더 특이한 게 되어 간다. 지역사회 안에서 예수님의 길을 실천하는 단순한 행위의 놀라운 힘을 과소평가하지 말라.

> 물론 특별한 전도 활동이 있고, 전도를 위한 특별한 소명이
> 있다. 하지만 성도들이 온전한 삶을 진정으로 누린다면 전도는
> 지속적이고도 자동적으로 이루어진다. 그렇게 되면 교회는

주변에서 사람들이 **사는** 법을 배우기 위해 몰려드는 학교가 될 수 있다. 교회는 연습을 통해 신약성경에 기록된 삶의 모든 측면을 터득한 사람들 밑에서 그것을 연습하고 터득하는 인생의 학교가 된다(제자는 곧 학생이기 때문). 이를 우리의 당면한 목표로 삼을 때만이 지상대명령을 제대로 수행할 수 있다.[41]

이는 달라스 윌라드의 글이다. 그가 여기서 말한 모든 것은 일종의 자기 죽음을 요구한다. "증인"에 해당하는 헬라어 단어는 "마르투스"다. 여기서 "마터"(martyr; 순교자)라는 영어 단어가 나왔다.[42] 예수 운동의 초기 몇 세기 동안에는 증인과 순교자가 사실상 동의어였기 때문이다. 현대 민주주의 사회에서 사는 우리는 실제로 목숨을 잃을 일이 별로 없지만, 예수님의 복음을 전하면 일종의 죽음을 당할 수 있다. 이를테면 지적이거나 시대 흐름을 잘 따라가는 멋진 사람이라는 평판의 죽음, 다른 사람에게 받는 존경의 죽음, 직업적 야망의 죽음 등을 맞을 수 있다. 이 시대에 예수를 증언한다는 것은 대개 수치를 선택한다는 뜻이다. 하지만 "내 주 그리스도 예수를 아는 지식"[43]에 비하면 어디까지나 '작은' 대가일 뿐이다.

도제 수업의 이 부분을 대충 넘어가는 이들이 너무도 많다(물론 거기에는 나도 포함된다). 영적 훈련도 정서적 건강도 기도도 다 좋다. 하지만 복음을 전한다? 그냥 나는 이웃집 잔디나 깎아 주고, 부활하신 예수님에 관해서는 그들이 직접 알아봤으면 좋겠다.

하지만 가서 복음을 전하고 증언하라는 내면 깊은 곳의 성령의 충동을 억누르면 "성령을 소멸"하게 된다.[44] 그러면 우리의 영성 형성이 가로막히고, 우리의 영적 생명력이 떨어진다. 우주에는 영적 법칙이 있기 때문이다. 하나님을 가지려면 그분을 주변에 나누어야 한다. 프랭크 루박 선교사는 이렇게 말했다. "나는 하나님에 관해 이야기해야 한다. 그분을 내 머릿속에만 간직해서는 안 된다. 그분을 가지려면 그분을 주변에 나누어야 한다."[45] 그러지 않으면 우리의 신앙은 사적이고 개인적인 심리 치료로 전락하며, 우리의 영성은 시들어 간다. 이것이 하나님 나라의 신비한 법칙이다.

하나님에게서 멀어진 사람을 아는가? 이 글을 읽는 지금 이 순간, 누구 얼굴이 떠오르는가? 하나님이 당신의 삶 속으로 사랑하고 섬겨야 할 사람을 보내 주셨는가? 하나님이 그분의 잃어버린 양과의 관계 속에 당신을 두셨는가? 하나님을 더 많이 원한다면 그분을 나누라.

리듬 3. 복음을 증명해 보이기

예수님은 하나님 나라의 복음을 '전하셨을' 뿐 아니라 '실천하셨다.' 말씀과 행함. 예수님이 가시는 곳마다 하나님 나라가 따라

갔다. 환대가 좋은 예다. 히브리 선지자들은 하나님 나라가 오는 것을 유대인과 이방인을 막론한 모든 하나님의 백성이 평화와 정의의 새로운 공동체를 이루어 아브라함의 식탁에 둘러앉는 것에 비유했다. 예수님은 식사를 통해 이 비전을 실현시키셨다. 그분이 '죄인들'과 함께 식사하신 것은 구원에 관한 '그림'이 아니라 구원 자체였다. 실제로 그분은 삭개오의 집에서 식사하실 때 이렇게 말씀하셨다. "오늘 구원이 이 집에 이르렀으니."[46]

계몽운동 이후 우리는 이전 세대 그리스도인의 선한 삶에만 주목하고 기적 이야기는 철저히 잘못 읽어 왔다. 예수님의 극적인 이야기는 하나님 나라가 이 세상에 임한 증거로 읽어야 마땅하다. 예수님이 병든 사람을 치유하고, 귀신 들린 자를 구하고, 주린 자를 먹이고, 불의에 맞서신 일은 모두 앞서 이사야를 비롯한 선지자들이 하나님 나라가 마침내 임했을 때 일어날 거라고 예언했던 일이다.

독일 신학자 위르겐 몰트만에 따르면, 기적은 하나님 나라가 '자연적인' 질서 속으로 들어온 것은 물론 그 질서를 '치유한' 것이다. 우리는 죽음과 질병, 불의, 혼란에 너무 익숙해진 나머지 이것들이 하나님의 선한 세상에 들어온 침입자들이라는 사실을 자주 망각한다. 몰트만은 다음과 같이 말했다.

> 예수님이 귀신을 쫓아내고 병든 사람을 치유하신 것은 피조
> 세계에서 파괴의 힘들을 몰아내고, 상하고 아픈 피조물을 치유하고

회복시키신 것이었다. 치유가 증언하는 하나님의 주 되심은 피조 세계를 건강하게 회복시킨다. 예수님의 치유는 자연계에서 일어나는 초자연적인 기적이 아니었다. 그것은 자연스럽지 않고 악해지고 상처 입은 세상 속에서 유일하게 진정으로 **자연스러운** 것이었다.[47]

예수님을 따르는 것은 단순히 그분이 병든 이들을 치유하고 억압당하는 이들을 구하시는 모습을 '지켜만 보는' 게 아니다. 그분을 따르는 사람 역시 동일한 일을 할 수 있도록 그분 아래서 훈련받는 것이다.

예수님과 그분의 처음 제자들은 하나님 나라를 증명해 보이기 위해 많은 표징을 보여 주었다. 그중에서도 꾸준한 네 가지 표징이 있었다.

1 // 치유

예수님이 치유자라는 소문이 삽시간에 이스라엘 전역에 퍼졌다. 이윽고 사람들이 수 킬로미터 밖에서 병든 이들을 데리고 왔다. 심지어 말 그대로 천장을 뚫고 예수님이 계신 장소로 아픈 사람을 달아 내려보내기도 했다. 병든 이들은 예수님을 만져 치유를 받고자 길가에서 소리쳤다. 마태는 이렇게 썼다. "사람들이 모든 앓는 자 곧 각종 병에 걸려서 고통당하는 자, 귀신 들린 자, 간질하는 자, 중풍병자들을 데려오니 그들을 고치시더라."[48]

그런데 초대교회에서도 '똑같은 패턴'을 볼 수 있다. 심지어 어느 순간에는 사람들은 베드로의 그림자에 덮이기만 해도 치유를 받을 거라고 믿을 정도였다.[49] 어떤 이들은 바울이 몸에 둘렀던 앞치마나 손수건을 만지고 회복되었다.[50] 일반 제자들에게서 이런 사도들과 같은 '수준'의 능력이 발휘되는 장면은 안 나오지만, 야고보는 성도들에게 "병이 낫기를 위하여 서로 기도하라"라고 권면했다. "의인의 간구는 역사하는 힘이 큼이니라."[51]

혹시 지금 주변에 아픈 사람이 있는가?[52]

2 // 귀신 내쫓기

예수님은 어디를 가시든 어둠 속에 숨어 있는 귀신들을 드러내셨다. 그분의 존재 자체가 귀신들을 빛 가운데로 끌어내고 그분의 능력이 그들을 쫓아냈다. 그런데 사도행전을 보면, 제자들 역시 같은 일을 행했다. 아마도 이 같은 일은 현대인이 가장 믿기 어려워하는 '표징'이 아닐까 싶다. 세속적인 우리 사회는 질병이나 정신병, 자연재해 같은 여러 현상 이면에 있는 귀신의 존재는커녕 '하나님'조차 믿지 못한다.

하지만 이 세상에 인간뿐 아니라 인류를 향한 하나님의 선한 의도를 망치려는 다양한 '비인간적 존재'들이 가득하다는 점을 믿지 않고서는 예수님의 세계관을 이해할 길이 없다. 요한은 이렇게 썼다.

"하나님의 아들이 나타나신 것은 마귀의 일을 멸하려 하심이라."[53]

분명히 말하지만 악한 영은 '실재한다.' 물론 개중에는 거짓도 있고 망상증으로 인한 소동도 있다. 하지만 진짜 귀신이 벌인 일도 많다. 내 아내도 예수님의 한 성숙한 제자 덕분에 4대째 이어진 악한 영의 괴롭힘에서 극적으로 해방되었다. 그 이야기는 마치 성경 속 이야기처럼 느껴질 만큼 놀랍고도 긴 이야기다.[54] 이 경험을 통해 우리는 눈이 열려 분명한 사실을 보았다. 그건 바로 귀신으로 고통받는 이들이 우리 주변에 가득하다는 사실이다. 만일 그들을 우리가 해방시킬 수 있다면?

3 // 예언

예수님은 미래뿐 아니라 사람들의 남모를 비밀("지금 있는 자도 네 남편이 아니니"[55])과 깊은 곳의 두려움("이 사람이나 그 부모의 죄로 인한 것이 아니라"[56])에 관해서도 인간적인 방법으로는 추론할 수 없는 정보들을 알고 계셨다. 물론 많은 사람이 이 정보를 "그분은 하나님이셨다"는 말로 설명한다. 그러나 신약 곳곳에서 예수님의 제자들도 이런 일을 행했다. 심지어 사도가 아닌 일반 제자들도 이런 일을 행했다.

사도 바울은 이를 "예언"이라 불렀다. 그리고 그의 글(고린도전서 12-14장)을 보면, 모세와 예수님, 모든 선지자에게 있었던 영이 지금 우리에게도 있다고 가정하는 듯하다. 우리도 그만큼 강력하게는 아닐지라도 비슷한 일을 행할 수 있다. 우리도 하나님에게서 오는 말을 다른 사람에게 전해 줄 수 있다. 물론 우리가 하늘에서 실제 음성을 듣는 경우는 드물다. 대개는 어떤 느낌이 들거나 어떤 말, 성경 구절, 그림이 떠오른다. 그 말이나 느낌을 사랑과 겸손의 태도로 다른 사람에게 전해 주면 된다.

이 같은 일을 잘하려면 역시나 '훈련'이 필요하다. 이로 인해 문제가 발생한 사례가 숱하다. 하지만 예언이 우리 삶의 일부가 되면 놀라운 일이 벌어진다.

일전에 큰 결정을 앞에 놓고 깊이 고민하면서 분명한 방향을 알려 달라고 하나님께 기도하며 고민한 적이 있다. 그런데 기도하던 중 지구 반대편에 사는 한 친구에게서 문자 메시지 한 통을 받았다. 그는 성령이 나를 위해 주신 것 같다며 어떤 '말'을 전했다. 그 경험은 너무도 신비로웠다. 그가 사용한 표현과 이미지는 모두 내 기도 내용과 정확히 일치했다. 그는 내가 중요한 결정으로 고민하는 줄 전혀 몰랐다. 나는 당시 그 말을 '하나님에게서 온 말씀'으로 해석했다. 이것이 예언일 수 있다.

4 // 정의

"정의"(justice)라는 단어가 문화 전쟁과 정치적 좌우의 독설에 무기로 오용되어 온 현실은 실로 안타까운 비극이다. 어떤 이는 정의를 궁극적인 선으로 삼고, 어떤 이는 사회적 약자를 돕는 것을 정의로 여긴다. 사람마다 정의를 다르게 해석한다.[57] (이사야서와 트위터, 클린트 이스트우드의 서부 영화에서 각각 '정의'라는 단어를 어떻게 사용하는지 보라.) 하지만 정의는 세상이 규정하도록 놔둬서는 안 되는 단어(좌파 성향의 내 친구들에게 하고 싶은 말)인 동시에, 그리스도인들이 버려서도 안 되는 행위(우파 성향의 내 친구들에게 하고 싶은 말)다. 정의는 바로 하나님의 마음 중심에 있기 때문이다.

예수님은 세상 속에서 정의를 위해 일어섰던 히브리 선지자들의 긴 행렬에 서셨다. 가장 극적인 사례는 예수님이 성전을 정화하신 사건이다. 당시 성전은 하늘과 땅이 만나는 곳이라기보다는 로마제국과의 공모와 부패의 온상이었다. 예수님은 이 상황을 바로잡으셨다. 바로 이것이 정의다. 잘못된 것을 바로잡고 굽은 것을 펴는 것이 정의다. 제리 브리셔스 박사는 이렇게 말했다. "정의를 행하는 것은 피조 세계(사람들과 나머지 모든 것)가 마땅한 것을 받도록 하기 위한 하나님의 역사에 동참하는 행위다."[58] 자신을 희생하면서까지 이렇게 하는 것이 곧 정의다.

정의는 '다른 사람'을 돌보기 위해 자신의 불편을 감수하는 것이다. 예수님을 따르는 것은 그분과 함께 정의를 위해 일어서는 것이다.

치유, 귀신 내쫓기, 예언, 정의…… 이런 것을 하는 것이 불가능에 가깝게 느껴진다면 우리가 이런 것을 할 수 있는 유일한 길은 '성령의 능력'을 의지하는 것임을 기억하라. 물론 우리는 예수님 아래서 훈련받아야 한다. 하지만 이런 것은 노력으로 터득해야 하는 테크닉이 아니다(때로 기술은 필요하지만). 이런 것은 사랑을 품은 그리스도인의 말과 행실을 통해 하나님 나라가 세상으로 들어오는 것이다.

우리가 만나는 모든 사람이 하나님을 전할 귀한 기회다. 사랑과 섬김을 실천해 볼 기회다. 모든 날은 기적의 가능성으로 충만하다. 우리 눈이 열리기만 하면 매 순간 가득한 기적의 가능성이 보인다. 칼리스토스 웨어는 이렇게 말했다. "이 순간부터 나는 이곳이 하나님의 세상이라는 사실을 의식하면서 세상을 살아갈 것이다. 내가 보고 만지는 모든 것, 내가 마주치는 모든 사람을 통해 하나님이 내게 가까이 계시다는 사실을 의식하며 살아갈 것이다."[59]

"너희는 온 천하에 다니며"[60]라는 예수님의 유명한 마지막 말씀은 독특한 시제로 쓰였다. 이를 더 문자적으로 번역하면 '온 세상 속으로 들어가면서'가 된다. 어떤 이들에게는 이것이 비행기에 올라타서 미전도 종족을 찾아가라는 명령이겠지만, 대부분의 사람에게는 길 건너편으로 가거나 자전거를 타고 다음 블록으로 가거나 마트 계산대 직원과 눈을 마주치라는 미룰 수 없는 명령이다.

주변에 가득한 하나님의 역사를 보기 위해 눈을 크게 뜬 채로 일상을 살다가 그 역사가 보이거든 그분과 협력하라. 예수님은 이렇게 말씀하셨다. "아들이 아버지께서 하시는 일을 보지 않고는 아무것도 스스로 할 수 없나니."[61] 예수님은 매 순간 사람들과, 그 순간 하나님이 그들 속에서 하시는 일을 '보고' 그들을 위한 하나님의 능력과 목적을 풀어놓는 놀라운 능력을 지니셨다.

우리도 예수님처럼 보려면 삶의 속도를 늦추고 가쁜 숨을 가라앉히면서 현재 순간에 집중해야만 한다. 숨을 돌린 뒤에는 하나님이 역사하고 계신 곳을 찾아 그 역사에 동참하라.

즐거운 사랑의 짐

즐거운 사랑의 짐이라…… 좋은 말이지만 엄두가 안 나는가? 우리는 불안의 시대에 살고 있다. 거의 모두가 이미 지칠 대로 지치고 어마어마한 스트레스를 받고 있다. 그런데 우리가 예수님의 좋은 도제가 되려면 환대를 실천하고, 다른 사람에게 예수님이 누구신지 말해 주며, 심지어 병든 이들을 고쳐 주고, 귀신까지 내쫓아야 한다니! 한숨이 절로 나온다.

이런 우리에게 사도 바울의 한 가지 비유적 표현이 큰 도움이 된다. 바울은 교회를 "그리스도의 몸"이라고 불렀다.[62] 즉 교회는 그리스도의 임재가 세상 속에서 구체화된 것이다. 아빌라의 성 테레사는 다음과 같이 말했다.

> 그리스도께서는 이 땅에서 당신의 몸 외에 다른 몸을 갖고 계시지 않다. 그분은 당신의 눈으로 이 세상을 불쌍히 여기며 보신다. 그분은 당신의 발로 선을 행하기 위해 걸어 다니신다. 그분은 당신 손으로 온 세상을 축복하신다. 그분은 지금 이 땅에서 당신 몸 외에 다른 몸을 갖고 계시지 않다![63]

하지만 바울의 신학에 따르면, 당신이나 나 한 사람이 아니라 '우리'가 그리스도의 몸이다. 우리가 다 함께 그리스도의 몸을 이룬다. 아무도 혼자서 이 모든 일을 다 할 수 없다는 뜻이다.

토머스 켈리는 이 점을 누구보다도 잘 설명한다.

> 사랑의 임재는 우리에게 똑같이 모든 짐을 지우시지 않는다. 그 대신, 각 사람에게 몇 가지 핵심적인 일을 주된 책임으로 신중하게 지우신다. 우리 각자에게 이 특별한 일은 즐거운 사랑의 짐 중 우리 몫이다. 우리는 **모든** 십자가에서 죽을 수 없고, 그럴 의무도 없다.[64]

하나님의 마음은 말 그대로 우주적이다. 즉 온 우주를 품는다. 반면에 우리 마음은 우주적이지 않다. 우리는 죽을 수밖에 없는 유한한 안개일 따름이다. 하지만 예수님은 우주적 사랑의 마음 중 작은 조각 하나를 우리에게 불어넣으신다. 그리하여 우리 마음은 '특정한' 정의 문제나 집단, 이웃, 일에 끌리고 그와 관련된 일을 할 때 기쁨을 느낀다.

토머스 켈리는 또 이렇게 말했다. "하나님은 내적 확신을 통해 우리를 몇 가지 분명한 일, 바로 '우리의' 일로 이끄신다. 하나님은 우리에게 특정한 것에 마음의 부담(짐)을 갖게 하신다."[65] 같은 의미로 사도 바울은 "주께서 각각 주신 …… 사역"에 관해 말한다.[66] 하나님이 특별히 당신의 삶을 통해, 지켜보는 세상에 무엇을 보여 주고자 하시는가? 당신이 해야 할 일은 무엇인가? 당신이 져야 할 "즐거운 사랑의 짐"은 무엇인가?

우리가 이런 사랑의 에너지를 표출하는 두 가지 주된 영역이 있다. 첫 번째는 우리의 직업적 일이다. 우리 모두는 일을 하고, 다는 아닐지라도(자녀 양육이 한 예다) 거의가 품삯을 받고 일한다. 사실, 우리는 삶의 대부분을 기도하거나 성경을 읽지 않고 일터에서 일하는 데 사용한다. 예수님은 오랜 세월 이름 없는 목수로 일하셨다. 요즘 같으면 프로그래머나 화가, 시의원으로 일하셨을 수 있다. 예수님이 지금 '당신'이 하는 일을 하셨을 수도 있다.

점점 더 많은 예수님의 제자들이 자신의 일을 직업이 아닌 '소명', 심지어 '사역'으로 본다. 이런 태도를 가지면 모든 것이 변한다. 저명한 설교자 토니 에반스는 이렇게 말했다. "하나님이 주신 사역을 발견하기 전까지는 진정으로 산 것이 아니다. 하나님께 어떤 일로 임명받았다는 의식 없이 사는 것은 영원한 시각 없이 그냥 존재하기만 하는 것이다. 그냥 시간만 보내는 것이다."[67]

우리의 일을 '그냥 시간만 보내는 것'에서 '사역'으로 바꾸기 위한 방법은 목사가 되거나 비영리단체를 세우는 것이 아니다. 뭐든 자신이 하던 일을 하되, '예수님이 나였다면 어떻게 하셨을까?'를 상상하면서 하는 것이다. 다시 말해, 뛰어난 기술과 근면, 정직, 겸손, 하나님 나라의 윤리 의식 등으로 그 일을 하는 것이다. 그 일을 '아주' 탁월하게 해내는 것이다.

최상의 일은 사랑의 표현이다. 시인 칼릴 지브란은 "일은 사랑이 가시화된 것이다"라고 표현했다.[68] 요리사는 사람들에게 최상의 요리를 만들어 대접하는 일을 통해 사랑을 표현한다. 비행기 조종사라면 사람들을 안전하게 목적지까지 데려다 주어야 한다. 기업가라면 회사를 잘 운영해 공익에 기여해야 한다. 이는 우리 대부분이 꿈꾸는 화려한 직업을 포함해서 '모든' 직업에 해당된다.

마틴 루터 킹 주니어는 이 점을 아름답게 표현했다.

> 당신의 일이 무엇이든 그 일을 잘하라. …… 거리의 청소부라면 미켈란젤로가 그림을 그리듯, 셰익스피어가 시를 쓰듯, 베토벤이 음악을 작곡하듯 거리를 청소하라. 하늘과 땅의 모든 존재가 할 일을 멈추고 "여기 자신의 일을 잘한 위대한 거리의 청소부가 살았다"라고 말할 만큼 거리를 잘 청소하라.[69]

일을 잘하라. 잘 사랑하라.

두 번째 영역은 신약에서 "선행"이라고 부르는 것이다. 선행은 병든 이를 보살펴 주는 것부터 이웃 할머니의 장바구니를 들어주는 것까지, 우리가 종종 하는 사랑의 행위를 말한다. 예수님이 제자들에게 이런 행위를 명령하신 것이 생각난다.

이같이 너희 빛이 사람 앞에 비치게 하여 그들로 너희 착한 행실을 보고 하늘에 계신 너희 아버지께 영광을 돌리게 하라.[70]

하나님의 영이 당신의 마음속에서 무언가를 하라고 촉구하시는 게 느껴지는가? 선행을 하고 싶은 갈망이 차오르는가? 이런저런 일에 더 참여해야 한다는 종교적인 의무감이나 죄책감이 아닌 작은 친절을 베풀고 싶은 마음의 감동이 오는가? 그렇다면 당신에게 맡겨진 즐거운 사랑의 짐일 가능성이 매우 높다. 당신에게는 그 일이 쉽고 가벼우리라. 그 일을 하면서 당신은 진정한 행복을 찾을 것이다.

예수님은 인간 삶의 감정적 무게를 직접 겪어 봐서 아신다. "우리에게 있는 대제사장은 우리의 연약함을 동정하지 못하실 이가 아니요."[71] 내가 경험한 바로, 예수님은 주로 우리 마음속에서 작은 사랑의 부담감을 부드럽게 일으키신다. 모든 사람을 향해 흘러넘치는 삼위일체 하나님의 사랑의 흐름에 참여하기 위한 아이디어가 기도 중에 떠오르거나, 일과 중에 그렇게 할 뜻밖의 기회가 찾아온다. 그런 순간이 찾아오면 마음속에 일어나는 부드러운 감정을 따르겠는가?

도제 수업의 세 번째 목표는 이전의 두 목표와 상충하는 것처럼 보인다. '예수님과 함께하는 것'과 '예수님처럼 되는 것'은 좀 더 내적인 것이다. 하지만 '예수님처럼 하는 것'은 분명 외적인 것이다. 이전 세대가 '관상적 삶'이라고 부른 것과 '행동하는 삶' 사이에는 분명 긴장이 흐른다. 하지만 이건 건강한 긴장이다. 둘 다 할 수 있다.

관상의 반대는 '행동'이 아니다. 관상적 삶은 행동하지 않는 삶이 아니다. 오히려 그것은 세상 속에서 선을 행하고, 열심히 일하고, 어려운 이들을 돕는 삶이다. 그리스도 안에 거하면 이렇게 열매를 맺는 삶을 살 수밖에 없다. 관상적 삶의 반대는 '주변의 자극에 무조건적으로 반응하는 삶'이다. 그런 삶은 중요한 일이 아닌 시급한 일로 바쁘고, 최신 유행에 휩쓸리며, 상상 속의 행복을 찾아 계층의 사다리를 오르느라 시간을 낭비하고, 쓸데없는 일로 이리저리 정신없이 뛰어다니며 인생을 허비한다.

그런 의미에서 가장 어렵지만 가장 생명을 주는 삶의 길은 '관상적 행동' 혹은 '행동적 관상'의 삶이다. 또한 이 관상과 행동을 예수님의 도제 수업으로 통합한 삶이다.

마침내 중요하지만 어려운 질문을 던질 차례다.

"그러면 이 모든 걸 어떻게 할 것인가?"

How? A Rule of Life

어떻게?
뭐부터
시작해야 할까?

생활 수칙으로 일상 재편하기

나는 언젠가 일본에 꼭 한번 가 보고 싶다. 그곳의 문화와 예술, 디자인, 역사가 무척 매력적으로 다가왔다. 하지만 일본 문화를 직접 경험해 보고 싶다는 갈망만으로는 바람이 현실로 이루어질 수 없다. 우선 여행 갈 날짜를 정하고, 항공편과 숙소 예약은 필수며, 무엇보다 여행 경비부터 마련해야 한다. 한마디로, 구체적인 실행 계획을 세워야 한다. 어떤 여행을 시작하든 최소한 두 가지가 필요한데, 하나는 원하는 목적지에 대한 강렬한 끌림이고, 다른 하나는 그곳에 어떻게 갈지에 관한 계획이다.

사람들은 대개 재정 계획(예산), 시간 계획(일정)을 비롯해, 교육, 커리어, 은퇴, 가족, 자녀의 축구 팀, 운동 등 온갖 일에 계획을 세운다. 하지만 예수님과 함께하며 그분 아래서 도제 수업을 받아 그분이 하신 말과 행동을 자연스럽게 따르기 위한 계획을 세우는 사람은 찾아보기 힘들다. 영성 형성을 제대로 하고 싶다는 바람과 좋은 뜻이 있어도 계획은 없는 이들이 대부분이다. 세월의 검증을 거친 효과적인 계획을 세운 사람은 더더욱 드물다. 피터 스카지로는 이렇게 말했다. "오늘날의 문화 속에서 영성과 깊이의 성장을

이루려면 영적 삶을 위한 신중하고 의식적이며 의도적인 계획이
필요하다."[1]

"영적 삶을 위한 계획"이란 말이 너무나 마음에 든다. 이는 우
리의 영적 삶을 '계획해야' 한다는 뜻이 아니다. 다시 강조하지만,
우리는 스스로를 통제할 수 없다. 따라서 이는 우리의 영적 삶을
'위해' 계획해야 한다는 뜻이다. 우리의 영성 형성을 예수님 손에
온전히 맡기기 위해 우리 삶을 의도적으로 계획해야 한다. 그러면
완전히 새로운 차원의 기쁨이 찾아온다.

내가 수시로 떠올리며 되새기는 존 오트버그의 글이다.

> 하나님과 함께하는 매일의 삶에서 깊은 만족과 기쁨과 확신을
> 경험할 수 있도록 우리의 하루하루를 반드시 정리해야 한다.[2]

여기서 "반드시"라는 표현에 주목하라. 하나님과 함께하는 매
일의 삶에서 깊은 만족과 기쁨과 확신을 경험할 수 있도록 우리의
하루하루를 반드시 정리해야 한다. 아침 루틴에서 매일의 습관과
일정, 예산, 관계까지 삶의 모든 측면을.

또 우리가 당연하게 여기지만 실상은 비정상인 바쁨, 디지털
중독, 만성피로에서 벗어나도록 삶을 재정비해야 한다. 현대 시대
에 맞는 제자 훈련의 정의 중 하나는 삶의 속도를 늦춰 하나님께
우리를 변화시키실 수 있는 여지를 만들어 드리는 것이다.

211

단, 다시 말하지만 이 일은 저절로 이루어지지 않는다. 그래서 계획을 세워야 한다.

풍성한 열매를 맺기 위한 격자 구조물

옛 교회의 한 가지 틀을 소개하고 싶다. 나는 이 틀이 '미래의' 교회에 매우 중요하다고 믿어 의심치 않는다. 바로 "생활 수칙"(Rule of Life; 삶의 규칙)이다.

예수님의 초기 제자들도 지금 우리와 같은 질문을 던졌다. "내가 변화되려면 예수님을 어떤 식으로 따라야 할까?" 그리고 그들이 내린 결론은 내가 볼 때 아직까지는 최상의 답이다. 그 답은 바로 '수칙'이다. 사실, '생활 수칙'은 옛날 말이다. 그래서 현대인의 귀에는 좀 어색하게 들릴 수 있다. 심지어 반감이 들 수도 있다. 하지만 율법폐기론자들을 위해 한마디 덧붙이자면, 이는 삶의 '온갖 수칙들'(복수)이 아니라 삶의 '수칙'(단수)이다.

라틴어 원어는 "레굴라"에서 영어 단어 "레귤러"(regular; 규칙적인)와 "레귤레이션"(regulation; 규제)뿐 아니라, "룰"(rule; 다스리다, 규칙)과 "룰러"(ruler; 통치자)가 나왔다. '레굴라'는 문자적으로 "곧은 나무 조각"을 의미한다.³ '레굴라'의 기원에 관해서는 학자들 사이에 의견 차이가 있지만, 일부 학자들은 고대 지중해 지역에서 포도 원의 트렐리스(trellis; 격자 구조물)를 말할 때 사용된 단어라고 주장 한다.

포도원을 생각해 보라. 포도나무가 '많은 열매를 맺으려면' 무 엇이 필요한가? 격자 구조물이 필요하다. 격자 구조물은 포도나무 를 땅 위로 들어 올려 햇빛을 받고 숨 쉴 공간을 얻고 원하는 방향 으로 성장하게 만드는 지지 구조물이다. 격자 구조물의 지지가 없 으면 포도나무는 원래 생산할 수 있는 열매의 양에 비해 훨씬 적게 열매를 맺는다. 그리고 몇 개 되지 않는 포도마저 질병과 피해, 위 험한 포식자에게 그대로 노출된다.

마찬가지로, 예수님의 도제도 포도나무이신 예수님 안에 거하 여 많은 열매를 맺기 위해서는 격자 구조물이 있어야 한다. 하나님 과 함께하는 삶을 위한 공간을 만들어 내는 지지 구조가 필요하다.

자, 그렇다면 생활 수칙이란 정확히 무엇인가? 생활 수칙은 예 수님과 함께하고, 그분처럼 되며, 그분처럼 하면서 우리의 가장 깊 은 갈망에 따라 살기 위한 공간을 만드는 습관과 관계적인 리듬의 일정과 집합이다. 이러한 생활 수칙은 하나님 중심으로 우리 삶을 의도적으로 정돈하기 위한 가장 핵심적인 방법이다.

리치 빌로다스가 이 생활 수칙을 잘 정의했다.

이 **수칙**은 수칙들을 나열한 목록이 아니다. 이는 우리가 그리스도 안에서 온전해지도록 성령이 하게 해 주시는 일련의 습관, 관계, 헌신에 더 가깝다.[4]

교회가 생긴 뒤 처음 몇 세기 동안은 "삶의 길"(Way of Life; 삶의 방식)과 "생활 수칙"(Rule of Life)이라는 표현을 번갈아 가며 썼다. 신약성경에서는 바울이 "그리스도 예수 안에서 나의 행사(삶의 길) 곧 내가 각처 각 교회에서 가르치는 것"에 관해 말하고 있다.[5] 몇 세기 후 라틴어가 교회의 공식어로 사용되었을 때 성 베네딕토 같은 저자들은 "수칙"(규칙)이란 용어를 사용했다. 하지만 수칙이든, 길이든 사실상 같은 뜻이다.

데이비드 브룩스는 "헌신"을 "무언가(혹은 누군가)와 사랑에 빠지고 나서 사랑이 흔들리는 순간을 위해 '무언가를 중심으로' 행동의 구조를 세우는 것"으로 정의했다.[6] 바로 이것이 수칙이다. 수칙은 "사랑이 흔들리는 순간" 우리를 지탱해 줄 행동의 구조다. 수칙은 수시로 바뀌는 우리 감정과 혼란스러운 욕구보다 더 깊은 무언가에 삶의 닻을 내리는 것이다.

나는 결혼식 주례를 할 때마다 순교자 디트리히 본회퍼 목사의 말을 인용한다. 그는 감옥에서 쓴 한 편지에서 결혼하는 한 젊은 부부에게 이렇게 말했다. "지금은 둘 다 젊고 서로를 무척 사랑해서 두 사람의 사랑이 결혼을 지켜 줄 거라 생각할 겁니다. 하지

만 그럴 수 없습니다. 결혼으로 두 사람의 사랑을 지켜야 합니다."⁷

결혼에서나 하나님과 함께하는 삶에서나 사랑이 자라나고 진정한 변화가 일어날 공간을 만드는 것은 헌신이라는 제약이다. 우리는 헌신을 거부할 때가 많지만, 번데기라는 제약 속에 갇힌 애벌레처럼 바로 그곳이 우리가 나비, 즉 완전히 새롭고 아름다운 피조물로 변화되는 곳이다.

당신은 이미
생활 수칙을 갖고 있다

당신에게는 이미 생활 수칙이 있다. 당신의 생활 수칙은 글로 쓴 것일 수도, 쓰지 않은 것일 수도 있다. 의식적인 것일 수도, 무의식적인 것일 수도 있다. 지혜로운 것일 수도, 어리석은 것일 수도 있다. 장기적인 비전을 추구하는 것일 수도, 단기적인 비전과 즉각적인 만족을 추구하는 것일 수도 있다. 당신의 생활 수칙이 당신을 원하는 목적지로 이끌어 주고 있을 수도, 당신의 의도를 방해하고 있을 수도 있다.

하지만 어쨌든…… 당신이 2분 전까지만 해도 생활 수칙이란 말을 들어 본 적이 없다 해도, 당신에게는 이미 생활 수칙이 있다.

당신이 살아가는 방식이 있다. 아침 루틴, 평일의 일반적인 패턴, 관계망, 예산, 여가 시간에 하는 활동 등이다.

질문은 "당신에게 생활 수칙이 있는가?"가 아니다. 당신에게는 틀림없이 생활 수칙이 있다. 그렇다면 이 질문을 던져야 한다. "당신의 생활 수칙이 무엇인지 아는가? 당신의 생활 수칙이 당신을 원하는 삶으로 이끄는가? 당신의 생활 수칙이 당신에게 도움이 되는가, 오히려 해가 되는가?" 답을 알기 위한 가장 좋은 방법은 영적 자기 조사다.[8] 자신의 삶을 솔직히 평가해야 한다.

비즈니스 세계에 이런 말이 있다. "우리의 시스템은 지금 정확히 우리가 얻고 있는 결과를 만들어 내도록 완벽히 설계되어 있다." 참으로 맞는 말이다. 이 말은 공장이나 순이익에서도, 우리 영혼의 건강과 성장에도 똑같이 적용된다. 당신의 정서 상태가 그다지 좋지 않은가? 하나님에게서 멀어진 것 같은 기분이 드는가? 스트레스나 불안, 분노에 시달리는가? 좀처럼 사랑의 사람으로 자라가지 못하는가? 그렇다면 당신 삶의 '시스템'에서 무언가가 잘못 설계된 것이 분명하다. 당신의 '삶'은 당신이 유지해 온 '삶의 방식' 의 부산물이기 때문이다.

사실상 문제는 당신의 생활 수칙이 통하지 않는 것이 아니라 통하는 것이다. 기독교 영성을 권하는 책에서 프랜시스 스퍼포드 는 토요일 아침에 눈을 떠서 자신의 자유로운 선택이 원하는 삶으로 이어지지 않고 있다는 사실에서 오는 외로움, 공허함, 불만족에 관해 썼다. 이런 상황은 우리에게 주어진 제약이 아니라 우리가 선택한 '자유'가 만들어 낸 결과다.[9] 생활 수칙은 현대 세상의 정의 (definition)와 매우 다른 정의의 자유로 우리를 초대한다. 결국 우리를 자유롭게 해 주는 제약들로의 초대다.

소설가 애니 딜러드는 이렇게 말했다. "우리가 매일을 사는 방식이 곧 인생을 사는 방식이다."[10] 이 말을 영성 형성의 관점에서 읽으면 이렇다. "우리가 매일을 사는 방식"은 우리가 하나뿐인 짧고 귀한 인생으로 무엇을 할지, '우리가 어떤 사람이 되어 갈지'를 결정한다.

아침에 눈을 뜨자마자 휴대폰에서 가장 먼저 확인하는 것이 소셜 미디어라면 이는 단순히 나쁜 선택 정도가 아니다. 우리를 특정한 종류의 사람이 되게끔 만드는 선택이다. 성경보다 뉴스를 더 많이 본다면 이는 단순히 잘못된 선택 정도가 아니다. 우리로 예수님보다 자신이 좋아하는 뉴스 전달자를 더 닮게 만드는 선택이다. 필요하지 않은 물건에 자꾸 돈을 쓰는 것은 단순히 가처분소득(개인의 의사에 따라 마음대로 쓸 수 있는 소득)을 쓰는 게 아니다. 그로 인해 자신의 욕심을 채워 점점 더 탐욕스러운 사람이 되어 가는 것이다.

우리가 하는 이런 모든 것이 우리에게 영향을 미친다. 우리를 형성한다. 그러므로……

217

보호하고
인도하는 역할

생활 수칙은 '보호를 위한 수칙'과 '인도를 위한 수칙'의 균형을 갖추어야 한다. 기독교 지성인 앤디 크라우치는 생활 수칙을 아름답게 정의한다. "우리의 습관을 보호하고 우리 삶을 인도하기 위한 일련의 훈련들."[11]

포도나무 비유로 돌아가 보자. 포도원지기에게는 포도나무를 돌보고 잡초를 막는 두 가지 일이 있다. 이와 비슷하게 우리 모두는 두 가지 물음을 던져야 한다. "내 삶에 무엇을 심어야 할까?" "무엇이 내 삶에 들어오지 못하도록 막아야 할까?"

내가 키우고 싶은 건 무엇이고, 죽이고 싶은 건 무엇인가?

내 생활 수칙(친구들과 함께하는 내 작은 공동체에서 고수하는 수칙들)에는 당신이 쉽게 예상할 수 있는 영적 원칙이 있다. 매일 아침 한 시간 동안 기도하고 성경을 읽는 시간, 매주 하루의 안식일, 공동체와 나누는 식사, 매달 하루의 고독 훈련 등이다. 하지만 역사 속 그 어떤 생활 수칙에서도 볼 수 없는 이상한(하지만 내게는 중요한) 습관도 있다. 그것들은 주로 디지털 시대의 문제점을 다루기 위한 방법들이다. 그것들은 세상의 형성을 뒤집기 위한 반습관(anti-habits)에 가깝다.

몇 가지 예를 들어 보면 다음과 같다.

* 내 휴대폰을 자녀 양육하듯 **양육**한다. 내 침대 옆에는 아날로그
  알람 시계가 있다. 나는 매일 밤 8시 30분에 휴대폰을 우리 집
  서재 서랍에 넣고 **재운다.** 내가 아침 기도 시간을 마치고 매일의
  집필 할당량을 마치기 전까지 휴대폰은 **기상할** 수 없다.

* 24시간 동안 온전한 디지털 안식일을 지킨다. 매주 하루, 쉬고
  예배드리는 날에는 휴대폰과 컴퓨터, 텔레비전을 비롯한 **모든**
  전자기기의 전원을 종일 꺼 놓는다. 이 모든 걸 10대 청소년기인
  우리 아이들에게도 똑같이 적용한다.

* 소셜 미디어 사용을 일주일에 하루로 제한한다. 나는 소셜
  미디어를 독한 향수 냄새를 맡는 것으로 여긴다. 현대 세상에서
  때로는 필요하지만 전혀 유익하지 않고, 너무 많이 들이마시면
  죽을 수도 있다.

* 미디어(텔레비전, 영화, 유튜브) 소비를 일주일에 최대 4시간으로
  제한한다. 이 방법은 앤디 크라우치와 프락시스(Praxis)
  공동체에서 배웠다. "우리는 미디어에 정신을 온통 빼앗기지
  않고 마음을 새롭게 함으로 변화를 받기 위해 애쓴다. 우리는

양, 횟수, 도덕성 측면에서 스크린 사용과 엔터레인먼트 사용에 대해 명확한 한계를 정해서 고수한다."¹² 정말 훌륭한 원칙이다.

참고로, 지금 나열한 예들은 '수칙'에 가깝지만 그 중심에 율법주의가 있는 건 아니다. 나는 이것들이 전혀 내 영적 성숙의 척도가 되지 못함을 잘 안다(오히려 이것들이 필요함은 내 '미성숙'을 드러낼 뿐이다). 이 모든 행위 자체가 나를 더 사랑이 많거나 거룩한 사람으로 빚어 주지는 않는다. 단지 나는 첨단기술과 미디어 같은 것들이 우리를 그릇된 모습으로 빚을 수 있음을 너무나 잘 알기에 이런 수칙을 동원할 뿐이다. 그냥 방치하면 이런 것은 내 삶을 온통 사로잡아 나를 예수님과 전혀 다른 사람으로 바꾸어 놓는다. 하지만 내 가장 깊은 갈망은 하나님께 온전히 사로잡혀 그분의 형상으로 점점 변화되는 것이다.

당신이 나와 똑같은 수칙을 채택해야 하는 건 아니다. 다만 우리 '모두'는 휴대폰과 관련해서 최소한 몇 가지 수칙을 정해야 한다. 특히, 소셜 미디어는 극도로 조심해야 한다.

수칙이라는 말이 영 거슬리는가? '난 자유로운 영혼인걸. 난 통제받는 게 죽을 만큼 싫어!'

미안한 말이지만, 당신은 이미 통제를 받고 있다. 휴대폰 중독과 쾌락을 찾는 육체의 욕구, 실리콘 밸리의 무시무시한 알고리즘에 통제당하고 있다. 수칙을 세우면 당신의 삶이 당신의 가장 깊은 욕구의 통제 아래로 '돌아갈' 수 있다.

스스로 제약을 선택하라. 그렇게 하지 않으면, 하나님의 영이 당신의 마음을 사랑 쪽으로 움직이시는 대신 당신의 시간을 훔치고 당신의 행동을 안 좋은 쪽으로 형성하려는 실리콘 밸리의 프로그래머가 당신을 움직일 것이다. 선택권은 당신에게 있다.

물론 수칙에 따라서 살려면 "노"(No)라고 말하는 법을 배워야 한다. 죄는 물론이요, 좋고 나쁜 온갖 종류의 것들을 거부할 수 있어야 한다. 그러려면 의사결정에 관한 자신의 기준을 재고해야 할 것이다.

예전에 나는 어떤 행동을 하기 전에 이런 질문을 던졌다. "이 행동이 악한가, 악하지 않은가?" 하지만 복음과 예수님과 함께하는 "참된 생명"을 더 잘 이해하게 된 지금은 새로운 질문을 던진다. "이 행동이 나를 예수님께로 더 가까이 이끄는가, 예수님에게서 멀어지게 만드는가?" 이 질문이 '훨씬' 더 좋다.

목표는, 많은 이가 갈망하지만 극소수만 이루는 '집중하는 삶, 선한 뜻을 품은 삶, 그리하여 평안을 누리는 삶'을 사는 것이다. 캘리포니아의 혁신자 스티브 잡스는 애플(Apple)에서 한 일만큼이나 하지 않은 일이 자랑스럽다는 유명한 말을 했다. 그는 이렇게 말했다. "사람들은 집중이 '해야 할 일을 받아들이는 것'을 의미한다고 생각한다. 하지만 그것이 그 의미의 전부는 아니다. 집중은 온갖 다른 좋은 아이디어들을 거부한다는 뜻이다. 신중하게 선택해야 한다."[13]

수칙도 마찬가지다. "신중하게 선택해야 한다." "예스"(Yes)보다 "노"(No)를 더 많이 말해야 한다. 하루의 시간과 인생의 날수는 정해져 있기 때문이다. 수칙을 지혜롭게 선택하라. 당신의 삶이 상상도 못 할 만큼 풍요로워지리라.

좋은 생활 수칙의 유익

비전이 현실로 이루어지다

"지옥으로 가는 길은 좋은 의도들로 포장되어 있다"라는 말을 들어 본 적 있는가? 인류 타락의 결과 중 하나는 아름다운 삶을 갈망하지만 그 비전을 현실로 옮기려는 결심과 훈련, 인내가 부족해졌다는 것이다. 모두가 대개 좋은 것을 진정으로 원한다. 하지만 마음의 소망을 향해 나아가는 데 필요한 단계를 밟지 않고 이를 회피하거나 미루거나 변명해서 끝내 실패한다. "내가 원하는 바 선은 행하지 아니하고 도리어 원하지 아니하는 바 악을 행하는도다."[14] 지금도 여전히 많은 이들이 실패하는 중이다.

'거창한 포부'에서 '진정한 변화'로 넘어가는 단계는 제자 훈련의 큰 과제다. 그런데 생활 수칙으로 이 간격을 메울 수 있다. 생활 수칙은 예수님과 함께하는 것, 사랑의 사람이 되는 것, 삶에서 바쁨을 가차 없이 제거하는 것 같은 좋은 개념을 몸에 습관화해 말 그대로 중추신경계를 새롭게 배선하게 해 준다. 수칙이 자리 잡지 않으면 이런 개념은 그저 머릿속 생각으로만 그칠 가능성이 높다.

기독교 작가 존 오트버그에게서 이런 말을 들은 적이 있다. "예수님을 따르는 건 골프를 치는 것과 비슷한 점이 있어요. 무엇을 해야 할지에 관한 비전, 예를 들면, 완벽한 스윙, 옳은 자세, 옳은 어프로치 각도, 파를 기록하는 것에 관한 그림을 가지는 부분은 좀 쉽죠. **어려운 부분**은 근육 기억에 그 그림을 새겨 굳이 생각하지 않아도 그것이 자신에게서 자연스럽게 나오게 만드는 겁니다."

예수님을 따르는 것에 관한 설교를 듣는 것(혹은 책을 읽는 것)은 골프 치는 법을 가르쳐 주는 유튜브 동영상을 보는 것과도 같다. 출발점으로 삼기에는 괜찮은 일이다. 하지만 직접 신발을 신고 채를 들고 필드로 나가기 전까지는 별다른 진전이 없다.

내 가장 깊은 갈망과 일치한 삶을 살아 평강을 맛보다

우리의 일정은 우리의 가치와 어긋나는 경우가 너무도 많기에 많은 사람이 늘 온몸에 불안이 가득한 채로 살아간다. 그렇게 매일같이 불안에 시달리니 에너지가 항상 고갈된 상태다. T. S. 엘리엇의 표현을 빌리자면, 디지털 시대의 "이 불안한 세상"에서는 "이것에 정신이 팔렸다가 저것에 정신이 팔리기를" 반복하기가 그 어느 때보다도 쉬워졌다.[15] 세계 역사상 가장 강력한 기업들이 우리의 두려움을 자극하고 우리의 분노를 키우기 위해 가장 정교한 알고리즘으로 밤낮없이 일한다.[16]

디지털 시대에 평강의 삶을 살려면 일종의 저항이 필요하다. 생활 수칙이 바로 그런 저항이다. 생활 수칙은 디지털 제국의 통치자들과 권세들에 저항하는 행위다. 우리의 가장 깊은 갈망은 예수님과 함께하고, 그분으로 인해 사랑의 사람으로 형성되고, 하나님이 우리를 위해 계획하신 일을 하는 것이다. 생활 수칙은 이 갈망대로 살기 위한 방법이다. 인생을 허비하기를 거부하는 방법이다.

그러기 위해서는 자신의 가장 깊은 갈망이 무엇인지를 명확히 알아야 한다. 자신의 마음과 하나님의 음성에 귀를 기울여야 한다. 한 이냐시오 학자가 내게 장난스럽게 한 말에 따르면, 가장 좋은 방법 중 하나는 "당신의 질투심에 관심을 기울이는" 것이다. 다른 사람의 인생의 어떤 특징을 보고서 '나도 저렇게 살고 싶다'라는 생각이 드는 순간에 관심을 기울이라. 그러고 나서 그 방향으로 가기 위한 수칙을 짜라.

올바른 속도로 살게 되다

현대사회에서 속도 조절은 정말 중요한 사안이다. 우리는 너무 많은 것을 너무 빨리 하면서 바쁨(정의: 할 일은 너무 많은데 시간은 충분하지 않은 상황)을 더욱 가속화한다. 그러면 영적 삶이 죽고, 감정적 에너지가 고갈되고, 필연적으로 영혼이 시든다. 하지만 반대 경우도 성립된다. 너무 적게, 너무 느리게 하면 무기력하고 몽롱하고 자기중심적인 상태로 빠져든다. 고대 사람들은 이를 "아케디아"(라틴어), 즉 "나태"라고 불렀고, 수사들은 "한낮의 악마"라는 별칭으로 불렀다.

생활 수칙은 탈진하거나 멈추지 않고 "부름의 상을 위하여 달려"[17]갈 수 있는 삶의 속도로 미리 정하게 해 준다.

'자유'와 '규율' 사이 균형이 유지되다

번성하는 삶을 저울이라 생각해 보라. 한쪽에는 자유가, 다른 쪽에는 규율이 있다. 즉흥성과 구조. 혼란과 질서. 자유 쪽으로 치우치면 불안에 휩싸이고, 규율 쪽으로 치우치면 견디기 힘들 만큼 답답해질 수 있다. 성격에 따라 어느 한쪽에 끌릴 가능성이 높다. 인생의 단계가 바뀔 때마다 수시로 왔다 갔다 하는데, 이는 지극히 정상적이면서 건강한 반응이다. 열쇠는 둘 사이의 균형이다.

이것이 생활 수칙이 법(law)이 아니고 수칙(rule)인 이유다. 둘의 차이를 생각해 보라. 법은 우리 외부에서 왔으며, 융통성이 거의 없다. 법은 유죄와 무죄를 결정하며, 우리가 잘못된 쪽으로 가지 않도록 막기 위해 마련되었다. 우리에게는 법이 필요하다.

하지만 수칙은 전혀 다르다. 수칙은 우리 내면에 있는 바람에 따라 스스로 만든 것이며, 융통성이 매우 많다. 수칙은 도덕보다는 관계에 근거하며, 좋은 삶에 관한 자신의 비전을 향해 나아가기 위해 마련되었다.

예를 들어, 우리 동네 외곽의 넓은 도로는 시속 40킬로미터의 속도 제한이 있는데, 이는 엄연히 교통 법규다. 휴일이든, 도로에 사람이 없든, 내가 스포츠카를 몰든(순전한 가상의 상황) 상관없이 나는 그 도로에서 항상 시속 40킬로미터 이하로 달려야 한다.

이를 나와 아내가 가정을 위해 세운 약간의 '수칙'과 비교해 보자. 우리는 하루에 20-30분간 둘만의 시간을 갖고, 일주일에 한 번 데이트를 하며, 분기마다 한 번 순전한 쉼과 관계를 위해 아이들 없이 여행을 가기로 정했다. 하지만 이 수칙에는 융통성이 아주 많다. 우리가 이따금 이 수칙을 어겨도 죄책감이나 수치심이 따르지는 않는다. 하지만 이 수칙을 어길수록 서로에 대한 사랑은 줄고 긴장감과 거리감은 커진다. 그래서 수칙이 필요한 것이다.

생활 수칙은 죄수에게 입히는 구속복이 아니다. 우리 삶을 안내하는 지도요, 길이다.

내 친구 타일러 스태튼은 수칙은 닻이고, 우리 인생은 배라는 비유를 즐겨 사용한다. 우리가 올바르게 살 때는 대개 닻의 존재를 의식하지도 못한다. 하지만 인생의 배가 표류하기 시작하면 닻이 우리를 중심으로 다시 끌어당긴다.

아내이자 어머니이며 성공회 사제인 마가렛 구엔터는 수칙에
관해 누구보다도 잘 설명했다.

> 좋은 수칙은 참된 자아, 최상의 자아로 살아갈 자유를 준다. 이는
> [한 번 새기면 돌이킬 수 없는 단단한] 돌에 새겨진 것이 아니라 [계속] 작업
> 중인 문서이며, 일종의 영적 예산이다. 주기적으로 검토하고 고쳐
> 쓰는 과정이 필요하다. 수칙은 분명 우리를 도와주지만 제약하지는
> 않는다.[18]

마지막으로 이 점을 기억하라. 모든 상황에 맞는 단 하나의 생
활 수칙, 단 하나의 영성 형성 방법이란 없다. 기도하기 위한 '옳은'
방법이 없듯 생활 수칙을 짜기 위한 '옳은' 방법도 없다. 예수님은
우리를 어떤 루틴과 의식, 종교의 노예로 만들기보다 그분의 길을
따르는 삶으로 우리를 자유롭게 하려고 오셨다.

그렇다 해도 예수님의 길을 따르기 위한 몇 가지 핵심 습관은
모든 제자의 생활 수칙에 포함되어야 한다. 하지만 그 습관들을 확
인하기 전에 "습관"이 과연 무엇인지부터 간단히 짚고 넘어가자.

습관에 대한
오해와 이해

듀크신학교(Duke Divinity School)의 크레이그 다이크스트라 교수는 이렇게 말했다. "기독교 신앙의 삶은 많은 습관을 실천하는 삶이다."[19] 내가 "습관"(practices)이라 부르는 것을 대부분의 사람들은 "영적 훈련"이라고 말한다.[20] 내 친구이자 동료인 스트라한은 "시간을 드리는 제단"이라는 표현을 쓴다. 루스 헤일리 바턴은 이를 "거룩한 리듬"이라 불렀으며,[21] 유진 피터슨 목사는 "은혜의 리듬"이라고 불렀다.[22] 개혁신학자들은 "은혜의 수단"이라 부른다.[23] 일반 대중들에게 친숙한 언어를 쓰자면, 이는 예수님의 삶에 기반한 핵심 습관(habits), 곧 라이프스타일이다.

먼저 습관에 대한 오해부터 살펴보면서 시작해 보자. 습관은······

영적 성숙의 바로미터가 아니다

물론 제자는 '훈련을 받은 사람'이며, 성숙한 제자일수록 엄격한 습관을 유지하고 성숙하지 않은 제자일수록 무절제하게 살 가능성이 높다. 하지만 영적 성숙의 척도는 훈련보다 사랑이다. 훈련은 예수님과 함께하고, 그분처럼 되며, 그분처럼 한다는 목표를 위한 '수단'일 뿐이다. 심리학자 리치 플라스는 *The Relational Soul*(관계적 영혼)이라는 책에서 이렇게 말했다. "영적 훈련은 그 자체로 목적이기보다 어떤 목적을 위한 수단이다. …… 훈련은 영혼을 옳은 길로 붙잡아 두어 하나님을 알고 사랑 안에서 다른 사람에게 집중하는 삶을 살게 해 준다."[24]

정확히 맞는 말이다. 훈련은 목적지가 아니라 가야 할 길이다.

나는 한 번도 교회에 빠지지 않고 매년 성경을 통독하며 질이 안 좋은 영화는 절대 보지 않지만(다 좋은 것) 여전히 자기 의가 심하고 통제적이고 쉽게 분노하고 자신의 약점을 보지 못하며 때로는 너무도 사랑 없는 모습을 보이는 사람들을 알고 있다.[25] 반대로, 어린아이를 키우느라 하루에 단 10분조차 기도 시간을 내기 어렵지만 해가 갈수록 점점 더 사랑이 풍성해지는 사람들도 알고 있다. 바로 사랑이 우리가 관심을 기울여야 할 척도다.

절대 따분한 게 아니다

'습관'과 '훈련'이라는 단어는 듣기에 그저 귀찮은 할 일처럼 다가온다. 즉흥적이고 재미를 좋아하는 사람이라면 특히 더 그럴 수 있다. 하지만 그렇지 않다. 안식일, 잠(그렇다, 잠도 예수님의 습관이다), 잔치, 감사, 축하, 예배 등 많은 일이 알고 보면 즐거운 습관이다. 고독이나 금식, 섬김 같은 습관도 오랫동안 실천하다 보면 즐거워진다. 리처드 포스터는 이렇게 말했다. "기쁨은 모든 훈련의 기조다."[26]

거래용 공로 쌓기가 아니다

물론 성부 하나님은 그분이 원하시는 방향으로 가려는 우리의 모든 수고를 기뻐하신다. 하지만 안식일 지키기, 성경 읽기, 가난한 이들 섬기기 같은 모든 공로를 장부에 적어 하나님께 무언가를 얻어내려는 건 올바른 수고가 아니다.

율법주의적인 환경에서 신앙생활을 한 사람일수록 이 점을 아는 것이 특히 더 중요하다. 존 오트버그는 이 점을 잘 짚었다. "율법주의 속박 아래서 사는 사람들이 은혜에 관한 메시지를 들으면 훈련이 또 다른 형태의 종교적 억압으로 이어질까 의심하기 쉽다. 하지만 영적 훈련은 단지 하나님이 은혜롭게 제시하시는 삶을 자기 것으로 만들거나 그 삶 쪽으로 자라기 위한 수단이다."[27] 나는 여기서 "자기 것으로 만들다"라는 표현이 정말 마음에 든다.

기독교 버전의 덕행 과시(virtue signaling)가 아니다

자신이 진짜로 옳다고 믿는 바를 글로 써서 올리는 게 아니라, 그저 남들에게 트렌드에 밝은 사람으로 보이고 싶고, 근사해 보이고 싶고, 팔로우 취소를 당하고 싶지 않은 마음에서 올린 일반적인 온라인 글들을 보라. 그로 인해 사회정의가 수시로 변하는 동시에 새로운 계급주의가 나타났다.

예수님은 이 미묘한 함정을 분명히 알고서 이를 강하게 경계하셨다. 그분은 영적 습관들에 관해 가르치실 때[28] 기도, 금식, 후히 베푸는 습관에 관한 통찰을 제시하셨다. 그 메시지의 핵심은 "사람에게 보이려고" 하는 습관의 위험성에 관한 '경고'였다.

영성 형성에는 다음과 같은 영적 법칙이 작용하는 듯하다. 그릇된 이유로, 이를테면 남들에게 잘 보이거나 남들을 앞서거나 자신의 수치를 가리기 위해 영적 훈련을 하면 오히려 그것이 영성 형성에 도움이 아닌 방해가 된다. 훈련이 우리의 영혼에 기생충 감염 같은 문제를 일으키는 것이다.

영적인 길을 걸어가는 내내 위험이 잔뜩 도사린다. 옳은 길임이 분명 맞음에도 그 길에는 치명적인 위험이 사방에 도사린다.

통제 수단이 아니다

우리는 습관이 정서적·영적 삶에서 원하는 결과를 얻으려고 '행하는' 것이라는 착각에 빠지기 쉽다. 그럴 경우, 훈련은 삶의 여러 증상을 통제해 고통을 피하기 위한 헛된 시도로 전락한다. 하지만 고통을 피할 길은 없다. 훈련을 할 때 우리는 고통 가운데 계신 하나님을 만나 그분이 원하시는 것을 그분이 원하시는 때에 해 주실 줄 믿고서 그분께 더 온전히 항복하게 되는 것이다.

자, 그렇다면 습관이란 무엇일까? 습관은 예수님의 삶의 방식에 근거한 훈련으로, 성령의 임재와 능력을 얻어 내면에서부터 변화되기 위한 시간과 공간을 만들어 내는 것이다. 영적 훈련이 무엇인지를 더 잘 이해하기 위해 훈련이 전반적으로 무엇인지를 분명히 아는 것이 도움이 될 수 있다. 훈련의 기본적인 정의를 보자.

> 훈련은 현재 내가 직접적인 노력으로 할 수 없는 것을 결국 할 수 있게 되기 위해 내가 직접적인 노력으로 할 수 있는 것을 하는 것이다.

운동을 비유로 설명해 보겠다. 나는 어릴 적에 운동을 잘하지 못했지만 농구만큼은 정말 좋아했다(골든스테이트 워리어스의 팬이다). 집 앞에 농구대를 설치하고서 어둑해질 때까지 몇 시간이고 드리블과 슈팅 연습을 했던 기억이 난다. 훌륭한 농구 선수의 길은 단지 열심히 '노력하는' 데 있지 않고 열심히 '훈련하는' 것임을 본능적으로 알았기 때문이다. 나는 말 그대로 훈련하는 데 수천 시간을 들였다. 내가 할 수 있는 드리블과 슈팅 연습을 할수록 나는 '당장은 할 수 없던 것'을 '할 수 있는 사람'이 되어 갔다. 당장 내가 할 수 없던 것이란 코트에서 선수로 뛰는 것이었다.

타고난 내 농구 감각의 부족과 느린 신경근육 발달로, 이 이야기는 결국 반쪽짜리 비유에 그칠 뿐이다. 하지만 내 요지는 충분히 전해졌으리라. 농구 선수는 물론이고 기타리스트나 마라톤 선수, 화가가 되는 데 훈련이 필요한 것처럼, 사랑의 사람이 되는 데도 훈련은 필수다. 성경 읽기, 기도, 안식일 준수, 공동체 구성원과 식사하기처럼 지금 우리가 할 수 있는 것을 하면, '지금 당장'은 할 수 없는 것을 '결국' 할 수 있는 사람으로 형성되어 간다. 즉 예수님처럼 살고 사랑하게 된다.

훈련은 능력을 끄집어내는 방법이다. 영적 훈련은 (우리의 의지력 근육에 대한 일종의 저항 훈련을 통해) 우리 자신의 능력을 끄집어낼 뿐 아니라 하나님의 능력까지 얻는 방법이다. 영적 훈련은 우리 자신을 하나님께 드림으로써 바울이 말하는 "은혜"를 얻도록 예수님이 마련해 주신 방법이다.[29] 여기서 "은혜"는 우리에게 힘을 주시는 하나님 영의 임재를 말한다.

달라스 윌라드의 말을 다시 들어 보자.

> 훈련은 우리의 인격과 존재 전체가 하나님과 효과적으로
> 협력하도록 의도적으로 행하는 정신과 육체의 활동이다. 이 활동을
> 하면, 우리 "자신을 죽은 자 가운데서 다시 살아난 자같이 하나님께
> 드리며 …… [우리] 지체를 의의 무기로 하나님께 드리"면서, 엄밀히
> 말해 우리 자신을 초월하여 영적 영역 자체로부터 오는 능력

안에서 살게 된다.[30]

다시 말해, 훈련은 영성 형성을 위해 우리가 감당할 역할이다. 옛 그리스도인들은 훈련을 "시너지"(synergy; 협력, 협동 작용)라고 불렀다. 이는 하나님을 '위해' 하는 것이라기보다 하나님과 '함께' 하는 것이다. 역사하시는 건 하나님의 일이고, 훈련하는 건 우리 몫이다. 하나님의 역할이 있고, 우리 역할이 있다.

우리 역할은 삶의 속도를 조절해 변화의 공간을 내고 우리 자신을 하나님께 드리는 것이다. 하나님의 역할은 우리를 변화시키시는 것이다. 우리는 그럴 능력이 없다. 우리는 훈련을 하면서, 바울처럼 "하나님은 그분을 기쁘시게 하는 것을 행할 갈망과 능력을 내게 주시고, 내 안에서 그 일을 행하신다"라고 고백해야 한다.[31]

예수님은 우리가 이어서 다룰 안식일, 성경, 기도, 금식 같은 핵심 습관의 본을 몸소 보여 주셨다. 학자들은 이 모든 것을 "고전적인 훈련들"이라 부른다. 이 습관들이 옛날 습관이어서가 아니라 '모든 시대'에 걸쳐 '모든 사람'에게 해당하는 핵심 훈련이기 때문이다.

단, 한 가지 점은 짚고 넘어가야 한다. 은혜의 도구로서 하나님께 드리면 '무엇이든' 영적 훈련이 될 수 있다. 예를 들어 보겠다. 오랫동안 나는 집에서 개를 키우는 걸 반대해 왔다(나를 담당한 의사의 말을 빌리자면 나는 "강박적인 성향"을 지녔다. 결벽증이 심하다는 뜻이다. 하지만 개는 그리 깨끗하지 않다). 하지만 온 가족과 씨름한 끝에 결국 내가 지고 말았다. 그렇게 암캉아지 진 어소가 우리 집에 왔다(그렇다. 영화 〈스타워즈〉의 여주인공 이름을 따서 지었다. 나는 츄이에 한 표를 던졌지만 이번에도 내가 졌다).

처음에는 녀석 때문에 미치는 줄 알았다. 세 꼬마가 집에 있는 것만도 스트레스가 이만저만 아닌데, 이 녀석까지 합류하자 정신을 차리기 힘들었다. 하지만 결국 이 현실을 받아들여야 함을 깨달았다. 나는 마지못해 진 어소를 데리고 포틀랜드의 우리 집 근처 숲을 산책하기 시작했다. 산책하는 내내 하나님께 완벽주의, 통제적 태도, 만성적인 분노에서 나를 자유롭게 해 달라고 간구했다. 이 모든 것은 사랑의 흐름을 방해하는 것들이었다. 그러자 놀랍게도 녀석이 조금씩 좋아지는 게 아닌가! 지금도 완벽주의에서 다 벗어나려면 한참 멀었지만, 나는 조금씩 옳은 방향으로 나아가는 중이다.

완벽주의에서 벗어나고자 개와 산책하기, 몸을 돌보기 위해 춤 배우기, 외로운 이웃집 어르신 방문하기, 저속 차선에서 운전하기, 철학책 읽기, 물리학 공식 쓰기…… 이외의 어떤 활동이든 하나님께 드리면 그분이 변화시키시는 임재로 그 공간을 채워 주시리라.

로버트 멀홀랜드 박사는 영적 훈련을 이렇게 정의한다. "우리의 망가짐과 속박을 하나님께 드려 망가짐을 치유받고 속박에서 해방되기 위한 사랑의 순종 행위."[32]

235

훈련이 전부는 아니지만 정말, 정말 중요하다.[33] 예수님과 함께하고 그분처럼 되기를 원하는 이라면 훈련은 필수다. 훈련이 영성 형성의 전부는 아니지만 중요한 출발점이다. 그리고 농구 드리블 연습처럼 우리는 결코 훈련한 것 이상으로 성장할 수 없다.

이것이 예수님을 '따르는 것'의 진정한 의미다. 즉 예수님을 따르는 것은 그분의 전반적인 삶의 방식을 채택하는 것이다. 좋은 소식은 예수님이 직접 행하신 습관과 리듬과 진리를 중심으로 우리 삶을 정리하면(혹은 재정리하면) 변화가 가능하다는 것이다.

성육신하신 예수님은 하나님의 세상에서 인간으로서 번영하기 위한 패턴을 보여 주셨다. 예수님 자신이 중추신경계의 가소성을 지닌 육체로 사셨다. 세월의 검증을 거친 그분의 습관은 우리에게 그분의 길을 보여 준다. 그 습관은 하나님의 뜻에 정렬되어 그분의 영을 통한 치유와 해방을 경험하게 해 준다. 우리 역할은 유일하게 순수한 동기, 곧 기쁨 가득한 사랑으로 그 습관을 들이는 것이다.

그리할 때 우리 몸의 자동적인 악한 반응이 서서히 그러나 확실하게 바뀌고 사라진다. 매일의 삶에서 예수님의 가르침을 '자연스럽게' 실천하게 된다. 사랑 가득한 삼위일체 하나님의 생명에 끌리면서 하나님이 점점 더 실재로 다가오게 된다. 이보다 더 좋은 삶의 길이 있을까?

예수님의 핵심 습관
아홉 가지

예수님의 습관을 모은 공식적인 목록은 없다. 자연 가운데 거닐고, 산을 오르고, 발을 씻어 주는 것 등 우리가 예수님의 삶에서 볼 수 있는 모든 습관이 중요하기 때문이다. 이런 일이 일반적으로 영적 훈련 목록에 들지 않지만, 예수님의 도제들은 영성 형성을 위해 이 모든 것을 활용할 수 있다.

우리 프랙티싱더웨이에서는 다음과 같은 아홉 가지 핵심 습관으로 각자의 생활 수칙을 쓸 것을 추천한다. 각 습관을 간단히 훑어보자.

1 // 안식일

영적 여행은 쉼으로 시작된다. 성경 첫 장에서 이를 확인할 수 있다. 창세기에서 하루는 해가 지면서 잠으로 시작되고, 한 주는 안식일의 쉼으로 시작된다. 나는 누군가에게 영적 멘토링을 할 때 대개 잠과 여유, 휴일, 즉 쉼을 처방하면서 시작한다. 너무 바쁜 나머지 잠을 못 자서 만성피로에 시달리는 사람들은 절대 사랑과 평강, 기쁨이 넘치지 않는다. 쉼은 예수님의 도제 수업에 '필수적'이다.

피곤은 피할 수 없는 이생의 특징이다. 하지만 피로도가 '위험한' 수준에 이른 사람이 너무도 많다. 그런 사람은 하나님의 임재를 인식하지도 그분의 음성을 듣지도 못 한다.

안식일은 한 주에 하루를 온전히 쉬는 것이다. 인생의 7분의 1은 멈추고 쉴 뿐 아니라, 자신과 함께하기 위해 우리를 지으신 하나님 안에서 기뻐하고 그분을 예배하는 시간이어야 한다. 낸 핑크는 *Stranger in the Midst*(한복판의 낯선 이)라는 책에서 이렇게 말했다.

> 안식일은 그 어떤 날과도 다르다. 이 24시간은 평일의 시간과 다르고, 주중의 염려가 이내 사라진다. 기쁨의 감정이 솟아난다. 나뭇잎이나 숟가락 같은 지극히 사소한 물질이 부드러운 빛으로 반짝거리고, 마음이 열린다. 안식일은 믿기 힘든 아름다움을 묵상하는 시간이다.[34]

힘든 세상 속에서 하나님의 아름다우심을 기억하고 그분과 함께하는 삶을 유지하려면 안식일이 필요하다.

2 // 고독

그분의 길을 따르는 위대한 제자들은 하나같이 고독이 예수님의 '모든' 습관 중 '가장 중요한 기초'라고 말한다. 헨리 나우웬은 "고독 없이는 영적 삶이 사실상 불가능하다"[35]라고까지 말했다. 고독에는 늘 함께하는 동반자가 있으니, 바로 침묵이다. 제임스 코너는 침묵이 "하나님과의 교제로 들어가는 유일한 문"이라고 말했다.[36] 이게 유일한 문은 아닐지 모르지만, 그분의 길을 따랐던 영적 대가들은 하나같이, 고독과 침묵의 훈련, 곧 복음서 기자들이 "에 레모스"(조용한 장소)라 부르는 것이 가장 중요한 관문이라고 입을 모았다.

충분히 쉬고 나면 조용한 장소에서 하나님을 찾을 수 있다. 그곳에서는 우리 안에서 크게 울려 퍼지던 세상의 소음(방해 요소, 혼란, 모든 거짓말)이 잠잠해지며, 오직 하나님의 평강과 임재가 빛난다.

수세기 전 시리아인 성 아이작은 이렇게 말했다. "말은 현재 세상의 기관(organ)이다. 침묵은 다가올 세상의 신비다."[37] 침묵 속에서 우리는 다가올 세상의 신비 속으로 또한 하나님께로 들어간다.

하나님을 찾기 위한 조용한 장소를 찾으라.

3 // 기도

예수님은 혼자만의 시간이 필요한 내향적인 분이어서 "한적한 곳"으로 가신 게 아니다. 예수님은 기도하려고 그곳에 가셨다.[38] 많은 사람이 '기도' 하면 한 가지 형태의 기도를 떠올린다. 바로, 필요한 것을 하나님께 구하는 기도다. 물론 이런 기도도 필요하다. 하지만 여기서 내가 말하는 기도는 더 광범위한 기도를 말한다. 바로 우리가 하나님과 소통하고 교제하는 수단으로서의 기도다.

기도에는 기본적으로 네 가지 수준의 기도가 있다(혹은 네 가지 차원의 기도라고 할 수도 있다).[39]

① 하나님께 이야기하는 것 — 시편이나 전례 같은 정해진 기도문으로 기도하거나 교회에서 찬양으로 기도하는 것 등.

② 하나님과 이야기하는 것 — 우리 삶에 관해 하나님과 대화하는 것. 감사(우리 삶과 세상의 '좋은' 것들에 관해 이야기하는 것), 탄식(우리 삶과 세상의 '악한' 것들에 관해 이야기하는 것), 간구와 중보(선으로 악을 이기게 하겠다는 약속을 이루어 달라고 간청하는 것)로 우리 삶을 하나님께 자세히 아뢰는 것.

③ 하나님의 음성을 듣는 것 — 조용한 경청, 렉티오 디비나(거룩한 읽기), 예언적인 말 등을 통해 하나님의 음성을 듣는 것.

④ 하나님과 함께하는 것 — 사랑으로 우리를 바라보시는 하나님을 그냥 바라보는 것('관상 기도'라고도 부르는 것).

하나님과 사랑의 관계를 쌓으려면 이 네 가지 유형의 기도가 모두 중요하다. 하지만 1, 2번 유형에서 벗어나지 못하는 사람이 많다. 4번 유형의 기도의 기쁨을 발견하는 이는 매우 드물다. 물론 기도는 일직선으로 발전하는 4단계짜리 공식이 아니다. 기도는 평생 걷는 길고도 구불구불한 길에 더 가깝다. 중요한 건 이 길에서 떠나지 않는 것이다.

로널드 롤하이저의 말을 들어 보자.

> 나쁜 기도 방법은 없고, 기도의 한 가지 출발점이 있는 것도
> 아니다. 위대한 영적 스승들은 타협 불가능한 한 가지 수칙만
> 제시한다. 그것은 기도의 자리에 꾸준히 나타나는 것이다.[40]

4 // 금식

금식은 예수님의 모든 습관 중에서도 빼놓을 수 없는 강력한 습관이다. 그리고 금식은 현대 서구 그리스도인이 가장 하지 않는 영적 습관이다. 금식은 말 그대로 몸으로 하는 기도다. 자신의 전부를 예배로 하나님께 드리는 것이 금식이다. 우리 몸을 하나님 앞에 내려놓으면 우리를 통제하던 육신의 힘이 깨어지고 그 자리에 대신 성령의 능력이 들어온다.

금식 도중 우리가 원하는 걸 얻지 못해도 기뻐하는 법을 배워 간다. 금식을 하며 고통을 감내할 때 모든 상황에서 기뻐하는 능력이 커진다. 무엇보다 금식을 하면서 기도의 능력이 커진다. 하나님의 음성을 듣는 능력과 동시에 하나님이 들으실 만한 기도를 하는 능력이 커진다.

하지만 금식은 어렵다. 처음에는 특히 어렵다. 그러나 꾸준히 실천할수록 훨씬 쉬워지기는 한다. 음식을 끊을 때 찾아오는 극심

한 굶주림은 우리 영혼에서 은혜가 가장 필요한 영역들을 밝혀 주며, 우리 자신을 하나님께 온전히 열게 해 준다. 예수님이 말씀하신 "(우리가) 알지 못하는 먹을 양식"을 먹기 시작한다.[41]

안타깝게도 금식은 이제 거의 잊힌 훈련이다. 이 훈련을 되찾을 때가 왔다.

5 // 성경

성경 읽기는 '마음을 새롭게 함으로 변화를 받기 위한' 주된 방법이다.[42] 하나님의 생각대로 생각하면 "그리스도의 마음"이 길러지기 시작한다.[43] 그리스도의 눈으로 세상을 보기 시작한다. 그리스도처럼 생각하게 된다. 그리스도께서 느끼시는 대로 느끼게 된다. 그리스도를 닮은 의식의 흐름을 의도적으로 가꾸면 점점 그리스도의 기쁨과 평강과 사랑 안에서 살게 된다.

성경 읽는 방법은 다양하다. 혼자서 천천히 기도하면서 읽을 수도 있다(렉티오 디비나). 공동체와 함께 많은 분량을 큰 소리로 읽을 수도 있다(성경 대부분이 이런 식으로 읽도록 쓰였다). 교회에서 설교나 가르침을 통해 성경을 집중적으로 공부하며 읽을 수 있다. 암송하면서 읽을 수도 있다. 이외에도 여러 방법이 있다.[44] 여러 방법으로 성경을 읽을 때 말씀이 우리 마음을 채우고 빚으며 자유롭게 한다.

6 // 공동체

존 오트버그는 이렇게 말했다. "대체로 우리는 혼자 있을 때 죄를 짓고, 함께 있을 때 치유를 받는다."[45] AA의 표현을 빌리자면 "'나'는 술에 취하지만, '우리'는 금주 상태를 유지한다."

교회는 하나님의 가족이 되는 곳이다. 하지만 잘못되는 경우가 많기에(그런 사례가 차고 넘친다) 두렵기도 하다. 가장 깊은 상처는 관계에서 비롯한다. 하지만 가장 깊은 치유도 역시 관계에서 비롯한다. 혼자서는 예수님을 따를 수 없다. 서구 문화의 극단적인 개인주의는 정신 건강의 위기요 사회적인 재난이다. 하지만 거기서 끝이 아니다. 개인주의는 우리 인생이 그리스도를 닮은 사랑으로 형성되는 길을 완전히 차단한다. 우리가 복음으로 형성되는 일은 관계 속에서 이루어지기 때문이다.

주일에 예배하고, 한 식탁에 둘러앉아 먹고, 서로 죄를 고백하고, 영적 지도나 치료, 가르침을 받기 위해 함께 모이는 것이 반드시 필요하다. 그리스도의 길은 공동체를 이루어 함께 걸어야만 하는 길이다. 당신은 함께 그 길을 같이 걸어갈 친구가 있는가?

7 // 베풂

삶의 속도를 늦추고 예수님 중심으로 삶을 정리하면 삶이 단순해지면서 베풂의 여지가 생긴다. 하나님께, 또한 도움이 필요한 이들에게 자원을 내줄 수 있게 된다. 과소비를 하지 않고 검소하게 살면 베풀 수 있는 새로운 기회들이 열린다.

베풂은 '가장 기쁜' 습관 중 하나다. 우리가 "하나님"이라고 부르는 삼위일체 공동체의 중심에서는 베풀고 자신을 내주고 용서하는 사랑이 넘쳐흐른다. '하나님이 세상을 이처럼 사랑하사 독생자를 주셨고' 이어서 성자께서는 성부께 구해 성령을 우리에게 주셨다.[46] 우리의 돈과 자원, 시간, 사랑을 주는 것은 곧 삼위일체 하나님의 넘쳐흐르는 사랑에 참여하는 것이다. 그리고 "우리가 하나님처럼 행동할 때 비로소 하나님이 느끼시는 것을 느낄 수 있다."[47]

예수님이 2,000년 전에 말씀하신 사실을 지금 사회학자들이 발견하고 있다. "주는 것이 받는 것보다 복이 있다."[48] 당신은 무엇을 주어야 하는가? 다시 말해, 당신은 기쁨을 얼마나 간절히 원하는가?

8 // 섬김

예수님은 그분의 삶을 이렇게 설명하셨다. "인자가 온 것은 섬김을 받으려 함이 아니라 도리어 섬기려 하고 자기 목숨을 많은 사람의 대속물로 주려 함이니라."[49]

사실 내 기본 성향은 정반대다. 나는 섬기기보다 섬김을 받고 싶다. 사람들이 실제로 예수님처럼 산다면 세상이 어떤 모습일지 상상해 보라. 현대사회의 추악한 불의를 생각해 보라. 인종주의, 편협, 정치적 분열, 점점 더 벌어져만 가는 빈부 격차, 가진 자와 가지지 못한 자. 사회학자들은 우리 사회가 남북전쟁 이후로 가장 분열되어 있다고 말한다. 이 상처를 어떻게 치유해야 할까?

섬김이 답이다. 당신이 사는 동네의 가난한 이들에게 조용히 다가가 친구가 되어 주라. 지역사회 비영리단체에서 자원봉사를 하라. 그뿐만 아니라, 두 살배기 자녀를 키우거나 나이 드신 부모를 돌보는 것도 섬김이다. 하루하루가 예수님의 본을 따라 섬김으로 내 삶을 다른 사람에게 내줄 기회로 가득하다.

중요한 진리는, 섬김의 습관은 망가진 세상을 치유할 뿐만 아니라 '우리'를 치유할 힘이 있다는 것이다. 이 훈련의 가장 놀라운 점이다. 내가 다른 사람을 돕는다고 생각하는데 알고 보니 나야말로 도움을 받고 있다. 바로 자아, 특권의식, 자기 집착에서 자유로워지는 것이다. 예수님의 길을 따르며 다른 사람을 섬기면 섬기는 자와 섬김을 받는 자, 주는 자와 받는 자 사이의 경계가 흐려진다. 둘 다 주고 둘 다 받는다. 한쪽은 존엄성의 회복을 경험하고, 다른 쪽은 자유를 얻는다.

예수님의 생애 마지막 사건 중 하나는 그분이 종의 옷을 입고 도제들의 만류에도 불구하고 끝내 그들의 발을 씻어 주신 일이다. 예수님은 '의도적으로' 사회적으로 낮은 위치로 내려오셨다. 주인이 종과 자리를 바꾸셨다. 그런 다음 예수님은 조용히 이렇게 말씀하셨다. "내가 너희에게 행한 것같이 너희도 행하게 하려 하여 본을 보였노라 …… 너희가 이것을 알고 행하면 복이 있으리라."[50]

복을 받고 싶은가?

9 // 증언

예수님이 도제들에게 마지막으로 하신 말씀이다. "너희는 온 천하에 다니며 만민에게 복음을 전파하라."[51]

다시 말하지만 우리 역할은 다른 사람을 '회심시키는' 데 있지 않고 그냥 복음을 전하는 것이다. 증언을 통해 다른 사람에게 예수님의 복된 소식을 전하는 것이 우리 역할이다. 그러려면 적대감이 만연한 문화 속에서 환대의 사람이 되어야 한다. 삼위일체 하나님에게서 발견되는 사랑과 환영, 따뜻함, 베풂을 실천해야 한다.[52] 우리의 집, 식탁, 삶을 "가장 뒤처진 자, 가장 작은 자, 잃어버린 양들"에게 열어야 한다.[53]

내가 이 시대의 거대한 구조적 불의를 해결하지는 못할지 몰라도 당신이 지금까지 본 피자 중에서 가장 큰 피자를 만들어 당신을 우리 집 식탁으로 초대할 수는 있다.

현대 세상을 위한 생활 수칙(스마트폰, 와이파이, 정치적 분열 시대의 기독교 영성)은 우리 시대의 성배다. 예수님의 길에서 가져온 이 아홉 가지 핵심 습관을 하나로 모으면 깊은 내적 치유와 삶 전체의 변화로 이어지는 세월의 검증을 거친 격자 구조물이 탄생한다. 그리고 이 구조물은 이 시대에 충분히 할 수 있는 습관들이다.

격자 구조물을 갖고 있는가? 없다면 하나 만들 준비가 되었는가?

생활 수칙을 짜는
몇 가지 팁

당신의 생활 수칙을 짜기 위한 몇 가지 팁을 소개한다. 많은 이에게 생활 수칙은 여전히 생소한 개념일 것이다. 그래서 약간의 지도가 필요하지 않을까 싶다.

목표가 아니라 현재 상태에서 시작하라

의욕이 앞서면 첫날부터 수도사처럼 살려고 하기 쉽다. 이는 반드시 실패하는 전략이다. 마가렛 구엔터는 이를 "유월절 첫 번째 주 증후군"으로 불렀다.[54] 비현실적인 목표를 세우면 낙심하고 환멸에 빠질 수밖에 없다.

생활 수칙을 쓸 때 거의 모든 사람에게 가장 어려운 부분은 시작이다. 생활 수칙을 쓸 때는 제자 훈련과 자신의 능력에 관한 현주소를 '매우' 솔직하게 판단해야 하기 때문이다. 정서적·관계적·영적으로 자신의 한계를 직시해야 한다. 그리고 나서 이를 토대로 자신이 무엇을 할 수 있는지 솔직히 판단한 뒤에 처음부터 무리하지 말고 그것부터 시작하라.

1단계는 자신이 원하는 삶이나 예전에 살았던 삶, 혹은 앞으로 살고자 계획한 삶이 아니라 '지금의 실제 일상'에서 하나님을 찾는 것이다. "하나님은 누구에게도 현재의 자리가 아닌 곳에서 복을 주시지 않는다."[55]

영적 훈련을 처음 시작한다면 즐거운 마음으로 작게 시작하라. 쉽게 할 수 있는 습관으로 시작하라. 스탠퍼드대학교(Stanford University) 행동과학자 BJ 포그가 "작은 습관들"이라고 부른 것에서 시작하라.[56] 물론 하루에 한 시간 기도가 이상적이지만 거기서부터 시작하지 말라. 특히, 어린아이를 키우거나 힘든 직업을 갖고 있다면 하루에 10분이나 15분 정도로 시작하라. 산책을 하면서 시편으로 기도하는 것도 좋다.

그것도 힘들다면 5분으로 시작하라. 그것도 버거운가? 그렇다면 1분으로 시작하라. 그리고 그 시간에 '진지한' 그리스도인이 절대 반대하는 것, 즉 '재미'를 추구하라. 스스로에게 이렇게 물으라. '어떻게 하면 하나님을 즐길 수 있을까? 이른 아침에 창가에서 차를 마시며 기도할까? 예수님의 다른 제자들과 모여서 감사하는 파티를 열까? 아니면 숲속을 거닐면서?'

거기서부터 시작하라.

더하기가 아니라 빼기를 생각하라

예수님을 따르는 것은 무언가를 '더' 하는 것이 아니라 '덜' 하는 것이다. 생활 수칙을 또 하나의 '해야 할 일 목록'으로 만들 수 있다. 그것도 그리 나쁘지는 않다. 하지만 대개는 무엇을 하지 '않을지'에 초점을 맞추는 것도 무언가를 하는 것만큼 중요하다. 삶의 구조에 여유를 만들어야 한다.

어떤 영적 스승은 '참여'의 습관(정의, 예배, 공부처럼 무언가를 '하는' 훈련)을 '절제'의 습관(안식일, 침묵, 금식처럼 무언가를 '하지 않는' 훈련)과 구분한다. 특정 문화권에서는 사람들을 무기력과 게으름에서 깨어나게 하기 위해 무언가에 참여하는 습관이 필요하다. 하지만 나처럼 도시에서 살고 어린아이들을 키우며 늘 바쁜 일과 씨름해야 하는 사람들에게는 절제하는 습관이 반드시 필요하다.

우선, 무언가를 더하기보다 빼라. 무언가를 '더' 하지 말고 '덜' 하라.

균형 잡힌 접근법을 취하라

네 가지 축에 따라 예수님의 습관을 계획할 수 있다. 혼자 하는 훈련과 공동체 안에서 하는 훈련, 그리고 방금 전에 말한 참여의 훈련과 절제의 훈련이 그 축이다. 다음 도식을 보라.

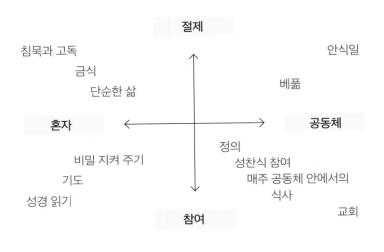

혼자/공동체, 절제/참여

절제

침묵과 고독   안식일
 금식
  단순한 삶   베풂

혼자 ←   → **공동체**

      정의
 비밀 지켜 주기 성찬식 참여
 기도   매주 공동체 안에서의
성경 읽기   식사
         교회

참여

대부분 '영적 훈련' 하면 '혼자/절제'의 측면을 떠올린다. 하지만 '공동체/참여'의 측면도 똑같이 중요하다. 성격에 따라서 한 사분면에 더 끌릴 수 있다. 괜찮다. 균형만 유지하면 된다.

성격과 영적 기질을 고려하라

자신의 성격을 거스르지 말고 성격에 맞게 하라. 내향적이고 지적인 편이라면 혼자서 책을 읽고 사색하는 시간을 충분히 내라.

외향적이고 행동 지향적이라면 다른 사람과 함께 무언가를 '하는' 시간을 많이 내라.

물론 균형 잡힌 접근법이 필요하다. 하지만 다른 습관보다 특정한 습관이 '훨씬' 더 많이 필요한 사람도 있다. 내 경우에는 작은 공동체가 큰 도움이 되지만 동시에 조용히 혼자 있는 시간도 아주 많이 필요하다. 반대인 사람도 물론 있을 것이다. 하나님 앞에서는 얼마든지 우리의 본모습대로 해도 괜찮다.

영성 작가 게리 토마스는 《영성에도 색깔이 있다》(Sacred Pathways)라는 책에서 "영적 기질"이라는 개념을 소개했다. "영적 기질"이란 기도를 위한 성격 이론이라 할 수 있다. 그 책에서 그는 이렇게 말했다. "우리가 하나님을 만나고 누리는 방법에는 많은 자유가 있다. 이 자유는 하나님이 그분의 선한 즐거움을 위해 계획하신 것이다." 그러면서 그는 이렇게 경고했다. "하나님에 대한 접근법을 제한하지 않도록 조심하라."[57]

토마스는 아홉 가지 영적 기질이 무엇인지 규명하고, 각 기질에 맞게 하나님께 나아가는 길을 소개했다.

① 자연주의자 — 자연과 야외에서 하나님을 사랑한다.
② 감각주의자 — 오감으로 하나님을 사랑한다.
③ 전통주의자 — 의식과 상징, 전례로 하나님을 사랑한다.
④ 금욕주의자 — 고독과 절제로 하나님을 사랑한다.

⑤ 행동주의자 — 불의와 싸움으로써 하나님을 사랑한다.

⑥ 박애주의자 — 어려운 이를 돌봄으로써 하나님을 사랑한다.

⑦ 열정주의자 — 음악과 춤과 축제로 하나님을 사랑한다.

⑧ 묵상주의자 — 조용한 경배로 하나님을 사랑한다.

⑨ 지성주의자 — 지성적 사고를 통해 하나님을 사랑한다.[58]

이 가운데 어느 것도 다른 것보다 낫지 않다. 안타깝게도 우리 인간은 취향을 도덕으로 삼는 경향이 있다. 그런 태도는 자신과 다른 사람들에게 큰 해를 끼칠 수 있다. 당신이 어릴 적에 다니거나 구원을 경험한 교회는 한두 가지 주된 길을 강조해 왔는데, 그것이 당신이 선호하는 접근법과 다른가? 성장하려면 범위를 넓혀 하나님께 나아가기 위한 새로운 길을 탐구해야 한다.

인생의 시기와 제자 훈련의 단계를 고려하라

인생은 수많은 시기로 이루어져 있다. 일정, 예산, 관계처럼 생활 수칙도 인생의 시기에 따라 달라져야 한다. 어린 자녀를 키우고 있다면 작게 시작하고, 자신에게 너그러워야 한다. 자녀는 시간이 당신 것이 아님을 상기시키는 수도원의 종 역할을 할 수 있다.[59] 자녀가 생활 수칙을 방해할 때마다 통제 욕구를 내려놓고 자신을 내주는 사랑을 실천하라는 초대로 여기라.

〈뉴욕 타임스〉 칼럼니스트이자 세 자녀의 엄마인 티시 해리슨 워런은 이렇게 말했다. "늘 시끄럽고, 활동적이고, 잠을 충분히 잘 수 없고, 요구와 필요가 끝이 없는 집에서 관상적 이상을 향한 갈망은 젊은 엄마인 내게 특히 부담이 될 수 있다."[60]

인생의 시기를 거스르지 말고 그에 맞게 하라.

나는 심리학의 단계 이론도 신뢰한다. 육체적 발달과 마찬가지로 우리는 심리적·정신적으로 여러 단계를 거쳐서 성숙해진다. 각 단계는 꼭 필요하며, 건강한 과정 중 하나다. 누구나 성숙해지다 보면 고대 사람들이 말한 "영혼의 어두운 밤"을 만나게 된다. 훈련이 생각대로 '통하지' 않는 시기가 온다. 그래도 계속해서 훈련해 보지만 전혀 하나님과 연결된 느낌이 없다. 그렇다 해도 이것 역시 여행의 일부다.[61]

중요한 것은 인생의 시기와 발달의 단계를 알고 그에 따라 훈련과 습관을 조정하는 것이다.

상류로 거슬러 올라가는 습관과
하류로 내려가는 습관을 적절히 섞으라

내가 아는 가장 훌륭한 영적 스승들은 의사가 약을 처방하거나 치료하는 것과 매우 비슷한 방식으로 습관들을 활용한다. 원칙적으로, '행한 죄'(sin of commission; 하지 말아야 할 것을 하는 것)와 싸우고 있다면 '절제'의 습관이 필요하다. 예컨대 포르노 중독이나 험담, 충동적 쇼핑을 극복하려면 금식이나 침묵, 단순한 삶 등이 필요하다. '행하지 않은 죄'(sin of omission; 해야 할 것을 하지 않는 것)를 극복하려면 '참여'의 습관이 필요하다. 예컨대, 냉담한 마음을 다루려면 가난한 사람을 섬겨야 한다.

몇 해 전 누군가가 내게 이렇게 물었다. "교만을 어떻게 극복해야 합니까?" 나는 잠시 생각에 잠겼다가 공동체와 섬김, 고독 훈련을 추천해 주었다. 이것들은 하나님과 협력하여 겸손을 기르기에 가장 좋은 세 가지 습관이다.

'하류로 내려가는' 훈련이란 우리가 천성적으로 좋아하고 즐기는 것들을 말한다. '상류로 거슬러 올라가는' 훈련은 어렵지만(그래서 덜 즐겁지만) 성장을 낳는다. 대부분은 몇 개의 상류 습관과 '많은' 하류 습관이 필요하다. 어쨌든 '둘 다' 필요하다.

물론 우리 모두는 힘든 훈련을 싫어한다. 하지만 가장 힘든 훈련이 가장 큰 변화를 가져오는 훈련일 가능성이 높다. "고통을 따라가라"라는 운동에 관한 원칙이 여기서도 똑같이 적용된다. 하지만 동시에 '기쁨'을 따라가라. 둘 다 필요하다.

J 곡선을 따르라

학습 이론가들은 '모든' 새로운 기술을 배우는 과정이 J형 곡선을 따른다고 말한다. 피아노 연주에서 안식일 준수까지 새로운 기술을 연습하면 처음에는 상태가 오히려 '더 나빠진' 뒤에 점점 좋아지는 경우가 많다.

J 곡선

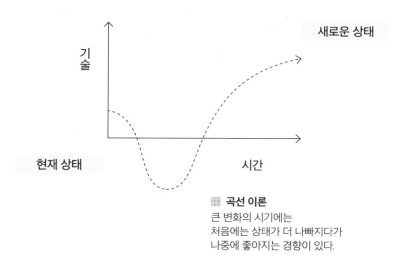

곡선 이론
큰 변화의 시기에는
처음에는 상태가 더 나빠지다가
나중에 좋아지는 경향이 있다.

기타를 배웠던 때가 지금도 생생하게 기억난다. 1년쯤 기타를 배웠을 때, 올바른 주법이 업다운, 업다운인데 내가 다운다운, 다운다운으로 연주한다는 걸 깨달았다. 그로 인해 내가 내내 연습해온 멋진 릭(licks; 멜로디 라인이나 테크닉)을 버리고 다시 새로 연습해야 했다. 그러자 처음에는 소리가 '더 나쁘게' 들렸다. 하지만 오랜 시간 많은 연습을 했더니 소리가 '더 좋아지기' 시작했다.

이와 비슷하게, 쉬고 싶지만 막상 안식일을 실천하면 불안하거나 따분할 수 있다. 혹은 아침에 커피를 마시면서 잠시 고요한 시간을 보내고 싶지만 막상 고독과 침묵을 시도하면 온갖 고통스러운 감정을 경험할 수 있다. 그럴 때 머릿속에 이런 질문이 떠오른다. '내가 잘하는 건가, 잘못하는 건가?' '이것이 마음에 드는가, 싫은가?'

그런데 이런 종류의 물음은 별로 도움이 안 된다. 이런 물음이 떠오르면 조용히 한쪽 구석에 미뤄 두라. 그러고 나서 크게 심호흡하라. 현재 하는 훈련에 관해 판단하거나 비판하지 말고 너무 깊이 생각하지도 말라. 일단 계속해서 해 보라. 하나님이 이 훈련을 통해 역사해 주실 줄 믿고 맡기라. 그러면 결국 몸과 마음이 편안해지기 시작할 것이다.

J 곡선을 따라 내려갔다가 올라가라.

공동체 안에서 하라

현재 서구 교회에서 생활 수칙이 어느 정도 부활하기 시작한 것이 나로서는 몹시 기쁘다. 하지만 안타깝게도, 생활 수칙이 주로 서구 사회 개인주의의 바탕 위에서 이루어지고 있다. 그리고 주로 개개인이 각자의 생활 수칙을 쓴다. 이게 나쁜 건 아니다. 앞서 말했듯이 우리는 각자 이미 수칙을 갖고 있다. 그 수칙에 좋은 의도를 더하고 다듬어서 실천하는 데는 전적으로 찬성한다.

하지만 이 점을 알아야 한다. 역사적으로 생활 수칙은 '공동체'

를 위한 것이었다. 성 아우구스티누스와 성 베네딕토 같은 선각자들이 영성 형성을 위한 공통의 리듬으로 공동체를 연합시키기 위해 생활 수칙을 고안했다. 예수님을 공동체의 중심에 모시기 위해 고안한 것이다. 그리고 우리 삶에 있는 대부분이 그렇듯 생활 수칙도 공동체 안에서 할 때 '더 큰 효과'가 있다. 옳은 길로 끝까지 가기 위해 우리는 서로가 필요하다. 서로 넘어질 때 일으켜 세워 주어야 한다.

혼자서라도 생활 수칙을 쓰라. 하지만 가능하면 그걸 공동체 안에서 하라. 몇몇 친구나 소그룹 식구, 밥상 공동체 식구와 함께 하라. 그리고 이왕이면 온 성도와 함께하는 꿈을 꾸라.[62]

그러려면 더 힘이 들까? 그렇다. 더 오래 걸릴까? 틀림없이 그럴 것이다. 하지만 그만한 가치가 있으리라 확신한다. 우리 브리지타운교회에서는 지난 7년간 생활 수칙을 개발해 왔다. 처음 시작할 때는 성도 대부분이 이 용어를 들어 본 적도 없었고, 바로잡아야 할 점도 많았다. 그런데 나는 우리 성도들에게 생활 수칙에 관해 말하기 전에 먼저 여러 교회의 여러 목사와 함께 생활 수칙을 실천해 보았다. 그 경험을 통해, 공동체로서의 생활 수칙이 효과를 보려면 어느 정도 시간이 걸린다는 사실을 깨달았다.

우리 교회의 생활 수칙은 각 사람이 이를 자기 것으로 삼을 수 있도록 충분한 유연성을 갖추었다. 사실, 이것이 성공의 열쇠다. 하지만 이 길에서 자신이 혼자가 아님을 알면 큰 도움이 된다. '공

257

동체' 안에서 안식일을 지킬 때, 혼자서는 경험할 수 없는 '함께하는 밥상'으로 한 주의 일곱째 날을 시작할 때 밀려오는 기쁨이 있다. 금요일에 금식을 하면서 이 훈련을 '같이' 하고 있다는 사실을 떠올릴 때 느껴지는 무언가가 있다.

이 책 부록에 우리 공동체의 생활 수칙을 비롯한 많은 자료를 실었다. 우리의 생활 수칙을 채택하고 싶거나 당신만의 생활 수칙을 쓰고 싶다면 참고하길 바란다. 도움이 될 것이다. 최소한 당신의 상상력을 자극해 주리라.

생활 수칙을 세우라. 단, 가능하면 다른 사람과 같이 하라. 예수님을 따르는 것은 혼자서 하는 것이 아니기에.

반복 없는 영성 형성은 없다

변화의 열쇠는 오랜 시간 일관된 모습을 유지하는 것이다. 영성 형성은 느리고 단계적이고 때로는 지루하기 짝이 없는 과정이다. 당장은 훈련이 아무런 도움도 안 된다고 느끼기 쉽다. 하지만 철학자 제임스 K. A. 스미스는 이렇게 말했다. "작은 의식들이 큰 의미를 지닌다."[63] 작은 변화들이 오랫동안 쌓이면서 복리 효과를 만들어 낸다.

영적 훈련은 영화 〈베스트 키드〉(The Karate Kid)에서 미야기가 시키는 가라데 훈련과 비슷하다. 다니엘이 당장 하는 일은 그저 미야기의 자동차를 청소하거나 도장 별관에 못을 박는 일이다. 하지만 실은 그 모든 게 가라데 고수가 되어 가는 과정이다. 이와 비슷하게, 당장은 단순히 출근하기 전에 성경을 읽거나 주일 아침에 교회에 가거나 목요일 저녁에 공동체와 함께 식사하는 것 정도로만 여길 수 있다. 하지만 사실 이 모든 것이 점점 영적 고수가 되어 가는 과정이다.

물론 즉각적인 만족을 추구하는 이 문화에서는 이것이 삼키기 힘든 알약이다. 우리는 당장 결과를 손에 쥐려 한다. 그렇지 않으면 그냥 그만두고 가 버린다. 이런 자세로 영성 형성에 임하면 너무 빨리 포기해 결국 변화를 경험하지 못한다. 그러나 참을성을 갖고 현재 순간에 집중하는 법을 배우면 반복하는 훈련 가운데 큰 기쁨을 발견할 수 있다.

이 점을 G. K. 체스터턴만큼 잘 설명한 사람도 없다.

아이들은 활력이 넘친다. 아이들의 정신은 강하고 자유롭다.
그래서 뭐든 계속해서 반복하기를 원한다. 항상 "또 해요!"라고
말한다. 반면, 어른들은 반복하는 걸 죽기보다 싫어한다. 어른들은
단조로움을 크게 즐거워할 만큼 강하지 못하기 때문이다.
하지만 하나님은 단조로움을 크게 즐거워할 만큼 강하신 것
같다. 하나님은 매일 아침 해에게 "또 뜨라", 매일 밤 달에게 "또
뜨라"라고 말씀하시지 않는가. 모든 국화를 꼭 똑같이 만드실
필요는 없지 않았을까? 하지만 하나님은 같은 모양의 국화를

일일이 만드시면서 조금도 지루해하시지 않았을 것 같다. 우리는 죄를 지어 늙었지만 하나님은 우리보다 젊으시기에 영원한 유아의 취향을 갖고 계신 게 아닐까?[64]

그러니 우리도 내일 아침 눈을 떠서 '또' 해 보자. 그다음 날도 또!

전부를 거는 결단

예수님을 따르는 것을 취미처럼 해서는 아무 효과가 없다. 영적 훈련은 커리어나 학업, 가족, 스포츠 같은 걸 삶의 핵심으로 삼고서 거기에 추가하는 하나의 옵션이 아니다. 지독히 바쁘고, 소비지상주의적이며, 정서적으로 건강하지 못하고, 극도로 개인주의적이고, 디지털 세계의 방해를 받고, 미디어에 둘러싸인, 무절제한 현대사회에서의 삶에 '예수님'을 추가하는 방식은 통하지 않는다. 그저 나쁜 정도가 아니라 아예 통하지가 않는다.

우리는 예수님을 따르는 것이 삶의 핵심임을 깨달아야 한다. 활동주의(activism) 세계의 표현을 빌리자면, 예수님을 삶의 중심이자 주된 목소리로 삼아야 한다. 그렇다고 직장을 그만두고 수도원에 들어가야 한다는 뜻은 아니다. 다만 '내면의 수도사(수사)'를 찾아야 한다. 켄 시게마츠 목사가 책에서 나눈 글처럼 "우리 모두의 내면에는 수도사의 '배아'가 있다."[65] 학자 그레그 피터스는 이를 "모든 신자의 수도사 됨"이라고 불렀다.[66] 다른 학자는 이것을 "수도사적 충동"이라 불렀다.[67]

우리 '모두'의 내면에는 성령이 주시는 "수도사적 충동"이 있다. 바로 조용한 기도, 고독, 묵상에 대한 갈망이다. 또한 그것은 그분의 길을 따르는 다른 제자들과 마음을 연 깊은 관계를 맺으려는 갈망이다.

이런 내면의 수도사를 갈망하는 마음이 없는가? 방해받지 않고 오랫동안 기도하는 시간, 금식, 쾌락주의와 물질주의가 만연한 세상에서 벗어나기 위한 훈련을 갈망하지 않는가? 그렇다면 영적 여행에 큰 진전이 있을 수 없다. 물론 이 여행은 많은 시간이 걸린다. 예수님을 따르는 길은 편하지도, 쉽지도 않으며, 그렇다고 목적지에 금방 이르지도 않는다(인생에서 의미 있는 것이 다 그렇다).

그리고 장인에게 도제 수업을 받을 때 제자의 삶이 그에게서 영향받지 않을 수 없는 것처럼, 예수님께 도제 수업을 받으면서 우리 삶이 그분의 영향을 안 받기란 사실상 불가능하다. 사실, 삶에 영향을 받고 싶어 스승에게 배우는 것 아닌가. 오히려 우리는 스승에게서 우리 삶이 더 많은 영향을 받기를 원하지 않는가.

예수님을 따르는 일에 우리의 삶 전부를 진정으로 바치면 우리가 어떤 사람이 될지 상상해 보라. 어떤 삶을 누리게 될까? 우리가 함께 어떤 공동체를 이룰까?

당신은 할 수 있다. 현재의 자리에서 해낼 수 있다. 당신이 사는 곳에서, 당신의 직업으로, 당신의 인생 단계에서 해낼 수 있다. 오늘, 당신 내면의 수도사를 발견할 수 있다. 옛 수사 중 한 명은 당신과 나처럼 '방해 요소가 전혀 없는 수도원'에서 살지 않는 보통 사람들에게 다음과 같이 조언했다.

바쁜 도시 속에서 수사들의 광야를 발견하라.[68]

이 시대를 향한 예수님의 초대는 도시 한복판에서 사막 교부처럼 살라는 것이다. 현대 세상의 소음과 분주함과 바쁨의 한복판에서 평온하며 집중하는, 깊이 있는 삶을 살라는 것이다. 우리는 행동하는 삶과 관상적 삶을 함께 추구해야 한다.

여기에 대가가 따를까? 물론이다. 수천 번 죽어야 한다. 하지만 그만한 가치가 '절대적으로' 있다. 예수님 안에서는 항상 포기한 것보다 훨씬 더 많이 얻는다.

마지막으로 *The Rule of St. Benedict*(성 베네딕토 생활 수칙) 서문에서 발췌한 다음 글을 소개한다. 이 생활 수칙은 무려 3세기에 시작되었다.

우리는 교칙을 세울 때 가혹하고 부담스러운 것을 일절 넣지 않으려 했다. 하지만 관련된 모든 사람의 유익을 위해 잘못을 바로잡고 사랑을 지켜 줄 약간의 엄격함이 가미되었을지도 모른다. 그렇다 해도 두려움에 즉시 굴복해, 구원으로 이어지는 길에서 도망치지 말라. 이 길은 처음에는 좁을 수밖에 없다. 하지만 이 생명의 길과 믿음에서 자라나면 하나님이 명령하신 길로 가서 우리 마음이 형용할 수 없는 사랑의 기쁨으로 넘칠 것이다.[69]

'이번 주'에 예수님의 길을 행하기 위해 내딛을 수 있는 작은 한 걸음은 무엇인가? 내려놓아야 한다는 마음의 소리가 들리는가? 무엇을 버려야 할까? 하나님이 마음속에 주시는 충동에 당신이 "예"로 응답하면 어떤 일이 벌어질까?

두려워하지 말라. 도망치지 말라. 당신 앞에 놓인 길은 길고 때로 힘들겠지만 그 길은 "형용할 수 없는 사랑의 기쁨으로 넘칠 것이다."

Take up your cross

나의
십자가를 지고
평생
예수로 걸어가리

다른 모든 길에 비할 수 없는 최고의 길

예수님을 따르고 싶은가?

모든 사람이 그렇지는 않다. 사복음서를 읽어 보라. 수만 명이
예수님께 끌렸지만 기껏해야 몇 백 명만 그분의 도제가 되었다. 마
크 스캔드렛은 이렇게 말했다. "예수님의 길을 행하는 것은 언제나
소수의 활동이다."[1]

예수님의 초대는 기독교라는 새로운 종교로 개종하라는 게 아
니었다. 그분 아래서 도제 수업을 받아 하나님 나라의 삶 속으로
들어오라는 것이었다. 실로 일생일대의 기회였다. 하지만 사복음
서 이야기들을 보면 거의 모든 이가 이 초대를 거절했다.

많은 이들이 예수님께 진정으로 끌렸지만(어찌 그렇지 않을 수가
있었겠는가!) 도제 수업에 전념할 생각은 없었다. 그들은 "나로 먼저
가서 내 아버지를 장사하게 허락하소서"라고 변명했다. 이는 "우
리 부모님이 돌아가시고 나서 유산을 물려받아 부자가 될 때까지
기다려 주세요. 나중에 꼭 선생님을 따르겠습니다"라는 뜻이었다.
또 다른 이들은 "주여 내가 주를 따르겠나이다마는 나로 먼저 내
가족을 작별하게 허락하소서"라고 말했다. 이는 결심하기 전에 조

금만 시간을 더 달라는 뜻이었다.[2]

지금도 많은 사람이 그러고 있다. 우리는 지체하고, 망설이고, 변명한다. 다이어트를 할 때처럼, 운동을 하거나 옷장을 정리할 때처럼 일단 미루고 본다. "조금 이따가, 나중에 하겠어." 하지만 그 나중이란 좀처럼 오지 않는다.

예수님은 뭐라고 말씀하셨을까?

> 죽은 자들로 자기의 죽은 자들을 장사하게 하라.

현대인에게 이 말은 몹시 거슬릴 수 있다. 하지만 이는 단지 현실을 솔직하게 말씀하셨을 뿐이다. "그래도 좋다. 하지만 그 길을 선택하면 생명이 아닌 사망으로 이어질 것이다."

보다시피 예수님은 애원하거나 교묘하게 유도하지도 위협하지도 않으셨다. 강요하거나 설득하지도 않으셨다. 그저 그분은 초대하셨다. 그리고 사람들이 거절하거나 변명하면…… 예수님은 그냥 그들을 가게 놔두셨다.

'아니 예수님의 초대를 거절하다니!' 언뜻 생각하면 의아하지만 누구나 살다 보면 초대를 거절하고서 두고두고 뼈저리게 후회하게 되는 일을 겪곤 한다. 나 역시 그런 적이 있다.

자, 지금 당신 앞에 예수님의 도제가 되라는 '초대장'이 있다. 당신은 뭐라고 답하겠는가?[3]

항복 선언

사람들이 예수님의 초대를 거절하는 데는 나름의 많은 이유가 있다. 하지만 내가 볼 때 모든 이야기에는 한 가지 공통점이 있다. 바로 관문이 높다는 것. 예수님을 따르려면 무언가를 내려놓아야 한다. 예수님을 따르려면 '언제나' 무언가를 내려놓아야 한다. 베드로는 어부라는 직업을 내려놓아야 했다. 당신의 경우에는 무엇을 내려놓아야 하는가?

> 아무든지 나를 따라오려거든 자기를 부인하고 날마다 제 십자가를 지고 나를 따를 것이니라.[4]

예수님이 알려 주신 영적 여행의 첫걸음은 자기 십자가를 지는 것이다. 십자가는 곧 자신의 '죽음'에 대한 궁극적인 상징이다. 본회퍼는 이렇게 말했다. "그리스도께서는 사람을 부를 때 와서 죽으라고 명령하신다."[5] 훗날 자신의 신앙을 지키다 히틀러 정부의 손에 순교한 본회퍼는 이를 "제자도의 대가"라고 불렀다.

처음 제자들에게 십자가는 말 그대로 십자가를 의미했다. 그들 대부분은 '제자의 길을 걸었음에도 불구하고'가 아니라 '그 길을 걸어서' 죽임을 당했다. 예수님은 이렇게 경고하셨다. "내가 너희에게 종이 주인보다 더 크지 못하다 한 말을 기억하라 사람들이 나를 박해하였은즉 너희도 박해할 것이요."[6]

베드로는 십자가에 거꾸로 매달려 죽임당했다. 마가는 이집트 거리에서 말에 끌려 다니다가 죽임을 당했다. 누가는 그리스에서 교수형을 당했다. 도마는 인도에서 창에 찔려 죽었다. 마태는 에티오피아에서 칼에 찔려 죽었다. 바울은 교수형을 당했을 가능성이 높다. "순교자들의 피는 교회의 씨앗이다."[7] 그들의 죽음은 당신과 나를 포함한 수많은 이에게 생명을 주었다.

오늘날 서구 사회 사람들 대부분에게 십자가는 인간 문제의 뿌리인 자기 의지를 죽이겠다는 확고한 의도를 비유한다. 흔히 "자아에 대해 죽으라"라는 표현을 쓴다. 예일대학교(Yale University) 종교사 교수인 자로슬라브 펠리칸은 이렇게 표현했다. "그리스도께서는 인간들에게 죽는 법을 가르치기 위해 세상에 오셨다."[8]

그리스도인이 자아의 죽음에 대해 즐겨 사용하는 또 다른 단어는 "항복"(surrender)이다. 항복은 영적 삶의 기초다. '제자도'에 관한 내가 가장 좋아하는 정의 중 하나는 "예수님에 대한 항복의 깊이를 더해 가는 평생의 과정"이다.[9] 오직 이것만이 예수님의 도제로 훈련받는 삶이 온전히 세워질 수 있는 유일한 기초다. 예수님이 산상수훈의 끝머리에서 직접 말씀하셨듯이, 다른 모든 것은 모래 위에 세워진 집이다.

이것이 바로 '마음을 다하여 네 하나님 여호와를 사랑하라'는 명령의 의미다. 인간 마음 깊은 곳에서는 하나님을 사랑하는 것과 그분께 항복하는 것의 구별이 사실상 불가능하다. 그래서 예수님은 이렇게 말씀하셨다. "너희가 나를 사랑하면 나의 계명을 지키리라."[10]

항복의 동의어로, 그보다 훨씬 더 인기 없는 단어가 있으니, 바로 "순종"(obey)이다. 참된 제자의 마음속에는 예수님께 순종하겠다는 확고한 의도가 있다. 현대만큼이나 순종이 인기 없던 시대에 예수님은 제자들이 그분의 가르침에 순종하는 것을 기정사실로 여기셨다. 순종이 제자도의 '본질'이기 때문이다. 제자 훈련은 예수님이 우리에게 "분부한 모든 것을 가르쳐 지키게(순종하게)" 하는 것이다.[11]

순종하지 않는 사람은 아무리 기독교 용어를 사용한다 해도 진정한 그리스도인이 아니다.

예수님의 도제는 하나님의 의지 외에 다른 의지를 조금도 품지 않는다. 물론 육신이 우리와 싸움을 벌일 수 있다. 우리의 "사망의 몸"[12] 안에 있는 죄의 습관이 우리의 선한 의도를 방해할 수 있다. 삶의 감정적인 무게에 짓눌려 우리 "마음은 쇠약"할[13] 수 있다. 하지만 우리의 '의지'만큼은 확고하다. 우리의 의지는 온전히 예수님께로 향해 있다.

세상의 경제 논리로 볼 때 이는 철저히 어리석은 짓이다. 아니, 위험한 짓이다. 하지만 기독교 영성의 시각에서 볼 때 하나님을 사랑하고 신뢰함으로 우리의 의지를 그분 앞에 내려놓는 것이야말로 가장 강력한 의지의 행위다. 우리의 의지를 '휘두르는' 것보다 '포기하는' 것이 훨씬 더 큰 자기통제가 필요하기 때문이다.

심리학자 제럴드 메이는 진정한 위대함은 "고집"(willfulness)이 아니라 "자발성"(willingness)에 있다고 말했다.[14] 그런가 하면 토머스 키팅은 이런 아름다운 표현을 썼다. "최고의 의지의 행위는 노력이 아니라 동의다."[15] 항복은 우리를 변화시킬 수 있는 초월적인 힘과 우리의 머리로 상상할 수 없는 사랑 앞에 자신의 의지를 내려놓는 것이다.

예수님은 역사상 가장 놀랍고, 가장 자유롭고, 가장 강력한 인간이셨다. 하지만 그분은 가장 위대한 영적 행위를 하실 때 아버지께 이렇게 기도하셨다. "내 원대로 마시옵고 아버지의 원대로 되기를 원하나이다."[16]

진정 위대한 항복이 아닐 수 없다. 하지만 오늘날과 같은 자아실현의 문화에서는 이런 항복이 참으로 어렵다. 지금 우리는 "자신에게 충실하라"라는 신흥 종교에 세뇌당하고, "하고 싶으면 하라"라는 명령을 받는다. 그 결과, 나는 두 욕구의 교차점에 갇혀 있다. 즉 나는 예수님의 생명을 원하지만 죽고 싶지는 않다. 당신은 어떤가?

물론 기독교 영성의 위대한 역설은 죽을 때 살고, (거짓) 자아를 잃을 때 (참된) 자아를 얻으며, 욕구들을 내려놓을 때 가장 깊은 욕구들이 마침내 충족된다는 것이다.

따라서 예수님을 신뢰하는 것이 제자도의 핵심이다.

하지만 누구를 신뢰하고 어떤 길을 따를지 결정하기 전에 '정말' 중요한 다음 사실을 분명히 알아야 한다.

선택의 대가

우리는 예수님을 따를 때의 대가는 물론이고, 그분을 따르지 않을 때의 대가도 따져 봐야 한다. 분명 제자로서 치러야 할 대가가 있지만, 제자가 되지 않을 때도 그만한 대가가 따른다. 예수님 아래서 도제 훈련을 받지 않을 때도 마찬가지다.

분명 예수님은 우리가 두 가지 선택 사항을 모두 따져 보기를 원하신다. 두 가지 시나리오 모두의 손익 분석을 해 보라고 하신다. 하나는 그분의 길을 따르는 것이고, 다른 하나는 우리 자신의 길을 따르는 것이다.

잘 계산해 보라. 예수님을 따르는 데는 분명 대가가 따른다. 그것도 아주 '많은' 대가가. 하지만 그거 아는가? 예수님을 따르지 않으면 '더 많은' 대가를 지불해야 한다. 바로 하나님과 함께하는 삶을 놓치는 것이다. 그것이야말로 우리 인간이 창조된 목적인데,

이 얼마나 엄청난 대가인가! 예수님을 따르지 않으면 삼위일체 하나님의 생명 가운데로 들어가지 못한다. "모든 지각에 뛰어난 하나님의 평강"과 "말할 수 없는 영광스러운 즐거움"을 놓친다.[17] 죄의 속박에서 자유를 얻지 못하고, 죄의 상처를 치유받지 못한다. 죄를 용서받지 못해 죄책감과 죄의 수치로부터 풀려나지 못하고, 죄로 인한 고립에서 빠져나와 하나님의 가족으로 입양되지 못한다.

사람들은 영적 삶이 너무 힘들다고 불평하곤 한다. 실제로 영적 삶은 힘들다. 하지만 그들이 간과하는 건 영적이지 않은 삶은 '훨씬 더' 힘들다는 사실이다.

하나님과 함께 살든 하나님 없이 살든 '인생'은 힘들다. 하지만 '정말' 힘든 것, 참기 어려울 만큼 힘든 것은 하나님을 떠나서 인생의 고통과 고난을 마주하는 것이다. 구원받지 않고 스스로를 구원하려 애쓰는 것도 지독히 힘들다. 하나님 없이, 목자 없이, 의미 없이 사는 것은 '정말, 정말' 힘들다.

아이러니하게도, 어려운 제자의 길을 피하려 들수록 우리 삶은 더 쉬워지기는커녕 더 어려워진다. 순종 대신 행복을 추구할수록 삶은 점점 덜 행복해진다. 예수님의 멍에를 거부할수록 불만족이라는 무거운 짐에 심하게 짓눌린다.

복음의 중심에 있는 이 패러독스는 예수님의 말씀에 가장 잘 요약되어 있다.

누구든지 자기 목숨을 구원하고자 하면 잃을 것이요 누구든지 나와 복음을 위하여 자기 목숨을 잃으면 구원하리라.[18]

물론 정말 많은 사람이 자기 목숨을 구원하려고 애쓴다. 그들은 자신의 삶을 구원하고, 보호하고, 지키고, 부하게 하고, 통제하려고 애쓴다. 행복과 평강을 얻기 위해 발버둥을 친다. 그런데 결과는 어떤가? 그들 중에 행복이나 평강을 누리는 사람이 몇이나 되는가. 우리 모두는 예수님을 거부하고 자신의 길을 따르다가 결국 (대개 중년이나 말년에) 위기에 처해 한탄하는 사람들을 잘 안다. "다 잃었어." "내 인생은 이제 끝이야." "더 이상 살 이유가 없어."

처음부터 실패하려고 작정하는 사람은 아무도 없다. 처음부터 재난을 당하려고 호시탐탐 노리는 사람도 없다. 놓친 기회로 뼈저리게 후회하며 슬픈 노년을 보내려고 작정하는 사람도 없다. 그냥 살다 보니 그렇게 된 것이다.

하지만 우리에게는 다른 길이 있다. 바로 예수님의 도제로 사는 길이다. 하나님을 온전히 받기 위해 내 전부를 포기하는 길이다. 예수님은 밭에 묻힌 보화를 발견한 한 남자의 비유를 전해 주셨다.[19] 남자는 가장 합리적인 행동을 했다. 다시 말해, 집으로 가서 '전' 재산을 팔아 그 밭을 샀다. 그리하여 그는 상상을 초월하는 부자가 되었다. 이 남자의 행동은 영웅적인 행위도 아니요, 심지어 아름다운 미덕의 행위도 아니다. 그냥 계산적으로 움직였을 뿐이다. 당신이라면 그런 상황에서 어떻게 하겠는가? 생각이 있는 사람이라면, 당연히 전 재산을 팔아서 자신이 포기한 것보다 훨씬 더 많은 것을 얻을 것이다.

예수님을 따르는 길이 바로 이와 같다. 순교한 선교사 짐 엘리엇은 이런 말을 했다. "영원한 것을 얻고자 영원할 수 없는 것을 버리는 자는 결코 바보가 아니다."[20]

예수님은 구원이 무엇인지 설명하실 때 금전적인 비유를 드시며 구원이 공짜가 아님을 강조하셨다. 예수님은 평생 모은 돈이 들어가겠지만 포기한 것보다 수천 배를 '얻을' 거라고 말씀하셨다. 이것이 은혜다. 그러니 "예수님께 얼마나 많은 것을 내려놓을 것인가?"라고 묻지 말라. 그 대신 "내가 얼마나 기쁘고 평안하고 자유로워지기를 원하는가?"라고 물으라.

가장 큰 비극은 자신에 대해 죽지 않고 사는 것이다. 그러면 영원히 씨앗으로 남는다. 어두운 땅속으로 들어간 뒤에 다시 나와서 자신의 운명이 만개하는 기적을 맛보지 못한다.

시인 괴테의 〈거룩한 갈망〉(The Holy Longing)이라는 시에 다음과 같은 대목이 있다.

> 죽어서 성장하는 경험을 하지 않는 한,
> 그대는 어두운 땅의 고달픈 손님일 뿐이네.[21]

당신은 "어두운 땅의 고달픈 손님"이 될 이유가 없다.
당신은 하나님 나라에서 예수님의 도제가 될 수 있다.

다시,
다시 시작하라

핀란드의 정교회 저자 티토 클리안더는 한 수사에 관한 이야기를 소개했다. "수도원에서는 무엇을 합니까?" 이 질문을 받은 수사는 이렇게 대답했다. "우리는 넘어졌다가 일어서고 넘어졌다가 일어서고 넘어졌다가 다시 일어섭니다."[22]

영적 여행이 이와 같다. 영적 여행은 넘어졌다가 다시 일어서기를 평생 반복하는 과정이다. 우리는 이 책에서 다룬 모든 것에서 넘어질 것이다. 자주 넘어질 것이다. 매일 넘어지는 정도가 아니라 최소한 처음에는 시간마다 넘어질 것이다. 그렇다고 형편없는 도제는 아니다. 단지 인간일 뿐.

하나님과 함께 걷는 것이라는 비유는 성경 곳곳에서 사용된다. 걷기 비유만큼이나 넘어짐의 비유도 자연스러운 것이다. 우리는 넘어지고, 자신도 모르게 길을 잃을 것이다. 심지어 때로는 대놓고 저지른 잘못으로 길에서 벗어나기도 한다. '언제'라는 차이만 있을 뿐 누구나 넘어진다. 그런데 다시 넘어지면 우리는 어떻게 하는가?

또다시 시작한다.

프랭크 루박은 하나님의 임재를 연습하다가 매일 수없이 실패했던 일에 관해 이렇게 말했다. "언제라도 즉시 다시 시작할 수 있다."[23]

베네딕토회 수사들은 처음에 수도원에 들어갈 때 "삶의 전환"(conversion of life)을 맹세한다. 기본적으로 멈추지 않고 계속해서 성장하겠다는 평생의 영성 형성에 관한 결심이다. 성 베네딕토를 비롯한 많은 사람이 구원을 세례식에서 시작되어 죽음의 문턱을 넘을 때까지 끝나지 않는 지속적인 과정으로 보았다. 어쩌면 그 과정은 영원히 끝나지 않을지도 모른다.

"계속해서 성장하기를 거부할 때 죄를 짓게 된다"라고 말했던 니사의 성 그레고리우스는 천국에서 "완벽"이 헬라어 사상에서처럼 고정된 상태가 아니라 일종의 끝없는 성장이라고도 주장했다. 이는 마치 기독교식의 진화 및 계몽과도 같다. 하나님 안에서 인간은 새로운 가능성의 영역으로 계속해서 올라간다.[24]

단, 다시 말하지만 성장은 영적 성공이라는 사다리를 오르는 게 아니라 자아의 죽음을 통해 이루어진다. 만약 사다리가 있다면 우리는 올라가지 않고 내려간다!

너무 현실적으로만 말한다고 생각할지 모르겠지만, 나의 영적 여행은 성공보다 실패로 점철된 기나긴 여정이었다. 하지만 나만 그런 건 아니라고 확신한다. 그래서 삶의 전환이 필요하다.

그래서 이 평생의 여행을 시작하려는 사람을 위해 마지막으로 몇 가지 실질적인 단계를 제시하고자 한다.

〚1〛 하나님 나라에서의 삶의 아름다움과 가능성을
매일 바라보아야 한다.

예수님의 정체성과 복음과 삶에 관한 경이감을 매일 마음속에 가득 채우라. 사복음서를 읽고 또 읽으면서 이야기 하나하나에 관해 깊이 묵상하며, 기도 가운데 예수님께로 마음을 열라. 하나님의 아들을 바라보라.

〚2〛 마음속에 예수님의 비전을 가득 채운 뒤에는
현재의 자리에서 시작해야 한다.
지금 즉시 작은 한 걸음을 내딛으라.

달라스 윌라드는 어떻게 성자가 될 수 있는지를 묻는 질문에 이렇게 대답했다. "다음번 옳은 일을 함으로써."[25]

당신이 해야 할 "다음번 옳은 일"은 무엇인가? 세례받는 것? 공동체에 참여하는 것? 새로운 영적 습관을 탐구하는 것? 생활 수칙을 세우는 것? 아직 풀리지 않은 물음이 많지만 난생처음 하나님을 믿고 싶다고 그분께 솔직히 아뢰는 것? 좋다. 거기서부터 시작하라. 예수님은 단 한 번도 현재의 자리가 아닌 다른 곳에서 사람을 만나 주신 적이 없다.

〖3〗 천천히 하라.

너무 많은 것을 한꺼번에 하려고 하지 말라. 잔뜩 들어간 힘을 빼고 긴장을 풀라. "하나님이 당신의 삶을 통해 그분의 뜻을 이루시도록 맡기라."[26] 잠시 숨을 돌리라. 하나님께 자신을 열고, 쉼으로 시작하라. 다시 말하지만, 영적 여행은 더하기가 아니라 빼기다. 서둘러서는 안 된다.

〖4〗 넘어지거든(다시 말하지만, 우리 모두는 넘어진다) 회개하라.

단, 자기 비난이나 수치심에 빠지지는 말라.

하나님의 자비에 다시 의지하라.

다시 일으켜 세워 주시는 하나님의 손을 붙잡으라.

이 책에서 나는 예수님의 도제로 사는 것이 얼마나 놀라운지를 보여 주고자 최선을 다했다. 하지만 그 어떤 말도, 특히 내 말은 그 삶의 아름다움을 담아내기에 턱없이 부족하다.

자, 이제 결정해야 한다. 예수님의 도제가 되기를 원하는가? 그분의 길을 행하기를 원하는가? 그렇다면 시작해야 한다. 천 리 길도 한 걸음부터라는 말이 있다. 그냥 첫발을 내딛으라. 그리고 그다음 걸음을 내딛으라. 그런 식으로 계속해서 나아가라. 랍비를 따라가는 길이 어디로 이어질지 기대감을 품고 가라.

길이 길고 힘들 때, 넘어지거나 길을 잃을 때는 이 말을 기억하라. "우리는 넘어졌다가 일어서고 넘어졌다가 일어서고 넘어졌다가 다시 일어섭니다."

그리고 다시 시작하라.

○

부 록

프랙티싱더웨이 과정
The Practicing the Way Course

프랙티싱더웨이 과정은 영성 형성에 관한 8주간의 입문 수업이다. 교회나 소그룹에서 직접 다음과 같이 할 수 있도록 구성했다. 당신과 당신이 몸담은 공동체에 유익한 시간이 되리라 확신한다.

* 영적 건강 점검하기.
* 예수님의 도제 수업이 무엇인지 이해하고, 영성 형성에 관한 실질적인 감 얻기.
* 당신의 현재 상태에 관한 형성 감사와 새로운 방향으로 형성되기 위한 계획 세우기.
* 안식일, 고독, 기도, 성경 읽기 등 구체적인 영적 훈련법 배우기.
* 생활 수칙 세우기.
* 밥상 공동체를 위한 계획 세우기.
* 예수님의 도제 수업에서 당신의 구체적인 다음번 단계가 무엇인지 파악하기.

practicingtheway.org/courses를 방문해 이 과정을 밟아 보라.

프랙티싱더웨이에서 권하는 공동체 생활 수칙

1. **안식일 습관으로,**
   바쁨과 피로의 문화 속에서 쉼을 누리는 공동체.

2. **고독 습관으로,**
   불안과 소음의 문화 속에서 평강과 고요함을 맛보는 공동체.

3. **기도 습관으로,**
   방해와 현실 도피의 문화 속에서 하나님과 교제하는 공동체.

4. **공동체 습관으로,**
   개인주의와 피상성의 문화 속에서
   사랑을 나누고 깊이 있는 관계를 맺는 공동체.

5. **성경 습관으로,**
   이념적 타협의 문화 속에서 용감하게 정통을 고수하는 공동체.

6. **금식 습관으로,**
   방종과 부도덕의 문화 속에서 거룩함을 지키는 공동체.

7. **베풂 습관으로,**
   소비지상주의의 문화 속에서 만족하는 공동체.

8. **섬김 습관으로,**
   불의와 분열의 문화 속에서
   정의와 자비를 실천하며 화해에 앞장서는 공동체.

9. **증언 습관으로,** 적대의 문화 속에서 환대를 실천하는 공동체.

아홉 가지 영적 습관(훈련)

훈련	안식일	기도	금식
매일		기도의 리듬	
매주	멈추고 쉬고 즐기고 예배하기 위한 안식일		해가 질 때까지 금식
매달 혹은 분기별			

훈련	고독	성경	공동체
매일	하루를 시작하거나 마무리할 때 침묵의 시간 갖기	성경 읽기	
매주			함께 식사하기, 주일예배
매달 혹은 분기별			

아홉 가지 영적 습관(훈련)

훈련	베풂	섬김	증언
매일			
매주			
매달 혹은 분기별	교회와 가난한 이들을 위해 소득의 10퍼센트를 내는 것	친해지려는 목적으로 가난한 이들을 섬기는 행위	내 주위에 예수님을 모르는 한 사람을 위한 환대의 행위와 주기적인 기도

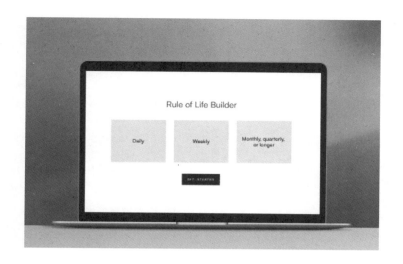

생활 수칙 세우기

모든 사람의 영성 형성에 맞는 한 가지 접근법은 없다. 생활 수칙은 예수님을 중심으로 공동체를 하나로 묶어 주는 구심점 역할을 할 수 있지만, 각 사람이 자신의 삶에 맞게 생활 수칙을 조정해야 한다. 그렇게 조정한 뒤에도 그 상태로 계속 유지될 수는 없다. 인생의 시기와 단계가 변하면서 생활 수칙도 변해야 한다. 그래서 당신만의 생활 수칙을 마련하기 위한 무료 디지털 도구를 만들었다. practicingtheway.org/ruleoflifebuilder를 방문해서 지금 바로 시작해 보라.

감사의 말

나이가 들수록 모든 게 감사하다는 생각만 든다. 이 책의 출간을 위해 시간과 땀, 지혜, 사랑을 쏟아 준 수많은 이들에게 고마운 마음뿐이다. 다음 분들에게 진심으로 감사드린다.

— 브리지타운교회 식구들. 이 책은 우리가 함께한 여행에서 탄생했다. 이들에게 감사하는 마음은 평생 간직할 것이다. 사랑합니다, 여러분.
— 늘 요구한 것 이상으로 섬겨 준 출판 에이전트 마이크 솔즈베리. 그는 그야말로 나의 요다다. 예이츠앤예이츠(Yates & Yates)의 매트, 커티스, 실리 예이츠, 크리스티나 트룹 팀원들에게도 감사하다.
— 프랙티싱더웨이 팀 전체. 이제 우리는 진정한 '팀'이다. 특히, 내가 집필에 집중하도록 '모든' 것을 운영해 준 캐머런 둘리틀. 나의 '보스'면서도 더없이 친절한 시드니 볼린저. 참을성 있게 작업에 최선을 다한 리사 올리버. 항공편과 카메라 렌탈을 책임지고 따뜻한 미소를 선사한 에반 올리버.

무엇보다도 보통 사람은 평생이 걸려도 경험할 수 없을 만큼 많은 기쁨과 친절을 베풀며 12년을 변함없이 협력해 준 디에나 길데이.

— The RWP에게 사랑한다고 말해 주고 싶다. 다음번 프로젝트를 할 준비가 되었는가?

— 티나 컨스터블, 로라 바커, 더글러스 만 캠벨 와튼, 브렛 벤슨을 비롯해서 펭귄랜덤하우스(Penguin Random House)와 워터브룩(WaterBrook) 출판사 식구들. 이들은 내게 진심으로 잘해 주었다.

— 폴 패스터, 드류 딕슨, 로라 라이트, 트레이시 무어를 비롯해 이 책을 마지막 완성본까지 편집해 준 모든 이들. 내 우유부단함과 완벽주의, 느린 이메일 응답을 참아 준 이들에게 큰 빚을 졌다.

— 이 책의 초고를 읽어 준 독자들, 특히 제리 브리셔스. 그를 생각하면 아직도 놀랍기만 하다. 문장을 분석하고 최종 편집을 해 준 (닌자!) 샘 아커.

— 프랙티싱더웨이 사역을 위해 아낌없이 아이디어를 제공해 준 동역자들, 제이슨 밸러드, 타일러 스태튼, 베서니 앨런, 가빈 베넷. 이 비전을 현실로 옮긴 고디 코크런과 팀 초이를 비롯해 컬러스앤쉐이프스(Colours and Shapes)의 모든 팀원.

— 내향적인 아빠를 사랑하고 참아 준 우리 아이들 주드, 모지즈, 선데이 그리고 지난 몇 년간 좋은 날이나 힘든 날이나 변함없이 나를 응원해 준 아내.

마지막으로, 하나님을 감사 목록에 넣는 것이 좀 민망하고 죄송스럽게 느껴지지만…… 그래도 천국 공동체의 언어로, 삼위일체 사랑의 하나님께 감사와 찬송을 올려 드린다.

우리 주 하나님이여 영광과 존귀와 권능을 받으시는 것이
합당하오니 주께서 만물을 지으신지라 만물이 주의 뜻대로 있었고
또 지으심을 받았나이다.[1]

주

프롤로그.
지금도 예수의 방법이 통할까

1. "당신의 집을 랍비들의 모임 장소로 삼고, 그들의 발에서 나온 먼지를 뒤집어쓰고, 그들의 말을 갈급함으로 마시라." 이 말은 B. C. 2세기의 랍비였던 '요에제르의 아들 요세'가 한 것으로 알려져 있다. 일부 학자들은 "먼지를 뒤집어쓰라"는 말이 몇 시간 동안 스승의 발치에 앉아 있을 때 제자의 옷에 묻을 수밖에 없는 먼지를 말한다고 생각한다. 그런가 하면 한 번에 며칠 동안 먼지 가득한 길로 랍비를 따라다닐 때 한마디도 놓치지 않도록 가까이 붙어서 가는 것을 의미한다고 주장하는 학자들도 있다. 둘 중 어느 경우든 이는 제자가 먼지투성이가 될 정도로 랍비에게 가까이 있는 것을 말한다. Ann Spangler, Lois Tverberg, *Sitting at the Feet of Rabbi Jesus: How the Jewishness of Jesus Can Transform Your Faith* (Grand Rapids, Mich.: Zondervan, 2018), 18-19. 앤 스팽글러, 로이스 티어베르그, 《랍비 예수, 제자도를 말하다》(국제제자훈련원 역간).

2. Robert N. Bellah 외, *Habits of the Heart: Individualism and Commitment in American Life, with a New Preface* (Berkeley: University of California Press, 2008).

3. John Donne, *Devotions upon Emergent Occasions and Death's Duel* (New York: Vintage, 1999), 103.

4. 티시 해리슨 워런은 형성 분야에서도 이 시대 최고의 저자 중 한 명이다. 이 인용문은 그의 다음 책에서 가져왔다. Tish Harrison Warren, *Prayer in the Night: For Those Who Work or Watch or Weep* (Downers Grove, Ill.: Inter-Varsity, 2021), 82. 티시 해리슨 워런, 《밤에 드리는 기도》(IVP 역간).

5. Carl R. Trueman, *The Rise and Triumph of the Modern Self: Cultural Amnesia, Expressive Individualism, and the Road to Sexual Revolution* (Wheaton, Ill.: Crossway, 2020). 나는 이 책이 지난 10년간 나온 기독교 서적 중 손꼽히게 중요한 책이라고 생각한다. 칼 트루먼, 《신좌파의 성혁명과 성정치화》(부흥과개혁사 역간).

6. Jaron Lanier, *Ten Arguments for Deleting Your Social Media Accounts Right*

Now (London: Vintage, 2019), 6. 이 책을 반드시 읽으라. 지금 당장! 재런 러니어, 《지금 당장 당신의 SNS 계정을 삭제해야 할 10가지 이유》(글항아리 역간).

7. 이 문장에 대해서는 크리스 크루즈에게 빚을 졌다. 그는 훌륭한 저작에서 원래 이렇게 말했다. "예수님께 제자 훈련을 받기로 의식적으로 선택하지 않으면 세상에 의해 무의식적으로 제자 훈련을 받게 된다." *The Practice of Being with Jesus* (Redding, Calif.: Chris Cruz, 2020), 5.

8. 내가 로스앤젤레스에서 흔히 듣는 "나는 하나님을 믿지 않고 과학을 믿는다"라는 말은 결국 무언가를 믿는다는 뜻이다. 단지 믿음의 대상이 하나님이 아닐 뿐. 세상 사람들은 흔히 종교의 '의견과 느낌'이 아니라 '확실한 사실'만 믿는다고 말하지만, 사실 그들은 종교 혹은 예수님(혹은 하나님을 믿는 다른 지적·과학적 사상가들) 대신 과학적 데이터에 대한 다른 사람의 '해석'을 믿기로 선택한 것일 뿐이다. 차이는 사실을 믿느냐, 느낌을 믿느냐가 아니다. 차이는 과학에 대한 세속적 해석을 믿기로 선택하느냐, 하나님의 해석을 믿기로 선택하느냐다.

9. 요한복음 6:68.

10. 누가복음 14:27-30.

11. 디모데전서 6:19.

12. 마태복음 4:19.

21세기, 예수님과 살아 볼 인생을 찾습니다!

1. 마가복음 1:17.

2. 마가복음 1:18.

3. *Merriam-Webster*, s.v. "rabbi," www.merriam-webster.com/dictionary/rabbi#word-history.

4. 재미있는 사실: 복음서에서 "목수"로 번역된 단어는 "테크톤"이다. 이 단어는 "모

든 종류의 장인이나 기술자"도 의미할 수 있다. Henry George Liddell, Robert Scott, comps., *A Greek-English Lexicon*, 9th ed., with rev. supplement (Oxford: Clarendon Press, 1996), 1769. 갈릴리에는 나무로 된 물품이 매우 드물었다. 집은 돌로 지었고, 대부분 식탁이나 의자가 아닌 바닥에 앉아서 먹고 쉬었다. 문과 몇몇 도구 외에는 나무로 만들어진 게 거의 없었다. 많은 이가 마리아를 위해 아름다운 흔들의자를 만드시는 예수님을 상상하길 좋아하지만, 그분은 석공이셨을 가능성이 더 높다.

5. Ann Spangler, Lois Tverberg, *Sitting at the Feet of Rabbi Jesus: How the Jewishness of Jesus Can Transform Your Faith* (Grand Rapids, Mich.: Zondervan, 2018), 31-32. 앤 스팽글러, 로이스 티어베르그, 《랍비 예수, 제자도를 말하다》(국제제자훈련원 역간).

6. 다음에서 1세기의 "랍비"라는 호칭에 관한 짧지만 탁월한 설명을 볼 수 있다. https://ourrabbijesus.com/articles/can-we-call-jesus-rabbi.

7. 제럴드 L. 싯처는 이렇게 말했다. "랍비들은 제자들을 모아서 모세 율법을 해석하고 그것에 순종하는 법을 가르쳤다. 그들은 랍비 학교에 다니고 저명한 랍비에게서 배움으로써 권위를 얻었다. 랍비는 항상 특정한 랍비 전통의 틀 안에서 가르침을 폈다. 예수님은 그런 전통을 따르지 않았다는 점에서 특별하셨다. 그분은 학교에 다니신 적이 없고, 저명한 랍비 아래서 공부하시지도 않았다. 그분은 제자들에게 랍비 전통을 가르치시지도 않았다. 심지어 그분은 랍비의 말을 인용하신 적도 한 번도 없었다. 오히려 그분은 율법의 진짜 의미를 가르치지 않는 랍비들을 꾸짖으셨다." Gerald L. Sittser, *Resilient Faith: How the Early Christian "Third Way" Changed the World* (Grand Rapids, Mich.: Brazos, 2019), 29. 제럴드 L. 싯처, 《회복력 있는 신앙》(성서유니온선교회 역간).

8. 마태복음 22:33; 마가복음 9:15.

9. 누가복음 4:22.

10. 마가복음 1:22.

11. 마태복음 13:54; 요한복음 7:46.

12. Dallas Willard, *The Great Omission: Reclaiming Jesus's Essential Teachings on Discipleship* (New York: HarperOne, 2014), 19. 달라스 윌라드, 《잊혀진 제자도》(복있는사람 역간).

13. Spangler, Tverberg, *Sitting at the Feet of Rabbi Jesus*, 38. 내가 이 책을 수시로 인용하는 이유는 사복음서의 유대 배경을 더없이 훌륭하게 다루었기 때문이

다. 앤 스팽글러, 로이스 티어베르그, 《랍비 예수, 제자도를 말하다》(국제제자훈련원 역간).

14. 요한복음 10:33. 예수님이 "스스로 하나님이라고 주장하신 적이 없다"고 주장하는 사람은 오직 현대 회의주의자들뿐이다. 당시의 원래 청중은 정반대 해석을 했다. 이 해석이 현대인들의 귀에 들리면서 바뀐 것은 예수님이 서구의 학술 논문 스타일로 그것을 제시하시지 않았기 때문이다. 그 대신 예수님은 비유와 암시, 이야기를 통해 자신이 하나님이심을 드러내셨다. 또한 "나를 본 자는 아버지를 보았거늘"과 같은 말씀도 하셨다(요 14:9).

15. 공부를 위한 추천 연령은 Mishnah, Pirkei Avot 5:21에 기록되어 있다(www.sefaria.org/Pirkei_Avot.5.21?lang=bi). 세 단계 교육에 관해 더 알고 싶다면 William Barclay, *Educational Ideals in the Ancient World* (n.p.: Creative Media Partners, 2021)를 보라.

16. Rob Bell, "Covered in the Dust of Your Rabbi," 설교, YouTube 동영상, 23:08, www.youtube.com/watch?v=aCtrsJ6nSio.

17. Bell, "Covered in the Dust of Your Rabbi," 17:57.

18. 마가복음 3:14.

19. 누가복음 6:40. 여기서는 NIV(및 개역개정)의 "제자"와 "선생" 대신 "도제"와 "랍비"라는 표현을 사용했다.

20. Ray Vander Laan, "Rabbi and Talmidim," 세상이 알아야 한다. 레이의 글들은 황금과도 같다는 것을.

21. Spangler, Tverberg, *Sitting at the Feet of Rabbi Jesus*, 58. 앤 스팽글러, 로이스 티어베르그, 《랍비 예수, 제자도를 말하다》(국제제자훈련원 역간).

22. Willard, *The Great Omission*, 6. 달라스 윌라드, 《잊혀진 제자도》(복있는사람 역간).

23. *Strong's Definitions*, s.v. "*talmid*," Blue Letter Bible, www.blueletterbible.org/lexicon/h8527/kjv/wlc/0-1.

24. 신약성경의 언어인 헬라어에서 주로 사용되는 단어는 "마데테스"다. 동사인 "마데테우오"는 몇몇 구절에서 사용되지만 '제자가 되다'(to be a disciple)나 '제자로 삼다'(to make disciples)로 번역된다. (*Blue Letter Bible*, s.v. "matheteuo," www.blueletterbible.org/lexicon/g3100/esv/mgnt/0-1). 따라서 "제자"는 여전히 명사로 사용된다. 마태복음 28장 19절과 사도행전 14장 21절은 둘 다 이 단어를 복음과 연관 지어 사용한다. 하지만 그때도 나는 이것을 사람들이 한 종교적 관점의 '개종자'가 아니

라 예수님의 도제가 되도록 복음을 전하는 것을 지칭한다고 본다.

25. 이를테면 당신이 나이가 많고 지혜로운 멘토여서 이것이 당신이 그 길을 따르려는 젊은 신자에게 해 주는 무언가라면, 즉 당신이 그들을 말 그대로 '제자한다'(disciple)면.

26. 이 표현은 달라스 윌라드가 *The Great Omission*에 쓴 멋진 글을 토대로 한 것이다. "신약성경은 예수 그리스도의 제자들이 제자들에 관한 쓴, 제자들을 위한 책이다." 달라스 윌라드, 《잊혀진 제자도》(복있는사람 역간).

27. John Ortberg, *Eternity Is Now in Session: A Radical Rediscovery of What Jesus Really Taught About Salvation, Eternity, and Getting to the Good Place* (Carol Stream, Ill.: Tyndale, 2018), 49. 존 오트버그, 《인생, 영생이 되다》(두란노 역간).

28. Michael Burkhimer, *Lincoln's Christianity* (Yardley, Pa.: Westholme, 2007), xi.

29. 미국이 아닌 나라에서 지금 이 책을 읽는 독자들에게 사랑한다는 말과 함께, 여기서 소개할 통계들이 미국 중심의 통계인 것에 미안함을 표하고 싶다.

30. Gregory A. Smith, "About Three in Ten US Adults Are Now Religiously Unaffiliated," Pew Research Center, 2021년 12월 14일, www.pewresearch. org/religion/2021/12/14/about-three-in-ten-u-s-adults-are-now-religiously-unaffiliated.

31. "American Worldview Inventory 2023," Barna, 2023년 2월 28일, www. arizonachristian.edu/wp-content/uploads/2023/02/CRC_AWVI2023_ Release1.pdf.

32. "Maximus the Confessor: Two Hundred Texts on Theology and the Incarnate Dispensation of the Son of God," Orthodox Church Fathers, https://orthodoxchurchfathers.com/fathers/philokalia/maximus-the-confessor-two-hundred-texts-on-theology-and-the-incarnate-dispensati. html.

33. 예를 들어, 대부분의 교회에는 교인들이 받아들여야 할 신앙 진술서가 있다. 하지만 산상수훈을 따를 것을 요구하는 윤리 진술서 혹은 기도를 중심으로 구체적으로 삶을 정돈할 것을 요구하는 생활 수칙이 있는 교회는 별로 없다.

34. 예수님께 사도(apostles)는 열두 명뿐이었지만, 그분을 따르는 팔로워(followers)는 많았다.

35. Willard, *The Great Omission*, xv. 달라스 윌라드, 《잊혀진 제자도》(복있는사람

역간).

36. David Kinnaman, Mark Matlock, *Faith for Exiles: 5 Ways for a New Generation to Follow Jesus in Digital Babylon* (Grand Rapids, Mich.: Baker, 2019), 32. 이 통계는 미국에 대한 것이다. 하지만 바나 그룹은 6개국을 연구했다. 영국과 호주와 같은 서구 배경에서는 결과가 비슷하지만 아시아나 아프리카 국가에서는 수치가 더 높다.

37. 내 말에 관심을 기울이고 있는가?

38. 더 깊고 자세한 내용을 알고 싶다면, 내가 전한 설교 시리즈인 '복음 전하기'(Preaching the Gospel)를 들어 보라. www.practicingtheway.org/practices/preaching-the-gospel. '네 가지 미국 복음'(The Four American Gospels)을 추천한다.

39. 사실, 이 사례는 내 신학교 교수인 제리 브리서스 박사에게서 얻은 것이다. 그는 이를 "요한복음 3장 16절 복음"이라 부른다.

40. Ortberg, *Eternity Is Now in Session*, Kindle. 존 오트버그, 《인생, 영생이 되다》(두란노 역간).

41. 마태복음 7:21.

42. "What the Bible Says About *Hamartia*," *Forerunner Commentary*, Bible Tools, www.bibletools.org/index.cfm/fuseaction/topical.show/RTD/cgg/ID/1677/Hamartia.htm.

43. 누가복음 19:10.

44. 마가복음 1:15.

45. 마태복음 11:25.

46. Willard, *The Great Omission*, 61. 달라스 윌라드, 《잊혀진 제자도》(복있는사람 역간).

47. 마태복음 7:26-27.

48. 이 글과 개념은 다음 책에서 그대로 가져온 것이다. John Ortberg, *Eternity Is Now in Session*, 8. 존 오트버그, 《인생, 영생이 되다》(두란노 역간).

49. Bishop Kallistos Ware, *The Orthodox Way*, rev. ed. (Crestwood, N.Y.: St. Vladimir's Seminary, 1995), 7-8. 칼리스토스 웨어, 《정교회의 길》(은성 역간). 더없이 놀라운 이 책을 읽었을 때 평안함을 느꼈다.

50. 요한복음 14:6.

51. Eugene H. Peterson, *The Jesus Way* (Grand Rapids, Mich.: Eerdmans, 2007). 유진 피터슨, 《그 길을 걸으라》(IVP 역간).

52. 마태복음 7:13-14.

53. 요한복음 10:10.

54. 시편 23:5.

55. 마가복음 8:34.

56. *"The Count of Monte Cristo* (2002): Quotes,"* Internet Movie Database, www. imdb.com/title/tt0245844/quotes/?ref_=tttrv_qu. 케빈 레이놀즈 감독, 영화 〈몬테크리스토 백작〉.

목표 #1
예수님과 함께하고

1. 요한복음 1:39.

2. "주의 발치에 앉아"는 한 랍비의 제자인 것을 의미하는 관용구다. 예수님 외에 다른 랍비가 여성 제자들을 두었다는 기록은 없다.

3. 마가복음 3:13-14.

4. 누가복음 9:2.

5. 요한복음 14:16.

6. HELPS Word-studies, s.v., *"allos,"* Bible Hub, https://biblehub.com/ greek/243.htm.

7. *Strong's Concordance,* s.v., *"parakle.tos,"* Bible Hub, https://biblehub.com/ greek/3875.htm.

8. 요한복음 14:26.

9. 요한복음 15:4.

10. "What Does It Mean to Abide?" Precept Austin, 2022년 8월 6일, www. preceptaustin.org/what-does-it-mean-to-abide.

11. Johann Hari, *Stolen Focus*나 Jaron Lanier, *Ten Arguments for Deleting Your Social Media Accounts Right Now*를 꼭 읽어 보기를 바란다. 요한 하리, 《도둑맞은 집중력》(어크로스 역간); 재런 러니어, 《지금 당장 당신의 SNS 계정을 삭제해야 할 10가지 이유》(글항아리 역간).

12. 갈라디아서 5:22-23. 너무 좋은 구절이다.

13. 데살로니가전서 5:17.

14. Jean-Pierre de Caussade, *The Sacrament of the Present Moment*, Kitty Muggeridge trans. (San Francisco: HarperSanFrancisco, 1989).

15. A. W. Tozer, *The Pursuit of God: The Human Thirst for the Divine* (Chicago: Moody, 2015), chaps. 3, 4. A. W. 토저, 《하나님을 추구하다》(두란노 역간).

16. Dallas Willard, "An Invitation to a 'With-God Life' in Jesus," Dallas Willard Ministries, YouTube video, www.youtube.com/watch?v=HN1K43YePCc.

17. Brother Lawrence, *The Practice of the Presence of God; with the Maxims of Brother Lawrence* (Topeka, Kans.: Christ the King Library, 2017). 로렌스 형제, 《하나님의 임재 연습》(두란노 역간).

18. 이 인용문은 존 오트버그가 미하이 칙센트미하이의 책을 정리한 내용에서 가져온 것이다. www.youtube.com/watch?v=TPWUy81YHiA. 두 번째 인용문은 칙센트미하이의 책에서 그대로 가져온 것이다. *Flow: The Psychology of Optimal Experience* (New York: Harper Perennial Modern Classics, 2008), chap. 2. 미하이 칙센트미하이, 《몰입》(한울림 역간).

19. Brother Lawrence, *Practice of the Presence of God*, 6. 로렌스 형제, 《하나님의 임재 연습》(두란노 역간).

20. 공상소설 작가 코리 닥터로우(Cory Doctorow)의 "Writing in the Age of Distraction"에서 가져온 표현. *Locus Magazine*, 2009년 1월, www.locusmag.com/Features/2009/01/cory-doctorow-writing-in-age-of.html.

21. Dallas Willard, *The Great Omission: Reclaiming Jesus's Essential Teachings on Discipleship* (New York: HarperOne, 2014), 125. 달라스 윌라드, 《잊혀진 제자도》(복있는사람 역간).

22. 시편 16:8.

23. 골로새서 3:2.

24. Hwee Hwee Tan, "In Search of the Lotus Land," *Quarterly Literary Review*

Singapore 1 no. 1 (2001년 10월), www.qlrs.com/essay.asp?id=140.

25. 루소에게 고맙다.

26. Tozer, *Pursuit of God*, chap.7. A. W. 토저, 《하나님을 추구하다》(두란노 역간).

27. Frank C. Laubach, *Letters by a Modern Mystic* (London: Society for Promoting Christian Knowledge, 2011), 75. 프랭크 루박, 《프랭크 루박의 편지》(생명의말씀사 역간).

28. Marjorie J. Thompson, *Soul Feast: An Invitation to the Christian Spiritual Life*, newly rev. ed. (Louisville: Westminster John Knox, 2014), 44. 메조리 J. 톰슨, 《영성형성 훈련의 이론과 실천》(은성 역간).

29. David L. Fleming, *What Is Ignatian Spirituality?* (Chicago: Loyola Press, 2008), 8.

30. *On Union With God*과 *Life of Theoria, The Philokalia* 5권 중. 더 깊이 들어 가고 싶다면 *The Philokalia*를 읽으라. 이 책은 지금 내 삶을 변화시키고 있다.

31. 고린도후서 3:18.

32. 시편 27:4.

33. 곧 쓰게 되기를 소망한다.

34. 에베소서 3:16-19.

35. 바울이 사용한 단어는 "기노스코"다. 이 단어는 내가 아내를 아는 것과 같은 관계적인 앎을 의미한다. *Thayer's Greek Lexicon*, s.v. *"ginosko,"* Blue Letter Bible, www.blueletterbible.org/lexicon/g1097/niv/mgnt/0-1.

36. David G. Benner, *Surrender to Love: Discovering the Heart of Christian Spirituality* (Downers Grove, Ill.: InterVarsity, 2003), 92. 데이비드 베너, 《사랑에 항복하다》(IVP 역간).

37. "Paying Attention: The Attention Economy," *Berkeley Economic Review*, 2020년 3월 31일, https://econreview.berkeley.edu/paying-attention-the-attention-economy.

38. Simone Weil, *Gravity and Grace*, Arthur Wills trans. (New York: G. P. Putnam's Sons, 1952), 170. 시몬 베유, 《중력과 은총》(문학과지성사 역간).

39. Richard Plass, James Cofield, *The Relational Soul: Moving from False Self to Deep Connection* (Downers Grove, Ill.: IVP Books, 2014), 143.

40. 이것이 기독교 신비주의자들이 예로부터 결혼 안에서의 성적 연합을 하나님과

의 궁극적인 연합을 설명한 사례로 사용한 이유다. 이 연합은 말에서 시작되지만 영혼의 뒤섞임까지 나아간다. 이 풍부한 기독교 사상에 관해 좀 더 자세히 알고 싶다면 다음 책을 보라. Christopher West, *Fill These Hearts: God, Sex, and the Universal Longing* (New York: Image, 2012).

41. Karl Rahner, *Theological Investigations,* vol. XX, *Concern for the Church,* Edward Quinn trans. (New York: Crossroad, 1981), 149.

42. 이에 관한 신학 용어는 "연합"(incorporation; 통합)이다. 학자들은 이것이 바울의 저작들의 주된 주제라고 주장한다. 이 용어는 바울의 서신서들에서 70번 이상 사용되었다.

43. 골로새서 3:3.

44. 골로새서 1:27.

45. Henri Nouwen, "From Solitude to Community to Ministry," *Leadership* 16 (Spring 1995), www.christianitytoday.com/pastors/1995/spring/51280.html.

46. 창세기 15:1, NKJV [이 책 옮긴이의 사역].

47. 요한복음 15:15, 새번역.

48. Thomas àa Kempis, *The Imitation of Christ,* Rev. R. Challoner trans. (Dublin: McGlashan and Gill, 1873), 113, www.google.com/books/edition/The Imitation_of Christ/NKPnvCS9j1EC. 토마스 아 켐피스, 《그리스도를 본받아》(두란노 역간).

49. 누가복음 10:39.

50. 디모데전서 6:19.

51. 마태복음 6:6.

52. Bible Hub, s.v. *"tameion,"* https://biblehub.com/greek/5009.htm.

53. 마가복음 1:35.

54. Blue Letter Bible, s.v. *"eremos,"* www.blueletterbible.org/lexicon/g2048/niv/mgnt/0-1.

55. 누가복음 5:16.

56. 누가복음 22:39.

57. 요한복음 18:2.

58. Henri J. M. Nouwen, *Making All Things New: An Invitation to the Spiritual*

Life (San Francisco: HarperSanFrancisco, 1981), 69.

59. Henri J. M. Nouwen, *Beloved: Henri Nouwen in Conversation, with Philip Roderick* (Grand Rapids, Mich.: William B. Eerdmans, 2007), 30-31.

60. 솔직히 말하면 대부분의 사람에게 이것이 비현실적이지 않다고 생각한다. '보통 사람들은 소셜 미디어에 하루 두 시간 이상을 사용하고 세 시간 이상 텔레비전을 보지 않는가.' "Average Daily Time Spent on Social Media (Latest 2023 Data)," Broadband Search, www.broadbandsearch.net/blog/average-daily-time-on-social-media; Rebecca Lake, "Television Statistics: 23 Mind-Numbing Facts to Watch," CreditDonkey, 2023년 2월 26일, www.creditdonkey.com/television-statistics.html. 실제로 시간이 없는 사람들도 대개 마음먹고 삶을 정돈하면 하나님과 단둘이 보내는 시간을 낼 수 있다. 젊은 부모들이나 힘든 일을 하거나 아침 일찍 일을 시작하는 사람들의 경우에도 창의력을 발휘하면 대부분 어떻게든 시간을 낼 수 있다.

61. 그렇다. 타일러는 정말 대단한 사람이다.

62. 이토록 큰 도움이 되는 개념을 소개해 준 제임스 클리어에게 감사한다. 그의 책 *Atomic Habits*를 강력히 추천한다. 제임스 클리어, 《아주 작은 습관의 힘》(비즈니스북스 역간).

63. 이 이야기를 소개한 나의 전작 *The Ruthless Elimination of Hurry*, 18-19를 보라. 존 마크 코머, 《슬로우 영성》(두란노 역간).

64. 목사들에게 한마디 하고 싶다. 우리는 좋은 의도로 교회의 성장을 바라지만 그로 인해 우리의 사역이 그렇지 않아도 이미 바쁜 교인들의 삶에 뭔가를 더하려는 시도로 변질되는 경우가 많다. 주일이 안식일이라기보다 종교적인 근무일처럼 변해 간다. 우리 자신을 사람들이 예수님을 통해 삶의 속도를 늦추도록 도와주는 영적 안내인으로 본다면 어떨까? 교인들이 덜 바빠지고, 몸과 마음이 차분해지고, 더 깊은 '거하기'의 삶으로 나아가기 위한 '습관'으로서 주일을 계획한다면? 헨리 나우웬은 이런 말을 했다. "우리의 일은 방해의 정반대다. 우리의 일은 사람들이 자기 삶에 (대개는) 숨어 있는 진정한 하나님 역사의 사건들에 집중하도록 돕는 것이다. 따라서 교회의 모든 조직 활동에서 중심에 있어야 할 질문은 어떻게 하면 교인들을 바쁘게 할 것인지가 아니다. 우리는 어떻게 하면 교인들이 너무 바빠서 침묵 속에 말씀하시는 하나님의 음성을 듣지 못하는 일이 없도록 할 것인지를 물어야 한다." *The Way of the Heart: Desert Spirituality and Contemporary Ministry* (San Francisco: HarperSanFrancisco, 1991), 63. 헨리 나우웬, 《마음의 길》(두란노 역간).

65. Rich Villodas, *The Deeply Formed Life: Five Transformative Values to Root Us in the Way of Jesus* (Colorado Springs: WaterBrook, 2020), 3-5. 리치 빌로다스, 《예수님께 뿌리내린 삶》(IVP 역간).

66. A. W. 토저는 이렇게 말했다. "우리는 지금 냉엄한 진실을 받아들여야 한다. 하나님을 알려는 사람이라면 그분께 시간을 드려야 한다는 것이다. 하나님과 친밀해지기 위해 쓴 시간을 시간 낭비로 여기지 말아야 한다. 묵상과 기도에 전념해야 한다. 옛 성도들, 사도들의 영광스러운 무리, 경건한 선지자들, 모든 세대의 거룩한 교회의 신자들이 그리했다. 따라서 우리도 그들의 전철을 밟고 싶다면 그리해야 한다." *God's Pursuit of Man* (Chicago: Moody, 2015), 20-21. A. W. 토저, 《인간을 추구하시는 하나님》(복있는사람 역간).

67. 이를 위해 www.practicingtheway.org에서 프랙티싱더웨이 과정(Practicing the Way Course)을 밟으라.

68. Ronald Rolheiser, *The Holy Longing: The Search for a Christian Spirituality* (New York: Doubleday, 1999), 9.

69. 요한복음 1:39.

목표 #2
예수님처럼 되며

1. 사실 진짜 해골을 구할 뻔했다. 한번은 내가 수사와 해골에 관한 이야기를 팟캐스트에서 한 적이 있는데, 그러고 나서 그 팟캐스트를 들은 멕시코의 한 친구에게서 전화를 받았다. "진짜 해골을 구해 줄 수 있는 사람을 아네." 멕시코시티의 한 시장에 진짜 해골을 수소문해서 구할 수 있는 사람이 있다고 했다. 진지하게 고민했지만 곧바로 도덕적으로 옳지 않다는 생각이 들었다. 그래서 그냥 쇼핑몰에서 세라믹으로 만든 제품을 구하기로 했다.

2. Benedict, *The Rule of St. Benedict in English*, Timothy Fry ed. (Collegeville, Minn.: Liturgical Press, 2019), chap. 4.

3. 그의 책 제목에서. Neil Postman, *Amusing Ourselves to Death: Public*

Discourse in the Age of Show Business (New York: Penguin, 2006). 닐 포스트먼, 《죽도록 즐기기》(굿인포메이션 역간).

4. Ronald Rolheiser, *The Holy Longing: The Search for a Christian Spirituality* (New York: Image, 2019).

5. David Brooks, *The Road to Character* (New York: Random House, 2015), xi. 데이비드 브룩스, 《인간의 품격》(부키 역간).

6. 누가복음 6:40. 이번에도 "제자"와 "선생"을 "도제"와 "랍비"로 바꾸었다. 마태복음 10:24도 보라.

7. 이는 인간됨 이론(personhood theory; 낙태와 안락사가 근거로 삼고 있는 이론) 같은 철학적 진술이 아니다. 인간됨 이론은, 인간이 특정한 발달 단계에 이르러야만 인권을 누릴 자격이 생긴다고 주장한다(이와 관련해서는 낸시 피어시의 명저 *Love Thy Body*를 보라). 하지만 이는 그런 철학적 진술이 아니라, 수사적 진술이다. 즉 우리는 '빛나도록 아름다운 영혼'이 되거나 '죄로 흉한 영혼'이 되어 간다. 낸시 피어시, 《네 몸을 사랑하라》(복있는사람 역간).

8. 다음 책의 글을 발췌 수정한 것이다. M. Robert Mulholland Jr. *Invitation to a Journey: A Road Map for Spiritual Formation*, expanded ed. (Downers Grove, Ill.: IVP Books, 2016).

9. Mulholland, *Invitation to a Journey*, 28.

10. 지옥에 관한 그의 주된 저작은 *The Great Divorce*이지만 이 두 문장은 다음에서 가져온 것이다. C. S. Lewis, *The Weight of Glory* (New York: HarperCollins, 2001), 46. C. S. 루이스, 《천국과 지옥의 이혼》, 《영광의 무게》(이상 홍성사 역간).

11. Dallas Willard, *The Great Omission: Reclaiming Jesus's Essential Teachings on Discipleship* (New York: HarperOne, 2014). 달라스 윌라드, 《잊혀진 제자도》(복있는사람 역간).

12. 엄밀히 말하면 맞는 말이지만 끔찍한 말이다.

13. 요한복음 10:11-16; 예레미야 18:6; 이사야 42:14; 49:15.

14. 어떤 면에서 우리 모두는 중독자다. 중요한 것은 '무엇'에 중독되었느냐다.

15. 누가복음 6:28.

16. 요한일서 4:8.

17. Augustine, *The Trinity (De Trinitate)*, Edmund Hill trans., John E. Rotelle ed. (Hyde Park, N.Y.: New City, 2015).

18. 요한복음 15:13.

19. 요한일서 3:16.

20. Mulholland, *Invitation to a Journey*, 16. 영성 형성에 관한 책 가운데서도 내가 정말 좋아하는 책이다. 추천한다는 말로도 모자라다.

21. 골로새서 1:27.

22. 이 책을 꼭 읽어야 한다! Darrell W. Johnson, *Experiencing the Trinity: Living in the Relationship at the Centre of the Universe* (Vancouver, BC: Canadian Church Leaders Network, 2021), 53. 데럴 존슨,《삼위 하나님과의 사귐》(IVP 역간).

23. 요한복음 17:20-21, 23.

24. 마태복음 7:14.

25. 부족하나마 비유를 들어 보겠다. 성장은 모든 아이에게 일어난다. 모든 아이의 몸집이 점점 커진다. 하지만 우리 몸이 아놀드 슈워제네거처럼 되는 것은 저절로 이루어지지 않는다. 이는 강도 높은 훈련(과 엄청난 유전자)의 결과다. 예수님처럼 되어 가는 것도 마찬가지다.

26. Janet O. Hagberg, Robert A. Guelich, *The Critical Journey: Stages in the Life of Faith*, 2nd ed. (Salem, Wis.: Sheffield, 2005), 7.

27. Hagberg and Guelich, *Critical Journey*, chap. 7. 나는 예수님의 씨 뿌리는 자비유를 자주 생각한다. 예수님이 통계적 평균을 제시하신 게 아닌가 하는 의심이 강하게 든다. 실제로 모든 사람 가운데 4분의 1만이 장기적으로 어떤 식으로든 열매를 맺는다. 그리고 그중 3분의 1(8퍼센트)만 최대치의 열매를 맺는다.

28. 몇 가지 이유를 대면 이렇다. (1) '벽'에 부딪힌다(돌아갈 수 없고 정면으로 돌파할 수밖에 없는 고통스러운 경험). (2) 대부분의 제자 훈련 모델은 2단계와 3단계 이상을 제시하지 않는다. (3) 우리는 사람들을 의도적으로 미성숙에 묶어 두려는 문화(first-half-of-life culture) 속에서 살고 있다.

29. Lisa Bodell, "New Year's Resolutions Fail. Do This Instead," *Forbes*, 2022년 12월 19일, www.forbes.com/sites/lisabodell/2022/12/19/new-years-resolutions-fail-do-this-instead/?sh=1b5c2cc57c8b.

30. Leslie Jamison, *The Recovering: Intoxication and Its Aftermath* (New York: Back Bay Books, 2018), 304. 레슬리 제이미슨,《리커버링》(문학과지성사 역간).

31. 디모데후서 3:16.

32. 나는 작은 모임에서 개인적으로 이 가르침을 들었다. 그는 다음 책에서도 이런 비슷한 말을 했다. "생각만으로는 거룩해질 수 없다." James K. A. Smith, *You Are What You Love: The Spiritual Power of Habit* (Grand Rapids, Mich.: Brazos, 2016), 5. 제임스 K. A. 스미스, 《습관이 영성이다》(비아토르 역간).

33. 이 훌륭한 비유에 대해 캐머런 두리틀에게 감사한다.

34. Francis Spufford, *Unapologetic: Why, Despite Everything, Christianity Can Still Make Surprising Emotional Sense* (New York: HarperOne, 2013), 27-28.

35. Bishop Kallistos Ware, *The Orthodox Way*, rev. ed. (Crestwood, N.Y.: St. Vladimir's Seminary, 1995), 62. 칼리스토스 웨어, 《정교회의 길》(은성 역간).

36. 로마서 3:26. 이는 그분이 우리의 재판장이신 동시에 우리를 의롭게 하기 위해 돌아가신 분이라는 뜻이다.

37. 이 목록은 게리 브리셔스 박사의 가르침에서 가져왔다. 그는 대속 이론이 여러 면을 가진 다이아몬드와 같다는 개념을 내게 처음 소개해 주었다. 그의 Biblical Training 'Life of Jesus' Lesson 21에서 대속에 관한 그의 가르침을 들을 수 있다. www.biblicaltraining.org/learn/academy/th10-a-guide-to-christian-theology.

38. Dan B. Allender, *Sabbath: The Ancient Practices* (Nashville, Tenn.: Thomas Nelson, 2009), 7. 댄 알렌더, 《안식》(IVP 역간).

39. 누가복음 5:31-32.

40. Ignatius, "VII. Beware of False Teachers," in *The Epistle of Ignatius to the Ephesians: Shorter and Longer Versions, in Ante-Nicene Fathers,* vol. 1, *The Apostolic Fathers, Justin Martyr, Irenaeus,* Alexander Roberts, James Donaldson ed., Christian Classics Ethereal Library, https://ccel.org/ccel/schaff/anf01/anf01.v.ii.vii.html.

41. *Thayer's Greek Lexicon,* s.v. "so.zo.," Blue Letter Bible, www.blueletterbible.org/lexicon/g4982/esv/mgnt/0-1.

42. 누가복음 8:48.

43. 달라스 윌라드는 이렇게 말했다. "영성 형성을 위한 효과적인 계획들은 모두 …… 사실, AA(Alcoholics Anonymous)와 매우 비슷하다." *Renovation of the Heart: Putting on the Character of Christ*, 20th anniv. ed. (Colorado Springs: NavPress, 2021), 83. 달라스 윌라드, 《마음의 혁신》(복있는사람 역간).

44. James Baldwin, "As Much Truth as One Can Bear," *New York Times*, 1962년 1월 14일.

45. Aaron Lewendon, "Eden Q&A with Pete Hughes about *All Things New,*" 2020년 2월 4일, www.eden.co.uk/blog/eden-q-a-with-pete-hughes-about-all-things-new-p1783328.

46. Charles Duhigg, *The Power of Habit: Why We Do What We Do in Life and Business* (New York: Random House, 2023). 찰스 두히그, 《습관의 힘》(갤리온 역간).

47. Pete Scazzero (@petescazzero), Twitter, 2017년 6월 30일, https://twitter.com/petescazzero/status/880864831808700416?lang=en.

48. Flannery O'Connor, *The Habit of Being*, Sally Fitzgerald ed. (New York: Vintage, 1980), 229.

49. Tish Harrison Warren, *Liturgy of the Ordinary: Sacred Practices in Everyday Life* (Downers Grove, Ill.: IVP Books, 2016), 31. 티시 해리슨 워런, 《오늘이라는 예배》(IVP 역간).

50. A. W. Tozer, *The Knowledge of the Holy* (n.p.: Fig, 2012), 4, www.amazon.com/Knowledge-Holy-W-Tozer/dp/1626309906. A. W. 토저, 《하나님을 바로 알자》(생명의말씀사 역간).

51. 마태복음 5:19.

52. 마태복음 7:24.

53. 공동체에 관한 책 중 내가 가장 좋아하는 책. Joseph H. Hellerman, *When the Church Was a Family: Recapturing Jesus' Vision for Authentic Christian Community* (Nashville, Tenn.: B & H Academic, 2009), 1.

54. 그는 계속해서 이렇게 썼다. "하나님은 이런 희망적인 꿈을 미워하신다. 그것이 꿈꾸는 자를 교만하고 자만하게 만들기 때문이다. 이 이상적인 공동체를 꿈꾸는 사람들은 하나님, 다른 사람, 스스로에게 그 꿈을 실현시킬 것을 요구한다. 그들은 이 요구를 품고 그리스도인들의 공동체 속으로 들어가 자신만의 법을 세우고 그에 따라 서로, 심지어 하나님까지도 정죄한다." Dietrich Bonhoeffer, *Life Together and Prayerbook of the Bible*, Geffrey B. Kelly ed., Daniel W. Bloesch, James H. Burtness trans. (Minneapolis: Fortress, 2005), 36.

55. 요한계시록 7:10.

56. Eugene H. Peterson, *A Long Obedience in the Same Direction: Discipleship in an Instant Society* (Downers Grove, Ill.: InterVarsity, 2021). 유진 피터슨, 《한 길

가는 순례자》(IVP 역간).

57. Madeline Joung, "Millennial Life: Eat, Sleep, Work, Screens," Voice of America, 2020년 11월 18일, www.voanews.com/a/student-union_millennial-life-eat-sleep-work-screens/6198558.html.

58. 야고보서 1:2-4.

59. 로마서 5:4.

60. 베드로전서 1:6-7.

61. 이 해석을 훌륭하게 정리한 내용을 보고 싶다면 다음 책을 추천한다. *Them: Why We Hate Each Other—and How to Heal* by Ben Sasse (New York: St. Martin's, 2018).

62. Jacques Ellul, *The Technological Society* (New York: Vintage, 1964).

63. 요한복음 16:21.

목표 #3
예수님처럼 하는 것

1. 마태복음 28:19를 내 말로 번역한 것이다. 내가 "모든 종류의 사람들"이라고 표현한 부분은 헬라어의 "에트노스"로, '나라나 국가'보다는 "인종 집단이나 민족"에 더 가깝다. [성경전서 개역개정판에서는 "민족"으로 번역되어 있음.]

2. Mishnah, Pirkei Avot 1:1.

3. 마가복음 1:17.

4. Warren Wiersbe, *The Wiersbe Bible Commentary: New Testament* (Colorado Springs: David C Cook, 2007), 92.

5. Patrick O'Connell, "The 5 Steps of Leadership Development," Aspen Group, 2020년 10월 29일, www.aspengroup.com/blog/five-steps-of-leadership-development.

6. 누가복음 10:37.

7. 요한일서 2:5-6.

8. 이는 고린도전서 15:20-26에서 "첫 열매"로 번역된 헬라어 단어의 또 다른 번역이다.

9. 잘 알려진 예는 토머스 제퍼슨의 성경책이다. 그는 기적에 관한 이야기를 비롯해서 자신의 이신론적 세계관에 맞지 않는 모든 것을 말 그대로 오려 냈다.

10. 이에 대한 회의주의자들의 대답은 이렇다. "무슨 상관인가. 어차피 성경은 인간이 쓴 글을 모은 것에 불과한데."

11. 누가복음 4:14, 18-19.

12. Arthur Michael Ramsey, *God, Christ and the World: A Study in Contemporary Theology* (Eugene, Ore.: Wipf and Stock, 2012), 37.

13. 요한복음 14:12.

14. 어떤 이들은 예수님이 질이 아닌 양을 말씀하신 것이라고 주장한다. 지금 전 세계적으로 예수님의 제자가 수없이 많기에 예수님 혼자 하시는 것보다 더 많은 사람을 치유하고 귀신에게서 해방시켜 줄 수 있다. 이것이 주된 해석이다.

15. Henri Nouwen, "From Solitude to Community to Ministry," *Leadership* 16 (Spring 1995), www.christianitytoday.com/pastors/1995/spring/51280.html.

16. 물론 이러한 상황은 무엇보다도 서구 교회의 분열 때문이다. 하지만 그게 전부는 아니다. 성과 젠더에 관한 도덕적 관점의 변화로 가장 사랑이 많고 사려 깊은 예수님의 도제들을 보는 시각도 점점 더 안 좋아지고 있다.

17. 누가복음 19:7.

18. Mary Douglas, *Implicit Meanings: Selected Essays in Anthropology* (London: Routledge, 2010).

19. Robert J. Karris, *Luke: Artist and Theologian* (Eugene, Ore.: Wipf and Stock, 2008), 47.

20. 누가복음 7:34.

21. Robert J. Karris, *Eating Your Way Through Luke's Gospel* (Collegeville, Minn.: Liturgical, 2006), 14.

22. Tim Chester, *A Meal with Jesus: Discovering Grace, Community, and Mission Around the Table* (Seoul: IVP, 2013), introduction. 팀 체스터, 《예수님이 차려 주신 밥상》(IVP 역간).

23. 누가복음 19:10.

309

24. 누가복음 7:34.

25. Chester, *Meal with Jesus*, introduction. 팀 체스터, 《예수님이 차려 주신 밥상》 (IVP 역간).

26. "Romans 12:10-13 Commentary," Precept Austin, 2015년 2월 21일, www. preceptaustin.org/romans_12_notes#12:13.

27. Henri J. M. Nouwen, *Reaching Out: The Three Movements of the Spiritual Life* (New York: Image, 1986), 66. 헨리 나우웬, 《영적 발돋움》(두란노 역간).

28. Nouwen, *Reaching Out*, 67. 헨리 나우웬, 《영적 발돋움》(두란노 역간).

29. Ronald Rolheiser, *Sacred Fire: A Vision for a Deeper Human and Christian Maturity* (New York: Image, 2014), 260.

30. Rosaria Champagne Butterfield, *The Gospel Comes with a House Key: Practicing Radically Ordinary Hospitality in Our Post-Christian World* (Wheaton, Ill.: Crossway, 2018), 11. 로자리아 버터필드, 《복음과 집 열쇠》(개혁된실천 사 역간).

31. "Almost Half of Practicing Christian Millennials Say Evangelism Is Wrong," Barna, 2019년 2월 5일, www.barna.com/research/millennials-oppose-evangelism.

32. 마가복음 1:15.

33. 로마서 10:9; 빌립보서 2:11; 고린도전서 12:3.

34. Daniel A. Cox, "The State of American Friendship: Change, Challenge, and Loss," Survey Center on American Life, 2021년 6월 18일, www. americansurveycenter.org/research/the-state-of-american-friendship-change-challenges-and-loss.

35. Chris Jackson, Negar Ballard, "Over Half of Americans Report Feeling Like No One Knows Them Well," Ipsos, 2018년 5월 1일, www.ipsos.com/ en-us/news-polls/us-loneliness-index-report.

36. 사도행전 1:8.

37. Mortimer Arias, *Announcing the Reign of God: Evangelization and the Subversive Memory of Jesus* (Eugene, Ore.: Wipf and Stock, 2001), 43.

38. 요한일서 1:2.

39. 베드로전서 2:12.

40. Henry George Liddell, Robert Scott, comps., *A Greek-English Lexicon*, 9th ed., with rev. supplement (Oxford: Clarendon Press, 1996).

41. Dallas Willard, *The Spirit of the Disciplines: Understanding How God Changes Lives* (San Francisco: HarperSanFrancisco, 1991), 247.

42. *Strong's Definitions*, s.v. "*martys*," Blue Letter Bible, www.blueletterbible.org/lexicon/g3144/niv/mgnt/0-1.

43. 빌립보서 3:8.

44. 데살로니가전서 5:19.

45. Frank Charles Laubach, *Letters by a Modern Mystic* (London: Society for Promoting Christian Knowledge, 2011), 34. 프랭크 루박, 《프랭크 루박의 편지》(생명의 말씀사 역간).

46. 누가복음 19:9.

47. Jüurgen Moltmann, *The Way of Jesus Christ: Christology in Messianic Dimensions* (Minneapolis: Fortress, 1993), 98-99.

48. 마태복음 4:24.

49. 사도행전 5:15.

50. 사도행전 19:11-12.

51. 야고보서 5:16.

52. 치유에 관해 내가 가장 좋아하는 두 권의 책은 다음과 같다. Dr. Francis McNutt, *Healing*; John Wimber, *Power Healing*.

53. 요한일서 3:8. 귀신을 내쫓는 사역에 관해 추천하고 싶은 두 권의 책은 다음과 같다. Jon Thompson, *Deliverance*; Tom White, *The Believer's Guide to Spiritual Warfare*.

54. 내 아내에 관한 이야기를 듣고 싶다면 우리가 함께 진행한 다음 팟캐스트를 들으라. "Fasting 02: To Grow in Holiness" 프랙티싱더웨이의 〈Rule of Life〉 팟캐스트.

55. 요한복음 4:18.

56. 요한복음 9:3.

57. 팀 켈러가 알래스타이어 맥킨타이어의 책 *Whose Justice? Which Rationality?* 를 요약한 글을 보라. 쉬우면서도 매우 유용한 글이다. "A Biblical Critique of Secular Justice and Critical Theory," *Life in the Gospel*. 팀 켈러가 몹시 그

립다.

58. 그가 신학교 수업 중 학생들에게 준 소책자에서 가져온 것이다.

59. Bishop Kallistos Ware, *The Orthodox Way*, rev. ed. (Crestwood, N.Y.: St. Vladimir's Seminary, 1995), 141. 칼리스토스 웨어, 《정교회의 길》(은성 역간).

60. 마가복음 16:15.

61. 요한복음 5:19.

62. 고린도전서 12:27.

63. Mark Etling, "Christ Has No Body on Earth but Yours," *National Catholic Reporter*, 2020년 1월 21일.

64. Thomas Raymond Kelly, *A Testament of Devotion* (San Francisco: HarperSanFrancisco, 1992), 64-65.

65. Kelly, A *Testament of Devotion*, 35.

66. 고린도전서 3:5.

67. Tony Evans, *Tony Evans Speaks Out on Fasting* (Chicago: Moody, 2000), 42.

68. Kahlil Gibran, "On Work," Poets.org, https://poets.org/poem/work-4.

69. Martin Luther King Jr., "Facing the Challenge of a New Age" (speech, First Annual Institute on Nonviolence and Social Change, Montgomery, Alabama, 1956년 12월 3일), *The Papers of Martin Luther King Jr.*, vol. 3, *Birth of a New Age,* December 1955—December 1956, Clayborne Carson 등 ed. (Berkeley, Calif.: University of California Press, 1997) 중.

70. 마태복음 5:16.

71. 히브리서 4:15.

어떻게?
뭐부터 시작해야 할까?

1. Peter Scazzero, *Emotionally Healthy Spirituality*, updated ed. (Grand Rapids,

Mich.: Zondervan, 2017), 191. 피터 스카지로, 《정서적으로 건강한 영성》(두란노 역간).

2. John Ortberg, *Soul Keeping: Caring for the Most Important Part of You* (Grand Rapids, Mich.: Zondervan, 2014), 89. 존 오트버그, 《내 영혼은 무엇을 갈망하는가》(국제자자훈련원 역간).

3. *Online Etymology Dictionary*, s.v. "rule," www.etymonline.com/word/rule.

4. Rich Villodas, *The Deeply Formed Life: Five Transformative Values to Root Us in the Way of Jesus* (Colorado Springs: WaterBrook, 2020), 217-218. 리치 빌로다스, 《예수님께 뿌리내린 삶》(IVP 역간).

5. 고린도전서 4:17.

6. David Brooks, *The Second Mountain: The Quest for a Moral Life* (New York: Random House, 2020), xviii. 데이비드 브룩스, 《두 번째 산》(부키 역간).

7. Ronald Rolheiser, *Our One Great Act of Fidelity* (New York: Doubleday, 2011), 78에 인용된 디트리히 본회퍼의 글. 이는 그가 게슈타포에게 투옥되었을 때 결혼한 한 조카에게 쓴 편지의 일부다. 그로부터 얼마 있지 않아 그는 순교를 당했다. 로널드 롤하이저, 《성찬의 영성》(그루터기하우스 역간).

8. www.practicingtheway.org/spiritualhealthreflection.

9. 다음 책의 내용 요약. Francis Spufford, *Unapologetic: Why, Despite Everything, Christianity Can Still Make Surprising Emotional Sense* (New York: HarperOne, 2013).

10. Annie Dillard, *The Writing Life* (New York: Harper Perennial, 2013), 32. 애니 딜러드, 《작가살이》(공존 역간).

11. "Preamble," A Rule of Life for Redemptive Entrepreneurs, https://rule.praxislabs.org/preamble. 앤디와 다른 이들이 프락시스를 위해 개발한 수칙을 보라. https://rule.praxislabs.org.

12. https://rule.praxislabs.org/the-rule-in-one-page에서 수칙 전문을 보라.

13. Marcel Schwantes, "Steve Jobs's Advice on the Only 4 Times You Should Say No Is Brilliant," Inc., 2018년 1월 31일, www.inc.com /marcel-schwantes/first-90-days-steve-jobs-advice-on-the-only-4-times-you-should-say-no.html.

14. 로마서 7:19.

15. T. S. Eliot, "Burnt Norton," *Four Quartets* (New York: Harcourt, Brace, 1943), 17

중. T. S. 엘리엇, 《사중주 네 편》(문학과지성사 역간).

16. 알고리즘이 두려움과 분노를 어떻게 자극하는지를 훌륭하게 설명해 주는 두 권의 책을 추천한다. Jaron Lanier, *Ten Reasons for Deleting Your Social Media Accounts Right Now*; Johann Hari, *Stolen Focus*. 재런 러니어, 《지금 당장 당신의 SNS 계정을 삭제해야 할 10가지 이유》(글항아리 역간); 요한 하리, 《도둑맞은 집중력》(어크로스 역간).

17. 빌립보서 3:14.

18. Margaret Guenther, *Toward Holy Ground: Spiritual Directions for the Second Half of Life* (Lanham, Md.: Cowley, 1995), 66.

19. Craig Dykstra, *Growing in the Life of Faith*, 2nd ed. (London: Westminster John Knox, 2005), 67.

20. 나는 두 가지 단순한 (그리고 전혀 감정적이지 않은) 이유로 이 언어를 잘 사용하지 않는다. (1) "영적"이라고 하면 육체적인 것이 아니라는 의미로 여기는 사람이 많아서다(이것은 성경적 의미가 아니라 플라톤 철학의 의미다. 하지만 안타깝게도 서구 교회에서 이런 의미로 가장 자주 사용된다). 하지만 습관은 예수님의 비전을 머리에서 몸으로 가져가는 것이다. 신약성경 기자들에게 몸은 하나님과의 관계가 이루어지는 중심이다(그분의 "성전"). 그래서 몸으로 하는 것이 중요하다. (2) "훈련"은 좋은 단어다. 하지만 수칙을 싫어하는 오늘날의 문화 속에서 부정적인 의미를 함축한다. 성경에서는 '영적 훈련'이라는 단어가 아닌 "습관"이라는 표현을 쓰기 때문에 나는 되도록 예수님의 습관이란 표현을 사용한다.

21. Ruth Haley Barton, *Sacred Rhythms: Arranging Our Lives for Spiritual Transformation* (Downers Grove, Ill.: IVP Books, 2006).

22. 마태복음 11:28-30, 메시지 성경.

23. "Means of Grace," Ligonier Ministries, 2012년 6월 26일, www.ligonier.org/learn/devotionals/means-of-grace.

24. Richard Plass, James Cofield, *The Relational Soul: Moving from False Self to Deep Connection* (Downers Grove, Ill.: IVP Books, 2014), 134.

25. 분명히 말하지만 그들은 '이 세 가지 습관 때문에' 그런 것이 아니라 '그 습관들에도 불구하고' 그런 것이다.

26. Richard J. Foster, *Celebration of Discipline: The Path to Spiritual Growth*, 20th anniv. ed. (San Francisco: HarperSanFrancisco, 1998), 2. 리처드 포스터, 《영적 훈련과 성장》(생명의말씀사 역간).

27. John Ortberg, *The Life You've Always Wanted: Spiritual Disciplines for Ordinary People* (Grand Rapids, Mich.: Zondervan, 2002), 46. 존 오트버그, 《평범 이상의 삶》(사랑플러스 역간).

28. 산상수훈에서, 마태복음 6:1-18.

29. 내가 어린 시절에 배운 것과 달리 바울에게 "은혜"는 단순히 '자격 없이 받는 은 혜' 이상이다. 이 말은 우리 자신의 힘으로는 될 수 없거나 할 수 없는 것을 되거나 하게 하는 능력을 주시는 하나님의 영과 동의어다.

30. Dallas Willard, *The Spirit of the Disciplines: Understanding How God Changes Lives* (San Francisco: Harper San Francisco, 1991), 68.

31. 빌립보서 2:13, NLT [이 책 옮긴이의 사역].

32. M. Robert Mulholland Jr., *Invitation to a Journey: A Road Map for Spiritual Formation*, expanded ed. (Downers Grove, Ill.: IVP Books, 2016), 90.

33. 영성 형성의 다른 핵심적 측면에는 기억(특히 트라우마)을 치유받는 것, 자신에게 상처 준 사람을 용서하는 것, 윗대에서 내려온 건강하지 못한 패턴을 깨뜨리는 것, 귀신에게서 해방되는 것, 몸을 돌보는 것, 공동체 안에서 사는 것, 고통을 통해 애착에서 해방되는 것 등이 있다.

34. Nan Fink, *Stranger in the Midst: A Memoir of Spiritual Discovery* (New York: BasicBooks, 1997), 96.

35. Henri Nouwen, *The Spiritual Life: Eight Essential Titles by Henri Nouwen* (New York: HarperOne, 2016), 24.

36. James A. Connor, *Silent Fire: Bringing the Spirituality of Silence to Everyday Life* (New York: Crown, 2002), 203.

37. "An Exercise in Wonder," Christian History Institute, https://christian-historyinstitute.org/magazine/article/an-exercise-in-wonder.

38. 누가복음 5:16.

39. 다음 책에서 발췌하여 일부 수정했다. Mark E. Thibodeaux, *Armchair Mystic: How Contemplative Prayer Can Lead You Closer to God* (Cincinnati, Ohio: Franciscan Media, 2019).

40. Ronald Rolheiser, *Prayer: Our Deepest Longing* (Cincinnati, Ohio: Franciscan Media, 2013), viii.

41. 요한복음 4:32.

42. 로마서 12:2.

43. 고린도전서 2:16.

44. BibleProject: https://bibleproject.com에 있는 것을 다 따르라고 강력히 추천 하고 또 추천한다.

45. 이 표현은 곧 출간될 그의 다음 책에서 가져왔다. John Ortberg, *Steps: A Guide to Transforming Your Life When Willpower Isn't Enough*.

46. 요한복음 3:16; 14:16, 26.

47. Ronald Rolheiser, *Sacred Fire: A Vision for a Deeper Human and Christian Maturity* (New York: Image, 2014), 260.

48. 사도행전 20:35.

49. 마태복음 20:28.

50. 요한복음 13:15, 17.

51. 마가복음 16:15.

52. Rosaria Champagne Butterfield, *The Gospel Comes with a House Key: Practicing Radically Ordinary Hospitality in Our Post-Christian World* (Wheaton, Ill.: Crossway, 2018). 로자리아 버터필드, 《복음과 집 열쇠》(개혁된실천사 역간).

53. 내 친구이자 24/7의 사역자인 피트 그레이그의 말이다.

54. Margaret Guenther, *At Home in the World: A Rule of Life for the Rest of Us* (New York: Seabury, 2006), 178.

55. Dallas Willard, *The Divine Conspiracy: Rediscovering Our Hidden Life in God*, 20th anniv. ed. (New York: HarperOne, 2018), 348. 달라스 윌라드, 《하나님 의 모략》(복있는사람 역간).

56. BJ Fogg, *Tiny Habits: The Small Changes That Change Everything* (New York: Houghton Mifflin Harcourt, 2020).

57. Gary Thomas, *Sacred Pathways: Discover Your Soul's Path to God*, rev. ed. (Grand Rapids, Mich.: Zondervan, 2010), 17, 36. 게리 토마스, 《영성에도 색깔이 있다》(CUP 역간).

58. Thomas, *Sacred Pathways*, chaps. 3-11. 게리 토마스, 《영성에도 색깔이 있다》 (CUP 역간).

59. 젊은 부부라면 Ronald Rolheiser, *Domesic Monastery*를 반드시 읽으라. 짧은

책이니 걱정하지 말라.

60. Tish Harrison Warren, *Liturgy of the Ordinary: Sacred Practices in Everyday Life* (Downers Grove, Ill.: IVP Books, 2016), 99. 티시 해리슨 워런, 《오늘이라는 예배》(IVP 역간).

61. 이에 관해 할 말이 훨씬 더 많다. 이 주제에 관한 나의 설명을 들어 보라. www.practicingtheway.org/practices/naming.

62. 동료 목사들에게 말하고 싶다. 내 꿈은 미래 교회가 과거 교회처럼 시대와 장소, 구성원에 맞는 생활 수칙을 따라 공동체의 삶을 사는 것이다. 얼마든지 그럴 수 있다. 어떤가? 고려해 보겠는가?

63. Nathan Campbell, "Educating Loves: A Morning in Brisbane with James K. A. Smith," St. Eutychus, https://st-eutychus.com/2016/educating-loves-a-morning-in-brisbane-with-james-ka-smith.

64. G. K. Chesterton, *Orthodoxy* (Peabody, Mass.: Hendrickson, 2006), 55. G. K. 체스터턴, 《G. K. 체스터턴의 정통》(아바서원 역간).

65. Ken Shigematsu, *God in My Everything: How an Ancient Rhythm Helps Busy People Enjoy God* (Grand Rapids, Mich.: Zondervan, 2013), 20. 켄 시게마츠, 《상황에 끌려다니지 않기로 했다》(두란노 역간).

66. Greg Peters, *The Monkhood of All Believers: The Monastic Foundation of Christian Spirituality* (Ada, Mich.: Baker, 2018).

67. Walter H. Capps, *The Monastic Impulse* (New York: Crossroad, 1983).

68. Laurie Guy, *Introducing Early Christianity: A Topical Survey of Its Life, Beliefs and Practices* (Downers Grove, Ill.: InterVarsity, 2004), 139에 인용된 히에로니무스의 말.

69. Benedict, *The Rule of St. Benedict in English*, Timothy Fry ed. (Collegeville, Minn.: Liturgical Press, 2019), 18-19.

나의 십자가를 지고
평생 예수로 걸어가리

1. Mark Scandrette, Practicing the Way of Jesus: Life Together in the Kingdom of Love (Downers Grove, Ill.: IVP Books, 2011), 89. 마크 스캔드렛, 《예수도》(IVP 역간).

2. 두 이야기 모두 누가복음 9:59-61에 기록되어 있다.

3. '옳은' 답을 말하지 말고, 솔직하게 답하라. 솔직한 답이 아니면 아무런 도움이 안 된다. 당신의 영적 여행은 예수님을 따르고 싶은 마음보다 예수님을 따르고 '싶어지기를' 바라는 마음에서 시작될 수 있다. 거기서 출발해도 괜찮다. 자, 다음 단계를 밟으라. 그런 마음으로 예수님께 기도하라.

4. 누가복음 9:23.

5. Dietrich Bonhoeffer, The Cost of Discipleship (New York: Touchstone, 1995), 89.

6. 요한복음 15:20.

7. 2세기 테르툴리아누스가 한 말로 알려져 있다.

8. Jaroslav Pelikan, The Shape of Death: Life, Death and Immortality in the Early Fathers (Nashville, Tenn.: Abingdon, 1961), 55.

9. 이에 대해 케빈 젠킨스에게 고마운 마음을 전한다. 그는 프랙티싱더웨이의 전 이사회 의장이자 전 월드비전(World Vision) CEO다.

10. 요한복음 14:15.

11. 마태복음 28:20.

12. 로마서 7:24.

13. 시편 73:26.

14. 그의 책 Will and Spirit: A Contemplative Psychology (New York: HarperOne, 2009), chap. 1을 보라.

15. Thomas Keating, Open Mind, Open Heart: The Contemplative Dimension of the Gospel, 20th anniv. ed. (London: Bloomsbury Continuum, 2006), 65. 토머스 키팅, 《마음을 열고 가슴을 열고》(가톨릭출판사 역간).

16. 누가복음 22:42.

17. 빌립보서 4:7; 베드로전서 1:8.

18. 마가복음 8:35.

19. 옛날에는 은행이 없었다. 그래서 보통 사람들은 돈이나 금을 아무도 모르는 곳에 묻곤 했다. 하지만 그들이 죽으면 그 장소에 관한 정보도 사라졌다. 1세기에 충분히 있었을 법한 상황이다.

20. Elisabeth Elliott, ed., *The Journals of Jim Elliott* (Grand Rapids, Mich.: Revell, 2002), 174.

21. Johann Wolfgang von Goethe, "The Holy Longing," Robert Bly trans., York University, www.yorku.ca/lfoster/documents/The_Holy_Longing_Goethe.htm.

22. Tito Colliander, *Way of the Ascetics: The Ancient Tradition of Discipline and Inner Growth*, Katherine Ferrée trans. (San Francisco: Harper and Row, 1982), 54.

23. Frank Charles Laubach, *Letters by a Modern Mystic* (London: Society for Promoting Christian Knowledge, 2011), 25. 프랭크 루박, 《프랭크 루박의 편지》(생명의 말씀사 역간).

24. Gregory of Nyssa, "Perfection Is Friendship with God," Renovarée, 2023년 1월, https://renovare.org/articles/perfection-is-friendship-with-god.

25. 이 이야기는 달라스 윌라드의 제자 개리 문이 자신의 책에서 전해 주었다. Gary Moon, *Apprenticeship with Jesus: Learning to Live Like the Master* (Grand Rapids, Mich.: Baker, 2009), 241.

26. Thomas R. Kelly, A *Testament of Devotion* (San Francisco: Harper San Francisco, 1992), 29.

감사의 말

1. 요한계시록 4:11.

Practicing
the Way

프랙티싱더웨이 사역에 관하여

프랙티싱더웨이는 교회와 소그룹이 예수님의 길을 배우는 도제가 되도록 영성 형성 자료를 만드는 비영리단체다. 우리는 이 시대 사람들이 무엇보다 예수님의 평생 제자가 되는 법을 배워야 한다고 믿는다. 그래서 우리는 사람들이 예수님과 그분의 처음 제자들이 실천한 습관과 리듬을 통해 그분과 함께하고, 그분처럼 되며, 그분처럼 하는 법을 배우도록 돕는다.

우리의 모든 사역 자료는 기독교계 전체에서 예수님을 닮아가는 영성 형성이 이루어지도록 우리와 협력하는 전 세계 후원자 그룹인 서클(Circle) 덕에 무료로 다운로드할 수 있다.

더 많은 정보를 원한다면 practicingtheway.org를 방문하라.